GYÖRGY DALOS

Die Reise nach Sachalin

Auf den Spuren von Anton Tschechow

Deutsche Bearbeitung von Elsbeth Zylla

Fotos, Text- und Materialrecherchen
von Andrea Dunai

Europäische Verlagsanstalt

Für János Névai in Budapest

Informationen zu unseren Verlagsprogrammen finden Sie im Internet
unter www.europaeische-verlagsanstalt.de bzw. www.rotbuch.de

Die Deutsche Bibliothek – CIP-Einheitsaufnahme

Ein Titeldatensatz für diese Publikation ist bei
Der Deutschen Bibliothek erhältlich

Umschlaggestaltung: Projekt ®/Walter Hellmann, Hamburg
Umschlagmotiv: Alexandrow auf Sachalin. Die Felsen »Drei Brüder«
(Postkarte Ministerium für Verkehrswesen der UdSSR, 1991)
Signet: Dorothee Wallner nach Caspar Neher »Europa« (1945)
Herstellung: Das Herstellungsbüro, Hamburg
Satz: H&G Herstellung, Hamburg
Druck und Bindung: Freiburger Graphische Betriebe

Printed in Germany
ISBN 3-434-50503-2

Inhalt

Erster Teil: Hundertzehn Jahre

Einleitung *9*
Das Rätsel einer Reise *17*
Das halbe Meisterwerk *35*
Der Rückweg *37*
Die Uljanows und die Piłsudskis *42*
Tod in Badenweiler *56*
Die drei Verbannungsorte *60*
Das »freie Gefängnis« *64*
Das Ende der Katorga *68*
Mit den Augen der Ureinwohner *82*
Glücksritter, Besatzer und Kommissare *89*
Der Süden *96*
Fern von Moskau *99*
Der Große Terror und die kleine Insel *103*
Niwchen und Koreaner – die Opferlehre des Terrors *109*
Nordsachalins Atemnot *115*
Subtile Diplomatie *118*
Die Rückkehr des Südens *120*
Die Ära Krjukow *124*
Dreißig Jahre später – Stagnation oder Goldenes
Zeitalter? *133*
Demokratie zu Zeiten des Fischsterbens *145*

Zweiter Teil: Dreizehn Tage

Unterwegs *155*
Zeitverschiebungen *160*
Der Gouverneur und der Bürgermeister *164*
Das Sonntagsprogramm *165*
Beim Bürgermeister *171*
Wer ist arm in der Stadt? *172*
Zwei Zukunftsbilder und ein Ultimatum *175*
Nicht von Brot allein *178*
Tschechow und (noch einmal) die Tradition *182*
Die Mitvergangenheit *185*
Index der Freiheit oder kleine sachalinensische Presseschau *191*
Sorgen und Schuldgefühle *198*
Unterwegs in den Norden *200*
Alexandrowsk – ein Plädoyer *203*
Tymowsk oder die Trostlosigkeit *210*
Auf der Suche nach den verlorenen Völkern *222*
Abschiedstage *227*

Dritter Teil: Sechs Monate

Warten auf Putin *230*
Die Wahlen oder Demokratie ohne Volk *238*
Kalender eines langen Winters *248*

Danksagung *258*
Zeittafel *259*
Bibliographie *269*
Personenregister *278*

Bevor der Name Sachalin im Jahr 1786 zum ersten Mal auf einer russischen Landkarte auftauchte, hatte die Insel zahllose Bezeichnungen. Die Niwchen, die Ureinwohner, nannten sie »Lyf mif« (= schwimmende Insel) oder »Tschan mif« (= weiße Insel). Bei den Ainus hieß sie »Rebun« (= offene See), eine französische Expedition taufte sie »Tschoka«, ein mißverstandenes Wort aus der Ainu-Sprache, das eigentlich »ich« bedeutet. Für die Japaner war sie »Karafuto«, die Insel der Chinesen, und für die Mandschus »Sagalinanga chata«, die Insel an der Mündung des schwarzen Flusses: Unter diesem Namen zeichneten sie chinesische Jesuiten im Jahre 1721 in ihre geographische Karte ein.

ERSTER TEIL

Hundertzehn Jahre

Einleitung

»›Wie kommt es, daß es bei euch in Sibirien so kalt ist?‹ – ›Weil der liebe Gott es so will!‹ antwortet der Kutscher.

Ja, es ist schon Mai, in Rußland grünen die Wälder, die Nachtigallen schlagen, und im Süden blühen längst Akazie und Flieder, aber hier, auf dem Weg von Tjumen nach Tomsk, ist die Erde dunkelbraun, die Wälder sind kahl, die Seen deckt matt schimmerndes Eis. Und auf den Ufern und in den Schluchten liegt noch Schnee …«[1]

Mit diesen Zeilen beginnt Anton Tschechows Reportage aus Sibirien, geschrieben auf dem Weg zu seinem eigentlichen Reiseziel. Vielleicht noch mehr als auf Sibirien trifft auf die Insel Sachalin diese Betrachtungsweise eines Muschiks zu, eines einfachen bäuerlichen Russen, für den die Natur ein von Gott auferlegtes Schicksal ist. Die klimatischen und geographischen Bedingungen waren entscheidend dafür, daß die irdischen Mächte des 19. Jahrhunderts

1 Dieser Tschechow-Text wird in der Übertragung des Übersetzerkollektivs unter Leitung von Gerhard Dick mit leichten Modifikationen zitiert (Rütten & Loening, Berlin, 1982). Tschechows Briefe zitiere ich bis auf einige wenige in der Übertragung von Peter Urban, der sie als Herausgeber beim Diogenes-Verlag Zürich veröffentlicht hat. Nach langer Überlegung blieb ich bei der traditionellen Schreibweise (also »Tschechow« und nicht Čehov usw.), G. D.

Teile des Festlands und vor allem die Insel zu einem monströsen Gefängnis ausbauten. Ein russischer Ort für Zwangsarbeit und Verbannung mußte sehr weit entfernt und möglichst schauderhaft sein. Auf die Jahrzehnte der Katorga[2] (1869–1906) folgte die künstliche Spaltung der Insel in einen russischen, später sowjetischen Norden und einen japanischen Süden. 1945 kam es zu einer mit Waffengewalt durchgesetzten »Wiedervereinigung«, in deren Folge rund vierhunderttausend japanische Staatsbürger »repatriiert«, d.h. gewaltsam nach Japan vertrieben, und ebenso viele Russen, Ukrainer, Weißrussen, Tataren und andere Nationalitäten des Sowjetstaates auf der Insel durch Gewährung verschiedener ökonomischer und sozialer Vorteile angesiedelt wurden. Die größten Verlierer in diesem Strudel von Kolonisation, Kriegen, Diktaturen, planwirtschaftlichen Neuerungen und marktwirtschaftlichen Reformen waren zweifelsohne die Ureinwohner Sachalins. Die Niwchen, die Nanajen, die Oroken, Ainus und Ewenken, dazu einige andere kleine Volksgruppen wird man in absehbarer Zukunft höchstens noch im Grünbuch der ausgestorbenen Arten finden können. Besonders düster ist auch die Geschichte der koreanischen Minderheit auf Sachalin, die heute vierzigtausend Menschen zählt.

Zuletzt wurde die Insel vom Zusammenbruch der Sowjetunion und den Geburtswehen des neuen Rußland in Mitleidenschaft gezogen. Mein kurzer Aufenthalt im Sommer 2000 genügte, um das Ausmaß der Zerstörung wirtschaftlicher und sozialer Strukturen aus eigener Anschauung ermessen zu können. Besonders dramatisch erschien mir die rapide demographische Erosion des nördlichen Teils der Insel. Von dort aus gibt es eine massive Migration in

---

2 Katorga – ursprüngliche Bedeutung Galeere, später Sammelbegriff für das System der Verbannung und Zwangsarbeit in den Strafkolonien des zaristischen Regimes, im sowjetischen newspeak als »KTR« = katorschnyje raboty« (Katorgaarbeit) bezeichnet (siehe Jaques Rossi: The Gulag Handbook, London, 1987).

den Süden bzw. in Richtung Festland. Naturkatastrophen wie das Erdbeben, das im Mai 1995 in einer einzigen Nacht die Erdölarbeiterstadt Neftergorsk verschwinden ließ und die Hälfte der Bevölkerung das Leben kostete, scheinen mir eher Begleitumstände dieses Prozesses zu sein. In der Tat ist Sachalin in den letzten Jahren zu einem Paradefall des Moskauer Ministeriums für Außergewöhnliche Situationen (Katastrophenministerium; russische Abkürzung: MTSCHS) geworden, das für nichts anderes als für die Bewältigung der vielfältigen von Menschen gemachten Krisen und von Naturkatastrophen zuständig ist. Offensichtlich finden jedoch die Moskauer Behörden an der Situation der Insel nur wenig Außergewöhnliches.

Die vom sowjetischen Vorbild geprägte Erfolgspropaganda prahlt gerne mit zukünftigen Rekordzahlen der gemeinsamen russischen, japanischen und amerikanischen Erdölförderung. »Der Lebensstandard der Region dürfte bald zu den höchsten in ganz Rußland zählen«, äußerte der Gouverneur Igor Farchutdinow gegenüber der Korrespondentin Elfie Siegl vor drei Jahren (Frankfurter Allgemeine Zeitung, 17. November 1997). Währenddessen müssen Wohnhäuser, Kindergärten, Schulen und Krankenhäuser jahraus, jahrein mit überaus häufigen Ausfällen der Heizung und der Beleuchtung rechnen. Das Gespenst der Kälte geht in jedem Frühherbst auf der Insel um, und die Angst davor konkurriert mit der vor Erdbeben und Zyklonen. Löhne und Gehälter werden häufig nicht ausgezahlt, und die kulturellen Institutionen vegetieren am Rande der Existenz.

Der Name Sachalin ruft in der westlichen Öffentlichkeit nur schwache Reaktionen hervor.[3] Eines weiß man allerdings fast immer: Administrativ gehören zu diesem Landkreis (oblastj) die zwei-

3 Das Wort »Sachalin« kam ein einziges Mal auf die Titelseite des SPIEGEL. In seiner Ausgabe 2./1957 feierte das Nachrichtenmagazin auf diese Weise den Filmstar Yul Brynner (u.a. »Anastasia«, »Die Brüder Karamasow«, »Die glorreichen Sieben«), »Star aus Sachalin. Tatar à la Hollywood«, geboren 1917.«

undsechzig Kurileninseln, und Japan betrachtet nach wie vor vier davon als seine »nördlichen Gebiete«, deren Rückgabe zur Bedingung eines Friedensvertrags zwischen den benachbarten Großmächten gemacht wird. Dieser diplomatische Zankapfel sorgt von Zeit zu Zeit für Schlagzeilen, wie zuletzt anläßlich der Japan-Reise von Präsident Putin im September 2000 (die »sachalinensischen« Bezüge dieses Ereignisses schildere ich im dritten Teil).

In diesem Buch versuche ich, auf den Spuren von Anton Tschechow, aber ohne seinen Anspruch auf Vollständigkeit gewisse Zusammenhänge der Vergangenheit und Gegenwart Sachalins nachzuzeichnen.[4] Dabei glaube ich, daß eine solche Beschreibung mehr als nur Lokalgeschichte ist. Sachalin ist nicht nur ein Teil von Rußland, sondern bildet nahezu alle in Rußland gegebenen Bedingungen im Kleinen ab. Meist sind Inseln natürliche Metaphern für das Festland, und diese ist es ganz gewiß.

Die langgezogene Insel Sachalin liegt zwischen Japan und Kamtschatka und ist umgeben von dem kalten Ochotskischen und dem warmen Japanischen Meer. Einschließlich der Kurilen umfaßt ihr Territorium ungefähr 87 000 Quadratkilometer, sie ist etwas größer als Portugal und etwas kleiner als Ungarn. Die Bevölkerung zählte nach der offiziellen Statistik am 1. Januar 1999 knapp 608 000 Menschen.[5]

Selbst diese Angabe ist fraglich: nach einer anderen Biographie ist Brynner als Sohn eines »schweizerisch-mongolischen Ingenieurs« am 11. Juli 1920 in Wladiwostok geboren.

4 Die Reise nach Sachalin unternahm ich gemeinsam mit der ungarischen Journalistin Andrea Dunai, die mir mit ihren Recherchen bereits bei meinen früheren »russischen« Büchern (»Gast aus der Zukunft«, 1996, »Olga. Pasternaks letzte Liebe«, 1999) behilflich war.

5 Während meines Aufenthalts bereiteten die Medien die Bevölkerung auf die Volkszählung des Jahres 2002 vor. Anläßlich von Putins Reise sprach man in einer Presseerklärung von 601 000 Einwohnern.

Die Länge der Insel beträgt 1062 Kilometer, die breiteste Stelle in Ost-West-Richtung 160, die schmalste 26 Kilometer. Die zum Festland führende, nach dem Reisenden Gennadij Newelskoj benannte Seestraße ist am Kap Pogibi nur 7 Kilometer breit. Der ursprüngliche Name »Pohobi« bedeutete in der Sprache der Niwchen »Ort der Umkehr«; die russische Version heißt annähernd »zugrunde gehen« oder »krepieren«, möglicherweise ein Freudscher Versprecher der Katorschniki, die von hier aus flüchten wollten. Diese Deutung läßt sich ausdrücklich in Korolenkos Novelle »Der Falke von Sachalin« wiederfinden.

Diese schmale Stelle sowie der niedrige Wasserstand verleiteten den französischen Comte de Jean-François des Galaup La Pérouse während seiner Expedition 1787 zu der Fehleinschätzung, bei Sachalin handle es sich um eine Halbinsel. Eine Seestraße zwischen Sachalin und dem Festland trägt dennoch seinen Namen.

Bei allen sichtbaren ökologischen Schäden – darunter den häufigen Waldbränden, deren fürchterliche Spuren überall sichtbar sind und die in den letzten Jahren immer öfter durch menschliches Versagen verursacht werden – ist es die relativ intakte Natur, der sich Sachalin wirklich rühmen kann: 16 000 Seen, 53 000 Quadratmeter Wald (teilweise Taiga und Tundra) und eine Flora mit rund hundert verschiedenen Baumarten und einigen tausend weiteren sibirischen und inselspezifischen Pflanzenarten. Tschechow war von Sachalins Landschaft tief beeindruckt und fand diese gleichzeitig beängstigend:

»Birken, Espen, Pappeln, Weiden, Eschen, Holunder, Faulbaum, Spier, Weißdorn und dazwischen mannshohes Gras; gigantische Farne und Kletten, deren Blätter einen Durchmesser von mehr als einem Arschin (71,1 cm) haben, bilden zusammen mit Sträuchern und Bäumen ein tiefes, undurchdringliches Dickicht. (...) Am Ende des engen Tales, wo die Berge beginnen, stehen (...) als grüne Mauer Nadelwälder aus Tannen, Fichten und Lärchen, weiter oben am Hang wieder Laubwälder, die Gipfel der Berge aber sind kahl oder mit Gesträuch bewachsen. So riesige Kletten wie hier habe ich nirgends in Rußland angetroffen.«

Tatsächlich wuchert die Vegetation heute ebenso üppig wie damals, das Gras erreicht mancherorts eine Höhe von drei bis vier Metern. Und überall, wo Technik und Kultur verfallen, wo Ortschaften menschenleer sind, füllt die Natur sogleich die Lücke und versperrt den Zugang zu den Ruinen der früheren Zivilisation. So sah ich es auf dem Weg von der Stadt Alexandrowsk zum Leuchtturm am Kap Jonkheer.

Weniger vielfältig ist die Fauna. König ist hier unbestreitbar der sibirische Braunbär, die häufigsten Säuger sind Fuchs, Hirsch, Ren, Wiesel und Vielfraß, die ökonomisch wichtigsten sind Zobel und Hermelin sowie der Moschusochse. Unter den Seevögeln dominieren sichtbar die Möwen, aber es gibt auch Kormorane. Das Meer hat fünfzehn Arten von Walen, Seehunden und Walrössern zu bieten. Die häufigsten Fische sind Buckellachs, Ketalachs, Hering, Makrele, Steinbutt, Kabeljau, Saira und Dorsch, außerdem gibt es Krabben und Garnelen in großer Artenvielfalt. Das ist sozusagen das maritime Grundkapital Sachalins, unabhängig davon, wem und in welchen Mengen es früher und heute zugute kommt.

Auf der Insel scheinen Wärme und Kälte einen ständigen Kampf miteinander zu führen.

Bei diesem Klima ist es kein Wunder, daß sich viele Inselbewohner nach dem Festland oder, wie die »Drei Schwestern«, wichtigstes Stück im Repertoire des Staatlichen Dramatischen Theaters »Tschechow« in Juschno-Sachalinsk, »Nach Moskau! Nach Moskau!« sehnen.

Meistens siegt die Kälte. Die durchschnittliche Jahrestemperatur liegt bei + 2,1 Grad Celsius.[6] Im Norden ist der Juli, im Süden der

---

6 Wie wenig aussagekräftig derartige Angaben sind, weist Tschechow durch vergleichbare Daten aus dem Kreis Tscherepowets (Gouvernement Nischnij-Nowgorod) nach. Dort betrug die mittlere Jahrestemperatur in den achtziger Jahren + 2,7 C, während sie in Alexandrowsk bei 0,1 Grad lag. Allerdings

August die wärmste Zeit, wobei der Monatsdurchschnitt bei 17,2 Grad liegt. Ebenso gibt es statistisch 44 Tage pro Jahr, an denen das Quecksilber des Thermometers über 10 Grad steigt, und 132 bis 170 Tage, an denen es unter den Gefrierpunkt sinkt. 23 Tage sind wolkenlos, 155 ganz verhangen und 187 von wechselnder Bewölkung bestimmt. An 176 Tagen des Jahres kommt es zu Niederschlägen, meistens Schneefällen, und heftigen Schneestürmen, wobei die Schneedecke selbst im März noch eine Höhe von 80 bis 90 Zentimetern erreicht. Unmittelbar und jederzeit wahrnehmbar sind dabei die 80 Prozent Luftfeuchtigkeit.

Die Sehnsucht nach Moskau ist meistens von Vergeblichkeit geprägt, denn Moskau ist von Sachalins Hauptstadt 10 417 Kilometer entfernt.

Bevor die Regierung von Zar Nikolaj I. beschloß, die Insel Sachalin endgültig dem Russischen Reich einzuverleiben, schickte man den Militärtransporter »Bajkal« voraus, der ursprünglich das Frachtgut der Russisch-Amerikanischen Handelsgesellschaft nach Petropawlowsk in Kamtschatka liefern sollte. Die »Bajkal« lief unter dem Kommando des Kapitäns Gennadij Newelskoj am 21. August 1848 aus dem Hafen von Kronstadt aus, am 2. Januar 1849 erreichte sie Kap Hoorn in Südafrika und ging am 12. Mai in Kamtschatka vor Anker. Das war eindeutig ein technischer Rekord: Das Schiff hatte acht Monate und 23 Tage für den Weg gebraucht. Nebenbei und für das historische Zeitgefühl der Leser sei bemerkt: Parallel zu dieser Expedition fanden auf dem alten Kontinent fast überall Revolutionen und Gegenrevolutionen statt.

---

zeigten sich in den für die Landwirtschaft entscheidenden Monaten gravierende Unterschiede. Die Durchschnittstemperatur im März betrug in Alexandrowsk: – 10,1, in Tscherepowetz: – 1,8 (April: + 0,1 bzw. + 2,8, Mai: + 5,9 bzw. 12,7, Juni: + 11,0 bzw. 17,5). Dementsprechend war auf Sachalin »in keinem einzigen Jahr eine Wärmemenge zu beobachten, die für das volle Ausreifen von Hafer und Weizen ausgereicht hätte.

Ermuntert nicht zuletzt durch die Rekordzeit seiner Fahrt[7] wiederholte Newelskoj schon bald seine Expedition und erklärte im Namen seiner Regierung Sachalin und das Amurgebiet für russischen Besitz, indem er am 1. August 1850 an der Amurmündung feierlich die Fahne des Imperiums hißte.

Bis dahin hatte die Insel als Niemandsland gegolten oder, besser gesagt, als Jedermannsland. Russen, Japaner, Mandschus und sogar Niederländer und Briten gingen dort auf die Jagd, betrieben Fischfang, besteuerten die Ureinwohner oder trieben Handel mit ihnen.

Da Newelskoj nicht über entsprechende Vollmachten verfügte und die Politiker in St. Petersburg die Befürchtung hegten, seine symbolische Geste könne zu Konflikten mit Japan oder China führen, wollte eine Sonderkommission in St. Petersburg den Expeditionsleiter, der ihnen in die große Politik gepfuscht hatte, zur Strafe zum einfachen Matrosen degradieren. Als Retter erwies sich der Zar selbst, indem er erklärte: »Wo einmal eine russische Flagge aufgepflanzt wird, soll diese niemals wieder eingeholt werden.« Gleichzeitig schickte man den Vizeadmiral Jewfimij Putjatin nach Japan, um im Rahmen der Aufnahme diplomatischer Beziehungen gleich die territorialen Fragen zu klären.

Und obwohl sich im Vertrag von Simoda (1855) die Hohen Seiten darauf einigten, daß »die Insel Sachalin (japanisch: Karafuto) zwischen Rußland und Japan nach wie vor gemeinsam benützt wird«, behandelte Rußland sie als eigenes Territorium. Dieser Status wurde 1875 im Vertrag von St. Petersburg schließlich von Tokio anerkannt. Im Gegenzug verzichtete Rußland auf sämtliche, also auf mehr als sechzig Kurileninseln, von denen jedoch nur die acht südlichsten eine ökonomische Rolle spielten.

7 Zum Vergleich: Die Expedition von Iwan Krusenstern zu Beginn des Jahrhunderts dauerte anderthalb Jahre, und selbst vier Jahre nach Newelskoj brauchte der Kapitän Boschnjak ein Jahr und acht Tage für den Weg von Kronstadt bis zum Kap Pogibi.

Die ersten Verbannten wurden 1858 nach Sachalin gebracht, und von 1869 an galt die Insel auch offiziell als »mesto ssylki u katorgi«, als »Ort der Zwangsarbeit und der Verbannung«.

Das Rätsel einer Reise

Die meisten Privatbriefe Tschechows, inklusive seiner Korrespondenzen mit geliebten Frauen, zeichnen sich durch einen witzelnden, frivolen Ton aus. Offensichtlich hatte sein Verleger und engster Freund Alexej Suworin eine ähnliche Wellenlänge, denn als Tschechow ihm seine Reisepläne erläuterte, ließ er die Bemerkung fallen: »Sachalin braucht niemanden und ist auch für niemanden von Interesse«, ein vorgeschobenes Argument, für das Suworin gute verlagsstrategische Gründe hatte. Als einer der ersten modernen Zeitungsherausgeber und Buchhändler Rußlands wollte er seinen Erfolgsautor mitsamt dessen melancholischem Humor nicht verlieren. Er hatte Angst, der Schriftsteller, der unlängst mit der Erzählung »Langweilige Geschichte« Furore gemacht hatte, könne nun wirklich mit einer langweiligen Geschichte ankommen, die auf keinen Fall für den Buchmarkt geeignet wäre.

Offensichtlich traf er mit dem kecken Halbsatz seinen Briefpartner mitten ins Herz, denn Tschechow reagierte mit Empörung und – sehr ungewöhnlich für ihn – mit Pathos. »Sachalin nicht brauchen und uninteressant finden kann nur eine Gesellschaft«, donnerte er am 9. März 1890 aus Moskau nach Petersburg, »die Menschen nicht zu Tausenden dorthin verbannt und nicht Millionen dafür ausgibt. Nach Australien in der Vergangenheit und Cayenne ist Sachalin der einzige Ort, wo man Kolonisierung durch Verbrecher studieren kann; ganz Europa interessiert sich dafür, und wir brauchen das nicht? (...) Sachalin, das ist ein Ort der unerträglichsten Leiden, deren ein freier und unfreier Mensch überhaupt fähig ist. Ich bedaure, daß ich nicht sentimental bin, sonst würde ich sagen, daß man zu Orten wie Sachalin wallfahren müßte wie die Türken nach Mekka. (...) Aus den Büchern, die ich gelesen habe und lese, geht hervor, daß wir in den Gefängnissen Millionen von Menschen haben verfaulen lassen, umsonst verfaulen, ziellos, barbarisch; wir haben die Menschen in Ketten Zehntausende von Werst (1,1/15 km) durch die Kälte getrieben, sie mit Syphilis infiziert, demoralisiert, die Zahl der Verbrecher vermehrt und all das auf die rotnasigen Gefängnisaufseher abgewälzt. Heute weiß das gesamte gebildete Europa, daß nicht die Aufseher schuld sind, sondern wir alle, aber uns geht das nichts an, für uns ist das nicht von Interesse. Die gepriesenen sechziger Jahre haben für die Kranken und die Häftlinge nichts getan und damit das wichtigste Gebot der christlichen Zivilisation verletzt. (...) Nein, ich versichere Sie, Sachalin ist interessant, wir brauchen es, und zu bedauern ist nur, daß ich es bin, der dorthin fährt, und nicht ein anderer, der von der Sache mehr versteht und besser in der Lage ist, das Interesse der Gesellschaft zu wecken.«

Die Schärfe von Tschechows Polemik steckt in dem Hinweis auf die »gepriesenen sechziger Jahre«. Die »Sechziger« hatten sich mit Nikolaj Tschernyschewskij solidarisiert, den man wegen seiner Schriften 1864 in St. Petersburg buchstäblich an den Pranger gestellt hatte – »staatsbürgerliche Hinrichtung« hieß diese barbarische Zeremonie. Danach wurde er nach Sibirien verbannt. Die »Sechziger« lasen heimlich Alexander Herzens nach Rußland geschmuggelte Exilzeitschrift »Kolokol« (»Die Glocke«), und ihr Zentralbegriff hieß »Ideal«. Der 1834 geborene Suworin rechnete sich zur Generation der »Sechziger«, schrieb damals flammende Artikel in liberalen Blättern gegen Behördenwillkür und hatte deshalb schwere Konflikte mit der Zensur. In den Achtzigern hingegen war er bereits allmächtiger Chefredakteur einer konservativen Zeitung, der »Nowoje Wremja«. Obwohl er sich im privaten Kreis sogar anarchistische Ausfälle erlaubte, galt der Verleger in »fortschrittlichen« Kreisen als »Reaktionär«, was nach und nach zweifellos immer mehr zutraf.

Viele liberale Zeitgenossen nahmen Tschechow übel, daß er ausgerechnet bei dem Verlagshaus des erzkonservativen Suworin gelandet war und ihm sogar persönlich nahestand. Die große literarische Freundschaft ging erst 1898 in die Brüche, als Tschechow bei einem Aufenthalt in Nizza die Ereignisse der Affäre Dreyfus gleichzeitig über französische und russische Blätter verfolgte und die Angriffe der »Nowoje Wremja« »auf den unglückseligen Kapitän« und seinen Beschützer Emile Zola als völlig niveaulos empfand.

In den späten achtziger Jahren jedoch schien die Freundschaft zwischen Autor und Verleger von politischen Meinungsverschiedenheiten noch ungetrübt. Suworins Privatleben war tragisch. 1887 erschoß sich sein Sohn Wladimir, und ein Jahr später starb der zweite Sohn, Walerian, was sein besonderes, beinahe väterliches Verhältnis zu Tschechow erklärt, der ungefähr im gleichen Alter wie die Söhne war. Auch Tschechow akzeptierte den »Alten« wenn auch nicht als leiblichen, so doch als eine Art Beichtvater. Suworin war der einzige, dem er die tieferen Gründe für seine Reise nach Sachalin offenbarte, die unter den damaligen Bedingungen lebensgefährlich sein konnte. Bereits in einem Brief Ende 1889 zog er folgende düstere Bilanz:

»Skizzen, Feuilletons, Dummheiten, Vaudevilles, langweilige Geschichten, eine Unmasse von Fehlern und Ungereimtheiten, pudweise beschriebenes Papier, der Preis der Akademie[8] (...) – und bei alledem keine einzige Zeile, die in meinen Augen ernsthafte literarische Bedeutung besäße. Das war eine Masse Arbeit unter extremen Bedingungen, aber keine Minute ernsthafter Arbeit. (...) Ich möchte mich leidenschaftlich gern irgendwo für fünf Jahre verkriechen und mich mit mühevoller, ernsthafter Arbeit befassen. Ich

---

8 Gemeint ist der Puschkin-Preis der Akademie der Künste von 1888.

muß lernen, muß alles ganz von vorn lernen, denn als Literat bin ich ein enormer Ignorant; ich muß gewissenhaft schreiben, mit Gefühl, mit Sinn und Verstand, ich darf nicht fünf Bogen in einem Monat schreiben, sondern einen Bogen in fünf Monaten. Ich muß von zu Hause weggehen, muß anfangen, mit 700–900 R. im Jahr auszukommen und nicht, wie jetzt, mit drei- bis viertausend, ich muß auf vieles pfeifen, aber in mir steckt mehr kleinrussische Trägheit als Mut.« Und er fügte hinzu: »Im Januar werde ich 30 Jahre alt. Eine Gemeinheit.«

Den letzten Satz könnten wir leichtfertig als dandyhaftes Selbstmitleid abtun, wenn wir nicht wüßten, wie fremd Tschechow ein Leben lang eine solche Attitüde war. Er enthält jedoch einen Schlüssel zur Deutung des größten Rätsels der weltweiten Tschechow-Literatur, als eigenständige Disziplin »tschechovedenije« genannt: Aus welchem Grund nahm der damals bereits populäre Autor die Schikanen einer solchen Odyssee auf sich, statt seinen soeben erlangten außerordentlichen literarischen Erfolg und die damit verbundene materielle Sicherheit zu genießen?

Anton Pawlowitsch Tschechow wurde im Januar 1860 in der ukrainischen Stadt Taganrog als Sohn eines Krämers geboren. Der Vater Pawel Jegorowitsch, ein ehemaliger Leibeigener, betrieb einen Laden für »Tee, Zucker, Kaffee, Seife, Wurst und Kolonialwaren«. Er hatte eine Tochter und fünf Söhne – Anton war der dritte –, die er in religiösem und patriotischem Geist zu gebildeten und erfolgreichen Menschen erziehen wollte. Er las ihnen aus der Bibel und aus der Zeitschrift »Sohn der Heimat« vor und engagierte eine Madame Chopin als Hauslehrerin für Musik.

Schon bald stellte sich heraus, daß die Familie weit über ihre Verhältnisse lebte. Tschechows Vater hatte keine glückliche Hand, das kleine Geschäft ging schon bald bankrott. Pawel Jegorowitsch ging zunächst allein, auf der Flucht vor seinen Kreditgebern, nach

Moskau. Erst später konnte die Mutter mit den kleineren Kindern nachkommen.

Der Gymnasiast Anton blieb in Taganrog und verwaltete neben seinen Studien das Haus der Familie, verkaufte oder verpfändete alle möglichen Gegenstände, gab Nachhilfestunden und lebte von bescheidensten Beträgen. Das Schlimmste war jedoch, daß er für die Schulden des Vaters herhalten mußte. Sein Biograph Leonid Maljugin schreibt darüber:

»Nie hatte Tschechow so viel Qualen und Demütigungen kennengelernt wie in diesen drei Monaten (nach der Flucht des Vaters, G.D.), als er jeden Tag bei den Kreditoren bitten, ja betteln, sie belügen, trickreich loswerden mußte. Niemand ahnte, welche moralische Pein ihn dies kostete – er war ja von Kindheit an eher verschlossen. (...) Anton beschwerte sich niemals, und der Vater erfuhr erst von gemeinsamen Bekannten, wie sehr der Sohn abgemagert war.« Fügen wir hinzu: Die Erniedrigungen setzten sich im Gymnasium und überall in der Kleinstadt fort, wo der Untergang der Familie Tschechow Sensationswert besaß. Gleichzeitig prägte diese düstere Zeit den späteren Schriftsteller – seine mikroskopisch genauen Detailkenntnisse von Waren, Preisen, Wechseln und Gerichtsvollziehern wurzelten im Elend von Taganrog. Außerdem entwickelte er in dieser verzweifelten Situation erstaunlichen Erfindergeist und eine frühreife Handlungs- und Handelsfähigkeit – schon bald begann er, seine Eltern und Geschwister mit Paketen voller Kaffee, Butter und Süßigkeiten zu versorgen.

Die endgültige »Familienzusammenführung« gelang erst nach Tschechows Abitur. In Moskau immatrikulierte er sich an der medizinischen Fakultät. Um sich und die immer noch erwerbslosen Angehörigen zu ernähren, begann er, kurze humoristische Erzählungen zu schreiben und an verschiedene Redaktionen zu schicken. Diese kleinen, eher feuilletonistischen Arbeiten brachten ihm Geld und nach einigen Jahren auch Berühmtheit – wobei die meisten der frühen Texte unter dem Pseudonym »Antoscha Tschechonte« erschienen.

Das Schreiben fiel ihm leicht, und er fand Genuß daran, den unerschöpflichen Stoff seiner Kinder- und Jugendjahre in der ukrainischen Provinz auszuschütten. Ohne es selbst richtig wahrzunehmen, war er gegen Mitte der achtziger Jahre zu einem vielgelesenen Autor geworden. Er schrieb Unterhaltungsliteratur, und erst mit der »Steppe« und der »Langweiligen Geschichte« überschritt er die Grenze vom Feuilleton zu den »dicken Journalen«. In dieser Zeit lenkte der Literat Dmitrij Grigorowitsch die Aufmerksamkeit des Redakteurs und Verlegers Suworin auf das neue Talent, und dieser, dem man einen treffsicheren Geschmack nachsagte, schloß einen Exklusivvertrag mit Tschechow ab.

Obwohl es an begeisterten Rezensionen seiner Erstlinge »Bunte Erzählungen« und »Mürrische Leute« nicht mangelte und auch das Stück »Iwanow« ein Erfolg war, traf Tschechow von Anfang an auf scharfe Kritiker und sogar literarische Gegner. Vor allem provozierte die Leichtigkeit und »jugendliche Unbekümmertheit« seiner Prosa, die manchen Lesern als Oberflächlichkeit und fehlendes soziales Engagement erschien. Die political correctness dieser Zeit forderte direkte Einmischung und stellte Bürgertugenden über ästhetische Qualitäten im Sinne von Nikolaj Nekrassows ars poetica: »Ein Dichter mußt nicht unbedingt / aber ein Bürger mußt du sein«.

Neben diesen ideologischen Faktoren spielte die gewöhnliche Eigendynamik der literarischen Rezeption in Tschechows Werdegang eine wichtige Rolle. Er war in Mode gekommen, erweckte Neid, geriet in das Fadenkreuz der Intrigen. Sein Bühnenstück »Der Waldschrat« fiel in Moskau durch, die »Mürrischen Leute« wurden von dem einflußreichen Kritiker Michajlowskij im Petersburger »Severnij Westnik« verrissen, und die Zeitschrift »Russkaja Mysl« – übrigens ist das Buch »Insel Sachalin« im Jahre 1895 in dieser Redaktion erschienen – erwähnte ihn sogar unter den »Priestern des prinzipienlosen Schreibens«. Dies geschah bereits im März 1890, mitten in den Vorbereitungen zur Reise nach Sachalin, was

Tschechow nicht daran hinderte, einen Protestbrief an die Redaktion zu schreiben:

»Ein prinzipienloser Schriftsteller (...) bin ich nie gewesen. Es ist wahr, meine gesamte literarische Tätigkeit bestand aus einer ununterbrochenen Reihe von Fehlern, manchmal groben, aber dies findet seine Erklärung in der Dimension meiner Begabung und durchaus nicht darin, daß ich ein guter oder schlechter Mensch wäre. Ich habe niemanden erpreßt, habe weder Schmähschriften noch Denunziationen geschrieben, habe niemandem geschmeichelt, niemanden belogen, niemanden beleidigt, kurz gesagt, ich habe viele Erzählungen und Leitartikel, die ich wegen ihrer Untauglichkeit gern wegwerfen würde, aber ich habe keine einzige Zeile, deretwegen ich mich schämen müßte.«

Trotz des würdevollen Tons kann man in diesen Zeilen dieselbe Unsicherheit entdecken wie bereits in dem Brief an Suworin vom Dezember 1889. Der Humorist fühlte sich gezwungen, seine »Ernsthaftigkeit« unter Beweis zu stellen. Die zehntausend Kilometer Entfernung zwischen Moskau und der Insel Sachalin sollten wie eine meßbare Leistung selbst den ärgsten Feind überzeugen.

Zur Zeit der akuten Reiseplanung, aber eigentlich sein ganzes Leben lang war Tschechow mit allen Bereichen seiner Existenz unzufrieden. »Auf einmal, wie aus heiterem Himmel, mag ich meine Werke nicht mehr gedruckt sehen«, schrieb er am 4. Mai 1889 an Suworin, »bin gleichgültig geworden gegenüber Rezensionen, Gesprächen über Literatur, gegenüber Gerüchten, Erfolgen, Mißerfolgen. (...) In meinem Herzen herrscht eine Art Stillstand. Ich erkläre dies mit dem Stillstand in meinem persönlichen Leben. (...)« Die Ratlosigkeit wird als ein merkwürdiges Dilemma formuliert: »Sollte ich nicht heiraten ? Oder mich als Arzt zur Freiwilligen Flotte[9] melden?« (Brief an Suworin, 17. April 1889)

9 Private Handelsflotte, die unter anderem im Auftrag des Staates Verbannte nach Sachalin beförderte.

Diese seltsame Verknüpfung einer möglichen Eheschließung und einer etwas abstrusen Reise war auf keine konkrete Situation bezogen, obwohl Tschechow von Frauen geradezu umschwärmt war. In dieser Zeit fuhr er mit seinem Bruder Nikolaj, der an galoppierender Schwindsucht erkrankt war, nach Sumy auf der Halbinsel Jalta. Die ebenso hingebungsvolle wie hoffnungslose Pflege konnte den Tod nur noch aufschieben; am 17. Juni starb der Dreißigjährige.

Ursprünglich hatte Tschechow für diesen Sommer seine erste Auslandsreise geplant – Suworin hatte ihn eingeladen, mit ihm nach Tirol zu fahren. Doch er kam nur bis Odessa, wo er auf die Truppe des Moskauer Kleinen Theaters traf, die soeben ein Gastspiel in der Stadt gab. Von dort kehrte er nach Jalta zurück und schrieb seine »Langweilige Geschichte«. »Die Stimmung war völlig unentschlossen«, entschuldigte er sich am 13. Oktober 1889 nachträglich bei Suworin, »sollte ich nach Tirol fahren, nach Berditschew, nach Sibirien – alles egal«.

Das Dilemma »heiraten oder verreisen« wurde plötzlich konkret, als Tschechow eine Freundin seiner Schwester Mascha, Lidia Misinowa (»Lika«) kennenlernte. Die Entscheidung für oder gegen eine Beziehung mit dieser Dame fiel ihm nicht zuletzt wegen eines früheren Fiaskos schwer: Wenige Jahre zuvor hatte ihm die junge Jüdin Jewdokija Efros einen Korb gegeben, weil ihre Eltern einer Konvertierung der Tochter zwecks Eheschließung nicht zustimmen wollten.

Immerhin schien Tschechow bereits damals vor einem beglükkenden »Ja« nicht weniger Angst als von einem »Nein« zu haben. Bei Lika hätte er offene Arme gefunden, trotzdem wählte er, symbolisch gesprochen, »die Freiwillige Flotte«. Mit der jungen Frau tauschte er zum Abschied Fotos aus. Auf die Rückseite seines Ebenbilds schrieb Tschechow: »Dem gütigsten Wesen, vor dem ich nach Sachalin flüchte.« Und, um alle Illusionen auf eine Zeit nach Sachalin zu zerstreuen, fügte er hinzu: »Diese Aufschrift ist ebensowenig verbindlich wie der Austausch von Fotos.«

Tschechows dauerhafte Depression konnte weder vom Dasein als Schriftsteller noch durch die Tätigkeit als Mediziner geheilt werden. Seinen erlernten Beruf haßte er geradezu: »Es ist nicht schön, Arzt zu sein«, beschwerte er sich bei Suworin in einem Brief vom 2. August 1893 aus dem Landhaus Melichowo. »Es ist furchtbar, langweilig, ekelhaft. Ein junger Fabrikbesitzer hat geheiratet, und eine Woche später läßt er mich zu sich rufen: ›unbedingt, jetzt gleich.‹ ... All das ist ekelhaft, muß ich Ihnen sagen. Ein Mädchen mit Würmern in den Ohren. Durchfall, Erbrechen, Syphilis – pfui!! Süße Klänge, Poesie – wo seid ihr?« Und obwohl er seinen Hippokrateseid durchaus ernst nahm, spürte er keine professionelle Befriedigung: »Nicht sich selbst zu gehören, sondern ausschließlich an Durchfall zu denken, nachts vom Hundegebell oder wenn jemand klopft, aufzuschrecken (kommen sie auch nicht, um dich zu holen?), mit ekelhaft schlechten Pferden auf unbekannten Straßen zu fahren und nur Vorträge über die Cholera zu halten, auf die Cholera zu warten und gleichzeitig gegenüber dieser Krankheit vollkommen gleichgültig zu sein und gegenüber den Menschen, denen man dient, – das, mein Herr, ist eine Suppe, die nicht kräftigt« (Brief an Suworin von 16. August 1892).

Er wolle nach Sachalin, so schrieb er, »nicht nur wegen der Sträflinge allein, sondern auch so, im allgemeinen«. Tschechows Fernweh konnte auch später niemals vollständig befriedigt werden. Offensichtlich war seine Seele von einer chronischen Depression befallen, der er immer wieder durch Reisen zu entkommen suchte. »Ich habe einen unüberwindlichen Drang zur Flucht.« »Ich will leben, und irgendeine Kraft zieht mich irgendwo hin ... (...) Meine Seele bettelt geradezu nach Breiten und Höhen.« Die letzteren Aussagen – darauf macht die Moskauer Literaturhistorikerin Gorjatschewa aufmerksam – klingen fast wie eine Illustration zu Berdjajews These über die Auswirkung der Geographie auf die russische Seele: »Die unermeßliche Weite, welche den russischen Menschen von allen Seiten her umgibt und bedrängt, bildet keinen äußerlichen, sondern den inneren Faktor seiner Existenz.«

Zudem war dieser Doktor Tschechow, den die einfachen Bauern, auch als schon ein weltberühmter Autor war, mit ihren Beschwerden regelmäßig aufsuchten, selbst von einer unheilbaren Krankheit gezeichnet.

»Im Januar werde ich 30 Jahre alt. Eine Gemeinheit« – so empfand also ein Mensch, der kraft seiner Fachkenntnisse die eigene Lebenserwartung gut einschätzen konnte.

1884 spuckte er zum ersten Mal Blut und war sich sofort der Natur dieses Phänomens bewußt. In seinen Briefen wimmelt es nur so von beschwichtigenden Phrasen wie »Ich bin gesund und munter. Der Husten hat gegenüber früher zugenommen, aber ich glaube, bis zur Schwindsucht ist es noch sehr weit« (Brief an Suworin vom 11. November 1893). Da er eine Person des öffentlichen Lebens war, ließ sein Gesundheitszustand das Publikum nicht gleichgültig, worauf er ziemlich gereizt reagierte: »Wozu diese seltsamen und unnötigen Gerüchte verbreitet werden«, schrieb er an den Freund, »weiß nur der Gott, der die Klatschtanten und Dummköpfe schuf. Ich habe keine Schwindsucht, und schon seit längerem ist kein Blut mehr aus meiner Kehle gekommen.« Einige Jahre später hörte er auf zu dementieren. Als Suworin ihn fragte, warum er nicht zum Arzt gehe, antwortete er: »Ohnehin bleiben mir nur fünf oder zehn Jahre, ob ich nun beginne, einen Arzt zu konsultieren oder nicht.«

Der Heimatforscher Georgij Miromanow, der gewissenhaft nachgerechnet hat, daß das Stichwort Sachalin in Tschechows Werken und Briefen insgesamt achthundertmal vorkommt, fand die erste Erwähnung der Insel in der Novelle »Feuer« aus dem Jahre 1888, deren früh gealterter Held sagt: »Ich war damals nicht älter als 26 Jahre, aber ich wußte bereits sehr gut, daß das Leben weder Zweck noch Sinn hat und alles Betrug und Illusion ist, und daß sich im wesentlichen das Leben eines Katorschniks auf der Insel Sachalin in nichts vom Leben in Nizza unterscheidet.«

Diese übertriebene Gleichsetzung von Verbannungsstätte und Badeort steht für den Weltschmerz des Protagonisten. Zu dieser Zeit wußte Tschechow bereits einiges über die Insel – wenn schon nicht aus anderer Quelle, so doch aus Korolenkos »Der Falke von Sachalin« (1885). Korolenko, der als »Staatsverbrecher« einige Jahre in Sibirien verbracht hatte, beschrieb als erster die grausigen Zustände auf der russischen »Teufelinsel« und gab womöglich Tschechow den ersten Anstoß zur Reise.

Wann diese Entscheidung schließlich getroffen wurde, wissen wir nicht genau, es wird aber vermutlich im Januar 1890 gewesen sein. Jedenfalls teilte die Zeitung »Nowostji Dnja« am 26. Januar mit: »Sensationelle Nachricht! Der talentierte A. P. Tschechow unternimmt eine Reise nach Sibirien mit dem Ziel, das Leben der Katorschniki zu studieren. (...) Folglich bildet Herr Tschechow in jeder Hinsicht eine Ausnahme. Jedenfalls ist er der erste russische Schriftsteller, der eine Reise nach Sibirien und zurück unternimmt.« Jedenfalls der erste, müssen wir ergänzen, der dies aus freien Stücken tat – denken wir an die verbannten Dekabristen, unter ihnen auch Dichter und Prosaiker, an Dostojewskij und an den Katorschnik Korolenko.

Lange vor der öffentlichen Bekanntgabe seiner Reise begann Tschechow mit der inhaltlichen Vorbereitung – er las mehr als hundert Bücher und Zeitschriften, darunter 20 Jahrgänge des Fachjournals »Morskoj Sbornik« (Almanach für Seefahrt), studierte das Strafgesetzbuch sowie Arbeiten zur Volks- und Landeskunde und Geologie. Seinen seelischen Zustand bezeichnete er immer häufiger als »mania Sachalinosa«, und gegenüber einem Kollegen äußerte er, nunmehr »kein Schriftsteller, sondern ein Sachalingefangener« zu sein (Brief an Leontjew-Scheglow vom 16. März 1890). Ursprünglich wollte er nicht allein reisen, aber alle potentiellen Begleiter schreckten vor der strapaziösen Fahrt zurück.

Der Maler Isaak Lewitan, den er gern als Illustrator des zukünftigen Buches mitgenommen hätte, sagte unter Berufung auf seine Braut ab, der Schriftsteller Wladimir Tichonow entschuldigte sich mit einer Krankheit, und der gute, von Tschechow immer als »Jean« angesprochene Iwan Leontjew-Scheglow reagierte sogar etwas taktlos: »Sie fragen mich, mein lieber Antoine, warum ich nicht nach Sachalin mitfahren will. Ich liebe meine Frau, und mein literarischer Stoff reicht mir bis zu meinem Grauwerden aus ...«

Die meist unausgesprochene Annahme, Tschechow unternehme seine exotische Reise in Ermangelung von Themen, war ziemlich verbreitet. Der gallige Kritiker Wiktor Burenin von der »Nowoje Wremja« reagierte mit einem Spottgedicht:

Tschechow, ein Dichter hochbegabt
Wollte nach Sachalin verschwinden
Um dort zwischen den grauen Felsen
Inspiration zu finden.
Da er sie dort nicht finden konnte
Kehrte er bald enttäuscht zurück ...
Fazit der Fabel: keine Ferne
Ersetzt Talent und Schreiberglück!

Weniger kleinlich verhielt sich der Chefredakteur der Zeitung – trotz seiner Auffassung, Sachalin »braucht niemanden und ist auch für niemanden von Interesse«, zahlte Suworin an Tschechow tausend Rubel Vorschuß für eine sibirische Reportage und die Beschaffung eines Journalistenausweises. Im übrigen war es keinesfalls so, daß alle, die Tschechows einsame Expedition ablehnten, von destruktiven Motiven gesteuert waren. Viele Freunde und Familienangehörige – vor allem die ihm besonders nahestehende Schwester Mascha – machten sich Sorgen um Leib und Leben des Schriftstellers, der seinerseits aus den Risiken der Reise kein Hehl machte. Seine Ängste verpackte er jedoch gelegentlich auch ironisch: »Wenn mich auf Sachalin nicht die Bären und Sträflinge fressen – (...) dann werde ich im Dezember zurückkehren«, schrieb er am 16. März an Leontjew-Scheglow. Etwas finsterer, fast wie ein Testament klingen die Abschiedszeilen an Suworin vom 15. April: »Im Falle eines Schiffbruchs oder etwas Ähnlichem merken Sie sich, daß alles, was ich besitze und in Zukunft besitzen könnte, meiner Schwester gehört; sie wird meine Schulden bezahlen.«

Das offizielle Rußland versuchte aus politischen Gründen über Sibirien und Sachalin zu schweigen, um zu verhindern, daß diese Orte des Grauens im Ausland das Bild vom russischen Imperium zu sehr prägen könnten. Das war immerhin klüger als gelegentliche Lügenmärchen über die Erträglichkeit der sibirischen Lebensumstände – etwa eines über Sachalin aus der Feder eines früheren Gefängnisinspektors, das Tschechow in der offiziösen Zeitschrift »Russkij Westnik« lesen konnte: »Die Versorgungslage der Verbannten ist unvergleichlich besser als die ihrer ehrenhaften Dorfnachbarn in der Heimat«, und außerdem: »Was die weiblichen Verbrecher anbelangt, so befinden sich diese unter noch günstigeren Bedingungen.«

Die interessierten Leser und erst recht die Zuständigen wußten natürlich, wie es wirklich zuging. Die Prügelstrafe, das Anketten der Gefangenen an die Kohlenkarren, die Sklavenarbeit in den Wäldern und beim Eisenbahnbau, die Korruption der Behörden – all dies war ein nur schlecht gehütetes Staatsgeheimnis.

Aufgeklärte Regierungsbeamte bis hin zu Gouverneuren begannen zu verstehen, daß das ganze System von Zwangsarbeit und Verbannung überreif für Reformen war. Im Mai 1890 fand der Vierte Internationale Kongreß des Strafvollzugs in St. Petersburg statt, an dem Juristen, Finanzexperten, Vollzugsbeamte, Ärzte und andere Fachleute beteiligt waren. Unter diesen günstigen Voraussetzungen konnte Tschechow recht schnell das grundsätzliche Einverständnis des Chefs der Hauptverwaltung für Gefängnisse, Galkin-Wraschskij, für einen Besuch auf der Insel erzielen und ihm sogar das Versprechen abtrotzen, den lokalen Behörden ein Telegramm zuzusenden. Wie sich allerdings später herausstellen sollte, kam es niemals dort an.

Gleich nach Ostern, am 21. April 1890, machte sich Anton Tschechow auf den Weg. Von Moskau bis Jaroslawl reiste er mit der Bahn, von Jaroslawl bis Perm mit dem Dampfschiff. Bis dorthin wurde er von einer seiner heißesten Verehrerinnen, Olga Kundasowa, begleitet. In Perm stieg er am 27. April wieder in den Zug und erreichte dessen Endstation Tjumen am 3. Mai – die Transsibirische Eisenbahn war noch im Bau. Von dort aus wollte er den Ob flußabwärts mit dem Schiff weiterfahren. Da dieser aber wegen des verspäteten Frühlings noch nicht schiffbar war, mußte er seinen Weg bis Tomsk auf einem Pferdewagen, russisch Tarantas, fortsetzen. Die Tage bis zu seiner Ankunft in der sibirischen Stadt waren die dramatischsten der ganzen Reise. In einem Brief vom 16. Mai an die Familie versuchte er das Erlebte möglichst anekdotenhaft abzurunden:

»Jetzt, bittschön, ein Abenteuer, das ich der Fahrt durch Sibirien verdanke. Nur bitte ich Mamascha, nicht au und weh zu stöhnen und nicht zu jammern, es ist alles gutgegangen. In der Nacht zum 6. Mai fuhr mich gegen Morgen ein sehr lieber Mann, zweispännig. (...) Ich döste so dahin und sah aus Langeweile zu (...) Plötzlich höre ich deutlich ein Rattern von Rädern. Uns entgegen fliegt in rasender Geschwindigkeit, wie ein Vogel, eine Posttrojka. Mein Alter weicht eilig nach rechts aus, die Trojka fliegt an uns vorüber, und ich betrachte in der Finsternis den riesigen, schweren Postwagen, auf dem der Kutscher sitzt. Hinter dieser Trojka her fliegt eine zweite, ebenfalls in rasender Geschwindigkeit. Wir weichen eilig nach rechts aus ... Zu meinem großen Erstaunen und Entsetzen weicht die Trojka weder nach rechts noch nach links aus ... Ich kann gerade noch denken: ›Oh Gott, wir stoßen zusammen!‹, als ein furchtbares Krachen ertönt, die Pferde verkeilen sich zu einer dunklen Masse, die Krummhölzer fallen, mein Tarantas bäumt sich auf, und ich fliege im hohen Bogen auf die Erde, die Koffer auf mich drauf. Aber das ist nicht alles ... Eine dritte Trojka fliegt herbei ... Eigentlich hätte sie mich und meine Koffer zermalmen müssen, aber Gott sei Dank hatte ich nicht geschlafen, hatte mir bei dem Sturz nichts gebrochen und schnell aufzuspringen vermocht, so daß ich zur Seite laufen konnte. (...) Es stellte sich heraus, daß der erste Kutscher die Pferde angetrieben hatte und daß auf den beiden zweiten Trojken die Kutscher geschlafen hatten, die Pferde waren also von allein hinter der ersten hergejagt, niemand, der sie gelenkt hätte.«

Von Tomsk bis zum Bajkalsee führte der Weg ebenfalls mit Pferdewagen weiter, diesmal jedoch ohne besondere Verwicklungen außer Kälte, Nässe und gelegentlichem Hunger. Zweimal mußte die Fahrt wegen Überschwemmungen im Bereich der Flüsse Irtysch und Tom abgebrochen werden. Den Zwischenstop in Krasnojarsk (Ankunft: 28. Mai) und Irkutsk (Ankunft: 4. Juni) nutzte Tschechow dazu, seine Berichte aus Sibirien an Suworin fertig zu schreiben und nach Petersburg zu schicken. Erst jetzt begann ihm die Landschaft zu gefallen.

Nach dem Überqueren des Bajkal ging er am 20. Juni auf das Schiff »Jermak« und kam am 30. Juni in Chabarowsk und am 5. Juli in Nikolajewsk an der Amurmündung an. Drei Tage später verließ er mit dem Seedampfer »Bajkal« den letzten Hafen des Festlands und ging am 11. Juli in Fort Alexandrowsk, Insel Sachalin, an Land.

Etwa zur gleichen Zeit verfolgte die russische Öffentlichkeit mit angehaltenem Atem eine Reise in die entgegengesetzte Richtung. Der Kosak Peschkow überwand die Strecke zwischen dem sibirischen Blagowestschensk bis nach St. Petersburg, eine Entfernung von ungefähr achttausend Kilometern, ausschließlich mit Reitpferden. Er startete am 7. November 1889 und kam am 26. Mai 1890 in

St. Petersburg an. Die Zeitungen meldeten von jeder Station telegraphisch den neuesten Stand, und für Peschkows Wohlbefinden interessierten sich unter anderem der Verteidigungsminister, der Großfürst Alexandr Michajlowitsch und der Generalgouverneur von Ostsibirien, Baron von Korf. In der Hauptstadt erhielt der Kosak für seine »patriotische Tat« einen Staatsorden. Ohne die herausragende, eher sportliche Leistung des braven Reiters schmälern zu wollen, möchte ich anmerken, daß die Auszeichnung, wie so häufig, auch diesmal vor allem der Selbstinszenierung der Ordensverleiher diente: Ein romantisches Sibirien ohne Katorga sollte die Außendarstellung des Riesenreiches verbessern.

Dem Baron von Korf hatte Tschechow einiges zu verdanken. Der Generalgouverneur stattete am 19. Juli der Insel einen Inspektionsbesuch ab. Außer dem von Suworin beschafften Presseausweis verfügte der Schriftsteller über keinerlei Dokument, das seine Reise legitimiert hätte. Er fürchtete mit einem gewissen Recht, von Alexandrowsk aus direkt zurückgeschickt zu werden. In dieser heiklen Situation war es wichtig, die Unterstützung des hohen Herrn zu gewinnen, zu dessen Ankunft es eine Musikkapelle, Brot und Salz, Straßenbeleuchtung in der Stadt und im Zentralgefängnis besseres Essen gab. Korf gewährte Tschechow eine Audienz, fand sein Forschungsanliegen interessant und erklärte in Anwesenheit des Inselkommandanten, General Wladimir Kononowitsch:

»Ich erlaube Ihnen zu verkehren, wo und bei wem Sie wollen. (...) Wir haben nichts zu verbergen. Sie werden hier alles besichtigen können, man wird Sie ungehindert in alle Gefängnisse und Siedlungen hineinlassen (...). Ihnen werden die Türen überall offenstehen. Nur eines kann ich Ihnen nicht gestatten: jeglichen Verkehr mit den Politischen, weil ich kein Recht dazu habe.«

Tatsächlich, für den Vertreter eines autokratischen Systems am finstersten Ort des Strafvollzugs klingen solche Worte äußerst liberal, vor allem im Hinblick auf die spätere sowjetische Geheimniskrämerei.[10] Im Grunde kann man Korf auch nicht übelnehmen, daß diese großzügige Geste um eine streng vertrauliche Instruktion des Generals Kononowitsch vom 30. Juli 1890 an die »Herren Kommandanten der Bezirke Alexandrowsk und Tymowsk« ergänzt wurde: »Indem ich dem Arzt Anton Pawlowitsch Tschechow beigefügtes Dokument ausstelle, dementsprechend ihm gestattet ist, verschiedene statistische Daten und Materialien über das System der Verbannung auf der Insel Sachalin für seine literarische Arbeit zu sammeln und er ebenso berechtigt wird, Gefängnisse und Siedlungen zu besuchen, beauftrage ich hiermit Eure Exzellenzen, durch unablässige Beobachtung danach zu trachten, daß Herr Tschechow keinen Kontakt mit wegen Staatsverbrechen verbannten Katorschniki sowie mit administrativ verbannten Personen unter Polizeiaufsicht knüpfen kann.«

Tschechow verhielt sich gegenüber den lokalen Behörden loyal, umging dieses Verbot jedoch indirekt und versuchte auch sonst, sich freie Bahn zu schaffen. »Um die Möglichkeit zu haben, alle bewohnten Orte aufzusuchen und das Leben der großen Mehrheit der Verbannten kennenzulernen, griff ich zu einem Verfahren, das mir in meiner Lage das einzig richtige schien. In den Siedlungen, in die ich kam, ging ich in alle Bauernhäuser und notierte Hauswirte, die Mitglieder ihrer Familie, die Mieter und die Arbeiter. Um mir meine Arbeit zu erleichtern und damit es schneller geht, bot man mir liebenswürdigerweise Gehilfen an, aber da ich bei der Volkszählung als Hauptziel nicht ihr Ergebnis im Auge hatte, sondern die Eindrücke, die der Prozeß der Volkszählung selbst

---

10 Den Satz »Wir haben nichts zu verbergen« hörte ich selbst mehrmals in Gesprächen mit Beamten auf Sachalin, und es gab auch lobenswerte Beispiele für Offenheit. Ausgerechnet das Zentralgefängnis von Juschno-Sachalinsk aber blieb mir trotz eines Empfehlungsschreibens des Bürgermeisters Fjodor Sidorenko verschlossen. Da ich Ausländer sei, lautete das Argument, hätte die Vollzugsanstalt eine Instruktion aus Moskau nötig, um meinen Besuch zu genehmigen.

vermittelt, so bediente ich mich der fremden Hilfe nur in sehr seltenen Fällen.

(...) Der Prozeß der Volkszählung selbst bestand in folgendem: Zu allererst trug ich auf jeder Karte in der ersten Zeile den Namen des Forts oder der Siedlung ein. Auf die zweite Zeile kam die Hausnummer nach der staatlichen Hofliste. Dann folgte in der dritten Zeile der Stand des Registrierten: Zuchthäusler, Strafkolonist, Deportationsbauer, freier Bauer. Die Freien notierte ich nur in den Fällen, wo sie in der Wirtschaft des Verbannten unmittelbar beteiligt waren, beispielsweise mit ihm in einer gesetzlichen oder ungesetzlichen Ehe lebten (...)«

Von den zwölftausend vorgedruckten Karteikarten gelang es Tschechow, ungefähr siebentausend auszufüllen. Unter anderem erfaßte er zwanzig von den vierzig auf die Insel verbannten »Staatsverbrecher«. In seinem Buch nennt er sie »privilegierte Gefangene«, und das waren sie teilweise tatsächlich. Ihr auffälligstes Merkmal war die Zivilkleidung städtischen Schnitts, die sie sowohl von den Militärs und Gefängniswärtern als auch von den Gefangenen und den sogenannten freien Siedlern oder Bauern unterschied. Bei einer Begegnung mit den eingeborenen Niwchen, die des Russischen kaum mächtig waren, zeigten diese mit dem Finger auf die zivile Kleidung des Schriftstellers und fragten: »Polititschka?« Und da er wie gewohnt Papier bei sich hatte, wurde er von ihnen für einen Schreiber gehalten, »Pischi-Pischi« (Schreib-Schreib) genannt. Häufig wurden die Politischen als Schreibkraft oder Aufseher eingestellt, einer von ihnen leitete die Bibliothek der Polizeiverwaltung, ein anderer die meteorologische Station. Einige Jahre später schrieb Tschechow in einem Privatbrief, die Stimmung unter den »Politischen« sei bedrückt, und »es gab Fälle von Selbstmord«. Im Buch selbst erwähnt er diese Leute höchstens mit Initialen – eine Zurückhaltung, die von seinen Informanten Schaden abwenden sollte.

Das halbe Meisterwerk

Von der immensen Arbeit, die Tschechow in die dreihundert Seiten seines Buches »Insel Sachalin« gesteckt hat, können sich nur diejenigen ein Bild machen, die das Buch gelesen haben. Der Gattung nach ist es eine Mischung aus Belletristik, Essay und Wissenschaft, und es enthält äußerst spannende Lebens- und Leidensgeschichten, am eindrucksvollsten die im 6. Kapitel (»Jegors Erzählung«), die in jede Novellensammlung Tschechows aufgenommen werden könnte. Darüber hinaus gibt es messerscharfe Analysen des russischen Strafsystems und jede Menge Daten, die als Rohstoff für Geographen, Ethnologen, Statistiker oder Soziologen dienen können. An manchen Stellen wird das Buch anstrengend, trocken, langweilig. Zu Ende gelesen hinterläßt es den Eindruck, als hätte der Autor sein Buch nicht vollendet, sondern, tödlich erschöpft wie er war, an einem beliebigen Punkt abgebrochen. Ein künstlerischer Torso, ein halbes Meisterwerk ist es, eine Abweichung vom sonstigen Tschechowschen Œuvre.

Entsprechend waren auch die zeitgenössischen Reaktionen. Ein positiver Widerhall entstammt der Feder des Kritikers Bogdanowitsch und wurde 1902, noch zu Tschechows Lebzeiten, in der religiösen Zeitschrift »Mir Boschij« gedruckt: »Wenn Herr Tschechow nicht mehr als dieses Buch geschrieben hätte – auch dann wäre sein Name für immer in die Geschichte der russischen Literatur eingegangen und wäre in der Geschichtsschreibung der russischen Verbannung niemals vergessen worden.«

Das andere Extrem vertrat der Schriftsteller Ignatij Potapenko, ein naher Freund Tschechows, der in dem Journal »Niwa« 1914 seine Erinnerungen veröffentlichte. Darin finden wir folgende Sätze:

»Er dachte ständig über eine Reise in irgendein entferntes Land nach, und die einzige, die ihm gelang, war die Reise nach Sachalin – die denkbar unnötigste von allen, die außerdem seiner zerbrechlichen Gesundheit Schaden zufügte. Ergebnis dieser erstaunlichen Reise war ein Buch, das zweifelsohne unter allem stand, was er sonst geschrieben hatte, ihm kaum finanziellen Gewinn einbrachte und auch zu seinem Wohlergehen kaum etwas beitrug.

(...) So erstattet ein Beamte, der von einer unangenehmen und unfreiwilligen Dienstreise zurückkehrt, die ihm viele Sorgen und Unannehmlichkeiten bereitet hat, seinen Vorgesetzten Bericht und versucht dann die Reise möglichst schnell zu vergessen.«

Ein niederschmetterndes, bitterböses Urteil, in dem sich persönliche Trauer mit dem Unbehagen an der gleich nach Tschechows Tod einsetzenden Kanonisierung vermengt. Allerdings fehlt Potapenko eine tiefere Einsicht in den Zusammenhang zwischen privater Existenz und deren öffentlichem Ausdruck.

Ich möchte nicht mit dem Gemeinplatz argumentieren, daß ein künstlerisches Œuvre mit allen seinen inhaltlichen Ebenen, philosophischen Schichten und ästhetischen Niveaus eine Gesamtheit bildet. Ich fände auch die immer nach Entschuldigung klingenden Hinweise sowjetischer Literaturforscher billig, dieses oder jenes Werk von Tschechow verweise auf eine direkte oder indirekte Wirkung der Erlebnisse auf der Insel Sachalin. Viel wichtiger für mich ist, daß die furchtbare Reise nach Sachalin, diese Zusammenballung produktiven Unglücks, der Knotenpunkt in Tschechows Leben war, selbst wenn sie den Ausbruch der verheerenden Schwindsucht beschleunigte. Unkosten sind auch wertvoll, und ohne Leben kein Werk.

Da ich hier jedoch nicht über Tschechows schriftstellerischen Werdegang, sondern über sein großes Thema, über die Insel nachdenken will, fühle ich nicht die geringste Veranlassung, eine dritte, vermittelnde These für die bis in unsere Tage reichende Debatte zu entwickeln. Vielmehr geht es mir darum, seine Reise und deren Ergebnis zum Ausgangspunkt meines eigenen Erzählens zu machen. Dafür habe ich zwei Gründe. Der eine ist die nüchterne und doch alles andere als gefühllose Sichtweise von Tschechow, deren Beispiel ich folgen möchte. Der andere ist meine Hypothese, daß

Tschechow mit seiner Reise und seinem Buch nach einem Jahrhundert sich gegenseitig ausschließender vorsowjetischer, sowjetischer und nachsowjetischer Ideologien sowie historischer Kataklysmen fast den einzigen zuverlässigen Kompaß zur Neuentdeckung der Insel Sachalin bildet.

Der Rückweg

Am 13. Oktober 1890 ging Tschechow an der Südküste der Insel wieder an Bord. Der Dampfer »Petersburg« war kurze Zeit zuvor aus Odessa mit Sträflingen an Bord in Fort Korsakowsk, Südsachalin, angekommen, wartete auf günstiges Wetter und machte sich dann mit einigen wenigen zivilen Reisenden auf den Rückweg. Als erste Zwischenstation diente gewöhnlich ein japanischer Hafen, der jedoch wegen einer Choleraepidemie unter Quarantäne gestellt worden war. So mied die »Petersburg« das Land der aufgehenden Sonne und ging am 16. Oktober in Wladiwostok vor Anker.

In der sibirischen Metropole verbrachte Tschechow drei Tage. Er hatte dort Offizielles zu erledigen: Da der weitere Weg außerhalb der russischen Hoheitsgewässer lag, mußte er sich als Untertan von Zar Nikolaj II. einen Auslandspaß besorgen. Außerdem besuchte er die städtische Bibliothek, um einige Daten zum Gegenstand seiner Recherche zu präzisieren. Inzwischen nahm der Dampfer weitere Reisende, Waren und Brennstoff auf und setzte seine Fahrt über den Stillen und dann den Indischen Ozean schon bald fort.

Die erste Überraschung – heute würden wir von einem Kulturschock reden – ereilte den Schriftsteller in Hongkong. Die modernen Häuser, sauberen Straßen, Museen und botanischen Gärten der britischen Kronkolonie boten nicht nur im Kontrast zu der gottverlassenen Insel, sondern selbst im Vergleich zu Rußland das Bild einer hochentwickelten, bunten Zivilisation.

Nach Hongkong folgte Singapur, und die nächste Station war Colombo, die Hauptstadt von Ceylon, in deren »Grand Hotel Oriental« Tschechow sechs Tage verbrachte. Das von ihm gemietete Zimmer heißt heute »Anton Checkov Room«. Über dieses Zwischenspiel gibt es von ihm zwei Berichte, beide unmittelbar nach der Rückkehr in Moskau verfaßt. An Leontjew-Scheglow schrieb er am 10. Dezember 1890:

»Ich bin zufrieden bis obenhin, bin satt und dermaßen bezaubert, daß ich mehr nicht will und nicht beleidigt wäre, wenn mich der Schlag träfe oder mich die Dysenterie ins Jenseits entführte. Ich kann sagen: Ich habe gelebt! Mir reicht es. Ich war in der Hölle, d. h. auf Sachalin, und im Paradies, d. h. auf der Insel Ceylon. Was für Schmetterlinge, Käfer, bunte Fliegen, Küchenschaben!«

Konkreter und persönlicher ist der Bericht an Suworin, den er einen Tag zuvor aus Moskau abgeschickt hatte: »Singapur habe ich in schlechter Erinnerung, da ich auf der Fahrt durch die Stadt aus irgendeinem Grunde traurig war; ich hätte beinahe weinen müssen. Dann kam Ceylon – das Paradies. Hier im Paradies bin ich über 100 Werst mit der Eisenbahn gefahren und habe mich sattgesehen an Palmenwäldern und bronzefarbenen Frauen.«

In den sowjetischen Ausgaben von Tschechows Korrespondenz folgen auf diesen Satz jene ahnungsvollen drei Pünktchen, welche üblicherweise, wie Peter Urban anmerkt, den jeweiligen »Obszönitäten« galten. Hier sind sie offensichtlich eingesetzt, um die Sittsamkeit des Klassikers zu hüten, und sei es um den Preis der Verstümmelung seiner Biographie. Der Volltext an dieser Stelle lautet: »Wenn ich mal Kinder habe, dann sage ich ihnen nicht ohne Stolz: Ihr Hundesöhne, ich hatte eine Affäre mit einer dunkeläugigen Hindumagd – und wo? In einer Kokosplantage beim nächtlichen Mondlicht!«

Ein Historiker aus Colombo, H.A.I. Goonetileke, versucht dem Geheimnis jener tropischen Nacht auf die Spur zu kommen. In seinem Essay »Mondlicht und Mongusen« rekonstruiert er Tschechows Aufenthalt im »Paradies«, in welchem es, wie er sagt, an

Frauen nicht gefehlt haben soll. Er zitiert spätere Aussagen des Schriftstellers und seines Freundeskreises, in dem die Legende von der bronzefarbenen Schönheit noch jahrelang die Runde machte – offensichtlich eine Reaktion auf Tschechows konfliktuöse Beziehungen mit Frauen aus dem eigenen Milieu. Was die Mongusen betrifft, eine indische Marderart, so nahm Tschechow zwei Exemplare mit nach Hause. Sie boten immer wieder Anlaß, jedem Gast neu von Ceylon zu erzählen, jenem Ort, wo er die vollkommenste Idylle seines Lebens gefunden hatte. Später überließ er die kleinen kuscheligen Tiere dem Moskauer Zoo als Geschenk.

Für die traurige Stimmung in Singapur hatte Tschechow übrigens gute Gründe: »Auf der Fahrt nach Singapur«, so erzählt er Suworin, »wurden zwei Tote ins Meer geworfen. Wenn man sieht, wie ein toter Mensch, in ein Segeltuch gehüllt, sich überschlagend ins Meer fällt, und daran denkt, daß es bis zum Grunde einige Werst sind, dann wird einem unheimlich zumute, und man meint, selbst zu sterben und ins Meer geworfen zu werden.« Diese Seebestattung war eines der Leitmotive der Erzählung »Gussew«, die Tschechow im Grand Hotel Oriental angefangen, in Moskau abgeschlossen und kurz vor Redaktionsschluß an die »Nowoje Wremja« für ihre Weihnachtsnummer geschickt hatte. Er bat Suworin, als Entstehungsort »Colombo« unter den Text zu setzen.

Allerdings war dies keine Geschichte, die mit Weihnachtsstimmung in Einklang zu bringen war: Der Soldat Gussew kehrt nach fünfjährigem Militärdienst in Sibirien auf einem Ozeanschiff zurück, stirbt dabei an Schwindsucht, und seine Leiche wird ins Meer geworfen. Ohne das Modell mit dem Autor zu identifizieren, läßt »Gussew« erahnen, welche Gedanken und Gefühle den Rückkehrer beschäftigten.

Nach einigen Wochen Aufenthalt in Moskau, in denen ihm die Freude des Wiedersehens mit der Familie durch alle möglichen Krankheitssymptome und Erschöpfungszustände vergällt wurde, reiste Tschechow nach Petersburg, um seinen Freunden persönlich seine Reiseeindrücke zu übermitteln. Suworin gab ein Festessen zu Ehren seines Lieblingsautors, und Tschechow wohnte, wie immer, im Hause des Chefredakteurs. Auf dem Tisch lag die frische Januarnummer der »Nowoje Wremja«, in deren Feuilleton sich Wiktor Burenin über das mangelnde Talent seiner Kollegen ausließ, ohne sich einen Schlag unter die Gürtellinie verkneifen zu können: »Derartige mittlere Begabungen vergessen gerade, auf das Leben um sich herum zu schauen und fliehen, was das Zeug hält: Nach Sibirien, sogar über Sibirien hinweg – nach Wladiwostok, nach Sachalin.« Gegenüber seinem Gastgeber verschwieg Tschechow diesmal seine innersten Regungen, er offenbarte sie lieber der Schwester Mascha:

»Ich bin müde wie eine Ballerina nach fünf Akten und acht Bildern. (...) Mich umgibt eine dichte Atmosphäre des bösen Gefühls (...) Man gibt mir zu essen und singt mir abgeschmackte Dithyramben, und gleichzeitig ist man bereit, mich zu fressen. Warum? Weiß der Teufel. (...) All das ist furchtbar und langweilig. Das sind keine Menschen, das ist irgendein Schimmelpilz« (14. Januar 1891).

Gegenüber Suworin spürte er wenigstens eine Genugtuung, die er – in die gewohnte Frivolität verpackt – auch entsprechend äußerte: »Wie unrecht Sie hatten, als Sie mir davon abrieten, nach Sachalin zu fahren! Ich habe jetzt ein Bäuchlein, eine nette Impotenz, und Myriaden von Mücken im Kopf, eine Unmenge Pläne, und alles mögliche – was wäre ich jetzt für ein Sauertopf, wenn ich zu Hause herumgesessen hätte. (...) Ob ich reifer geworden bin durch die Reise, ob ich den Verstand verloren habe – weiß der Teufel!«

Vor dieser Stimmung flüchtete Tschechow in eine neue Aktivität. Bereits auf Sachalin hatte er beschlossen, eine Büchersammlung für die Schulen der Insel zu organisieren. Behilflich waren ihm dabei »seine« Frauen: Mascha, Lika und Olga Kundasowa sowie der Maler Lewitan und der Rechtsanwalt Anatolij Koni, der den Kontakt mit der »Gesellschaft zur Hilfe für Kinder und Familien von Strafgefangenen« herstellte. Die Aktion erzielte einen erstaunlich schnellen und durchschlagenden Erfolg: Bereits Mitte Februar waren insgesamt 4000 Bücher gesammelt worden, einige davon in mehreren Exemplaren.

Ein Teil der Bücher entstammte der Buchhandlung Suworins, der den Schulen in dieser Form einen »Zahlungskredit mit beliebigem Termin« gewährte.

So kamen die Kinder der Katorschniki, der freien Siedler und Bauern von Sachalin in den Genuß der Werke von Puschkin, Gribojedow, Gogol, Dostojewskij, Leskow, Dante, Shakespeare, Swift, Byron, Lessing und Dickens, und sogar Mark Twains Buch »Prinz und Bettelknabe« konnten sie nun ausleihen. Allerdings wußte Tschechow, daß viele der potentiellen jungen Leser ganz andere Probleme hatten als die Sehnsucht nach Büchern. Ihren körperlichen und geistigen Zustand schildert er in einem Brief an Koni vom 26. Januar: »Ich habe hungernde Kinder gesehen, habe dreizehnjährige Dirnen gesehen, fünfzehnjährige Schwangere. Mit der Prostitution beginnen die Mädchen mit 12 Jahren, manchmal vor Eintritt der Menstruation.« Dann schildert er eine Szene in Werchnij Armudan – eine Beschreibung, die er später in gleichem Wortlaut in sein Buch aufnahm:

»Ich komme in eine Hütte: Die Erwachsenen sind nicht da; auf einer Bank sitzt ein weißblonder Junge, gebückt, barfuß; er denkt über irgendwas nach. Wir beginnen dieses Gespräch:

Ich: Wie heißt dein Vater mit Vaternamen?
Er: Weiß ich nicht.
Ich: Wieso? Du lebst bei deinem Vater und weißt nicht, wie er heißt? Schäm dich.
Er: Er ist nicht mein richtiger Vater.
Ich: Wieso nicht der richtige?
Er: Er lebt mit meiner Mutter.

Ich: Ist deine Mutter verheiratet oder verwitwet?
Er: Witwe. Sie ist wegen ihres Mannes hier.
Ich: Was heißt – wegen ihres Mannes?
Er: Sie hat ihn getötet.
Ich: Erinnerst du dich an deinen Vater?
Er: Nein. Ich bin unehelich.«

Ebenso war sich Tschechow bewußt, daß man solcherart Elend unter den dortigen Verhältnissen kaum lindern konnte. Gefragt war hier vielmehr »die Gesellschaft, die Menschen (...) zu Tausenden dorthin verbannt und (...) Millionen dafür ausgibt«. Gefragt war die Regierung, die das unmenschliche und veraltete System der Katorga aufrechterhielt und für seine sozialen Kosten nicht aufkommen wollte.

Tschechow wollte der privaten Wohltätigkeit lieber »die Staatskasse vorziehen«.

Die Uljanows und die Piłsudskis

Zwei Brüder senen wir gewesen ...
Jiddisches Volkslied

Am 1. März 1887 bereitete sich der Zar aller Reußen, Alexandr III., auf eine Trauermesse vor. Es war der sechste Todestag seines Vorgängers Alexandr II., der auf Beschluß des Exekutivkomitees der sozialrevolutionären Partei »Narodnaja Wolja« (Volkswille) ermordet worden war. Die Hauptverantwortlichen für jenes Attentat waren nach einer geheimen Verhandlung hingerichtet und die Ortsgruppen der »Narodnaja Wolja« größtenteils zerschlagen worden. Gleichzeitig hatte der Polizeistaat Unterdrückung und Zensur verstärkt, was wiederum einen wachsenden Widerstand der jungen intellektuellen Elite, vor allem der Studentenschaft auslöste.

Auch an der Wiederholung des Attentats vom 1. März 1881 arbeiteten mehrheitlich junge Leute mit dem damals einundzwanzigjährigen Studenten Alexandr Uljanow an der Spitze. Drei Bomben wurden gebastelt und mit einer Strychnin-Lösung präpariert, damit der Alleinherrscher mit Hilfe des Rattengifts selbst dann ums Leben käme, falls ihn die Sprengkörper nur verwunden sollten. Allerdings kam es nicht zu einer Detonation, als die Equipage den Newskij-Prospekt passierte. Zu dieser Stunde waren bereits alle potentiellen Täter gefaßt.

In der Sache des »1. März« wurden insgesamt 74 Personen verhaftet, fünfzehn wurden Mitte April vor Gericht gestellt und sämtlichst zum Tod durch den Strang verurteilt. Fünf von ihnen – darunter Alexandr Uljanow, der ältere Bruder von Wladimir Uljanow, der später als Lenin in die Geschichte einging – wurden am 8. Mai im Hof der Festung Schlüsselburg gehenkt. Die anderen Todesurteile wurden nicht vollstreckt, sondern in einem Gnadenakt zu lebenslänglicher Zwangsarbeit und Verbannung gemildert. Unter denen, deren Leben auf diese Weise verschont wurde, befand sich der damals neunzehnjährige Jurastudent Bronislaw Piłsudski. Ihm konnte keine direkte Beziehung zum Hauptdelikt nachgewiesen werden. Allerdings stand fest, daß die Proklamation, welche die Verschwörer nach einem gelungenen Attentat veröffentlicht hätten, in seiner Wohnung auf einem Hektograph vervielfältigt worden war.

Eine dritte Kategorie, die teilweise aus familiären Gründen zum natürlichen Dunstkreis der Attentäter gehörte, kam relativ heil davon. Darunter Uljanows Schwester Anna und Piłsudskis jüngerer Bruder Józef. Beide wurden während der Hauptverhandlung als Zeugen vernommen und bald danach auf administrativem, außergerichtlichem Wege für je fünf Jahre nach Sibirien verbannt.

Für Bronislaw und noch einige andere, die beispielsweise den Part übernommen hatten, die Ausfahrt der dynastischen Familie genau zu beobachten, suchte man eine Bestrafung, die nicht direkt tödlich, aber unbedingt schärfer als eine gewöhnliche sibirische Verbannung war. So kam der ältere Piłsudski im Herbst 1887 nach einer mehrmonatigen, Leib und Seele verzehrenden Reise im Kielraum des Dampfers »Nischnij-Nowgorod« von Odessa auf die Insel Sachalin. Die »Nischnij-Nowgorod« befand sich im Besitz der privaten Freiwilligen Handelsflotte, die seit 1879 Verbannte in staatlichem Auftrag transportierte.

Die Brüder Piłsudski stammten aus einem alten polnischen Adelsgeschlecht, und ihr Vater Józef Vincent konnte seinen Stammbaum bis ins 13. Jahrhundert zurückverfolgen. Er und seine Frau Maria erzogen ihre fünf Kinder im Geiste der polnischen patriotischen Tradition, zu welcher nicht zuletzt der im Blut erstickte Nationalaufstand des Jahres 1863 gehörte. Aufgewachsen im russisch besetzten Teil des Landes, im Gouvernement Wilna, fanden die beiden Söhne schon bald den Weg zu geheimen Revolutionszirkeln. Während sich Bronislaw in der Hauptstadt den Narodwolzen angeschlossen hatte, trieb es Józef zu der polnischen sozialistischen Gruppe »Proletariat«. Zwischen den beiden Strömungen gab es sowohl geheime Vereinbarungen als auch persönliche Verbindungen, was die Konspiration nicht eben erleichterte.

Polnische Historiker haben belegt, daß Józef Piłsudski durchaus mehr mit der Verschwörung zu tun hatte als die reine Familienzugehörigkeit zu einem der Angeklagten. Einige Mitglieder der Gruppe, namentlich Kantscher, Lukaszewicz und Goworuchin, waren angeblich bei ihm in Wilna zu Besuch und kauften das Strychnin in seiner Anwesenheit bei dem dortigen Apotheker Titusz Paszkowski. Wenn das den Tatsachen entspricht, dann konnte er sich geradezu glücklich schätzen, als er am 25. Mai auf dem Landweg in die Stadt Sirensk, Gouvernement Irkutsk, in die Verbannung geschickt wurde.

Die jungen Polen dieser Zeit kämpften scheinbar für das gleiche Ziel wie die jungen Russen. Sie wollten die Willkürherrschaft des Zaren stürzen, glaubten an den sozialistischen Zukunftsstaat und lasen mit Begeisterung das »Kommunistische Manifest« und das »Kapital«. In den russischen Narodowolzen und später in den Sozialdemokraten erblickten die Polen die idealen Verbündeten – sie waren die einzigen in Rußland, welche die Forderung nach der Unabhängigkeit Polens ohne Wenn und Aber akzeptierten. Allerdings trennte sie ausgerechnet diese Forderung fast automatisch von den Genossen aus der russischen Zentrale, denn das Gelobte Land, der Sinn allen politischen Strebens, nahm für die meisten von ihnen die geographischen Konturen der Rzeczpospolita Polska vor deren erster Teilung 1772 an.[11] An diesem historischen Hintergrund und den daraus resultierenden unterschiedlichen Konsequenzen spalteten sich nicht nur die Geister, sondern auch die Lebenswege.

Józef Piłsudski traf im Gouvernement Irkutsk auf eine Reihe von Landsleuten und sogar auf seine erste Liebe, die junge polnische Verbannte Leonarda. Dennoch sehnte er sich vor allem nach seinem Bruder und schickte bald nach seiner Ankunft in Sibirien eine Bitte an den russischen Innenminister:

Brief von Józef Piłsudski (geboren 1867) an den russischen Innenminister vom 23. September (nach dem alten Kalender, nach europäischer Zeitrechnung 5. Oktober) 1888 aus Kirensk, Gouvernement Irkutsk

»An Ihre Exzellenz, den Herrn Innenminister, eine Bitte – von einem politischen administrativ Verbannten.

---

11 Während des Prozesses in Warschau gegen das »Proletariat« im November 1885 argumentierte ein Rechtsanwalt in seinem Plädoyer, für den Sozialismus gäbe es eigentlich keinen Boden in Polen, dieser werde aus Rußland hereingetragen.

Ich wurde im Jahre 1887 auf administrativem Wege in die Stadt Kirensk verbannt, und zur gleichen Zeit wurde mein Bruder Bronislaw zu schwerer Arbeit auf die Insel Sachalin verbannt. Dessen bewußt, daß es sowohl meinem Bruder als auch mir besonders schwer fällt, voneinander getrennt zu leben, möchte ich die drei Jahre, die mir noch bis zum Ablauf des Termins der Verbannung übrigbleiben, mit ihm gemeinsam verbringen. Aus diesem Grund habe ich die Ehre, Eure Exzellenz zu bitten, mich auf die Insel Sachalin in die Siedlung Rykowskoje zu versetzen, wo sich mein Bruder gegenwärtig befindet. Gleichzeitig habe ich die Ehre, Sie um meine Versetzung auf Kosten des Staates zu bitten, da man zu einer Reise auf derart große Entfernung viel Geld braucht, worüber ich nicht verfüge.

23. September 1888, Stadt Kirensk, Gouvernement Irkutsk

J. Piłsudski«

Selbstverständlich war keine politische Bürokratie imstande, und die russische noch am wenigsten, eine derartige Bitte zu erfüllen. Vielmehr schien der Apparat durch den frechen Ton des Antrags gekränkt, denn die Bürokraten reagierten prompt, indem sie Józef Piłsudski aus seinem warmen polnischen Nest vertrieben und in das burjatisch-mongolische Dorf Tunka schickten. Von dort aus wurde er nach Abbüßen seiner Strafe im April 1892 entlassen. Nach Wilna zurückgekehrt, begann er mit der Organisation der eher reformorientierten Polnischen Sozialistischen Partei und gab deren Zeitung »Robotnik« (Arbeiter) heraus. Um einer neuen Verbannung vorzubeugen, flüchtete er 1894 in die Schweiz. Dort setzte er seine Arbeit fort, allerdings mit einer weltanschaulichen Verschiebung, die er selbst mit dem sprichwörtlich gewordenen Satz kommentierte: »Ich bin an der Station Unabhängigkeit aus der sozialistischen Straßenbahn ausgestiegen.« In den zwanziger und dreißiger Jahren wurde er Gründer eines unabhängigen, autoritären polnischen Staates und wird heute wieder als »Vater der Nation« gefeiert.

Die Nachricht von Józefs glücklicher Flucht kam offensichtlich mit fast einem Jahr Verspätung in Sachalin an; der Bruder Bronislaw kommentierte sie am 4. März 1895: »Während meines Aufenthalts in Fort Alexandrowsk erhielt ich einen erfreulichen und zugleich traurigen Brief. Mein Bruder befindet sich bereits im Ausland. Er schrieb ein paar Worte aus der Schweiz, in die er, wie er schreibt, auszureisen gezwungen war. Trotzdem bin ich jetzt beruhigt, er ist in Sicherheit, aber er tut mir auch leid. Zunächst beschwert er sich darüber, daß das Leben dort schlechter sei als in der Verbannung. Er hofft etwas zu finden, was seiner Seele entspricht, und will jetzt nach Amerika ausreisen.«

Als Bronislaw Piłsudski am Rande der Welt gestrandet war, wurde Sachalin soeben in das System der »allrussischen politischen Katorga« integriert, wogegen sich die jeweiligen Gouverneure zunächst sträubten: Die Infrastruktur des Strafvollzugs auf der Insel war für die Aufnahme von »Staatsverbrechern« wenig geeignet. Vor allem war es schwer, sie von den gewöhnlichen Sträflingen zu isolieren. Sie ragten ohnehin durch ihr Bildungsniveau aus der grauen Masse der Verbannten und Zwangsarbeiter heraus und konnten möglicherweise Unruhe stiften. Allmählich entdeckten aufgeklärtere Beamte die Möglichkeit, die geistigen Fähigkeiten dieser Klientel für die Verwaltung der Insel nutzbar zu machen. Allerdings überschritt der höchste Anteil der politischen unter den insgesamt 60 000 Katorschniki, die sich zwischen 1869 und 1906 auf Sachalin aufhielten, kaum die Anzahl von fünfzig. Ihre nationale Zusammensetzung sah Ende der achtziger Jahre folgendermaßen aus: 20 Russen, 19 Polen, 2 Ukrainer, 2 Deutsche (russische Staatsbürger), 1 Armenier, 1 Jude. Außerdem gehörten 7 sogenannte Kaukasier dazu, deren Nationalität von der Statistik nicht spezifiziert wurde.

Nur ein Teil der russischen und polnischen politischen Verbannten auf Sachalin gehörte zu den praktizierenden Terroristen, aber fast ausnahmslos bekannten sie sich zu dieser Methode der Bekämpfung des Staates, und die Art der Bestrafung, der sie ausgesetzt waren, bestätigte sie noch in ihrer Überzeugung. Fast alle kamen aus den Kasematten der hauptstädtischen Festung Schlüsselburg, in der einige, wie Michail Trigoni, zwanzig, andere, wie Ljudmila Wolkenstein, vierzehn Jahre in einer Einzelzelle verbracht hatten. Es gehörte eine fast unvorstellbare moralische Kraft dazu, unter solchen Bedingungen sowohl die ursprünglichen Ideale als auch die eigene Würde zu bewahren.

Eine der Ursachen für den Zusammenbruch des zaristischen Systems war die moralische Kraft seiner Gegner. Sie akzeptierten keinerlei Spielregeln des Staates und lehnten sogar seine »human« gemeinten Gesten ab. So besuchte einmal der Polizeigeneral Schebeko in Begleitung des Innenministers Durnowo die bereits seit anderthalb Jahren eingesperrte Ljudmila Wolkenstein in ihrer Zelle, um Nachrichten von ihrer Mutter und ihrem kleinen Kind zu überbringen. Er wurde jedoch von ihr bereits beim ersten Satz unterbrochen: »Von Ihnen wünsche ich nichts zu hören, nicht einmal von meiner Mutter…« Dieser hermetischen Selbstisolierung von der Staatsmacht stellten sie eine ebenso absolute Solidarität und Opferbereitschaft im eigenen Kreis gegenüber. Rutenhiebe, Hungerstreik und Freitod nahmen sie in Kauf, wenn es darum ging, Gesinnungsfreunde vor der Behördenwillkür in Schutz zu nehmen.

Leider hatte diese auf die »wahre Sache« oder »Sache des Volkes« konzentrierte Integrität gleich von Beginn an etwas Zweischneidiges, von heute aus gesehen geradezu Verhängnisvolles an sich. Der »Sachalinenser« Jan Gelszer von der polnischen Partei »Proletariat« hatte sich an der Tötung des eigenen Bruders beteiligt, als dieser des Verrats an der Gruppe bezichtigt wurde, und deshalb war er nach Sachalin verbannt worden. Der Mitgefangene Boris Jellinskij wurde zu zwanzig Jahren Zuchthaus verurteilt, weil auch er einen Verräter (diesmal der Gruppe »Narodnoje Prawo«) umgebracht hatte, der noch Schüler der achten Klasse eines Gymnasiums, das heißt 18 Jahre alt gewesen war. Die meisten Überzeugungstäter waren zum Zeitpunkt ihres revolutionären Engagements selbst nicht viel älter. Ihr Fanatismus war der jahrhundertelangen Unterdrückung des Volkes, nicht zuletzt dem verbrecherischen Strafsystem entwachsen und somit Teil der Neurose der ganzen Gesellschaft.

Das Gefährliche an diesen Gruppen war die Auffassung, sie hätten ebenso ein Recht zu töten wie der Staat. Ihre Attentate gegen die Würdenträger des Systems und die Ermordung der kleinen Spitzel bezeichneten sie als »Hinrichtung«. Die zum Opfer Ernannten wurden von ihnen in ritueller Weise zum Tode verurteilt. Nun fehlte es nur an jener neuen Generation, die den Idealismus der »Mörder mit reinem Herzen« um eine Theorie des perfekten Zukunftsstaates ergänzte und damit den eigenen Terror legitimierte.[12]

Aus der Auflistung der »Politischen« nach ihrer nationalen Herkunft geht hervor, daß Bronislaw Piłsudski gleichermaßen von Landsleuten aus der Gruppe »Proletariat« wie von Kameraden aus der »Narodnaja Wolja« umgeben war. Zunächst arbeitete er in der Tischlerei und der Schlosserei zu Alexandrowsk – beide Berufe mußten von ihm erlernt werden – und ab 1894 in der meteorologischen Station in Rykowskoje. Von Anfang an suchte er nach einer sinnvollen Tätigkeit, die seinen schöpferischen Energien entsprach,

---

12 Die meisten politischen Katorschniki von Sachalin spielten keine bedeutende Rolle nach der Oktoberrevolution. Ljudmila Wolkenstein – nebenbei gesagt die einzige »politische« Frau, der ihr Ehemann freiwillig in die Verbannung folgte – wurde 1906 in Wladiwostok bei einer friedlichen Demonstration von einem Gendarmen erschossen. Jellinskij wurde Schriftsteller und verhungerte während der deutschen Blockade von Leningrad. Der Pole Franc Swiderski flüchtete 1905 von der Insel, lebte eine Zeitlang in den USA und war Mitbegründer der amerikanischen KP. Nach seiner Rückkehr in die Sowjetunion wurde er 1938 verhaftet und ohne Gerichtsurteil eingesperrt. Ein Jahr später starb er im Gefängnis.

und entdeckte ein Thema, welches auf Sachalin sozusagen auf der Straße lag: die Ureinwohner der Insel, vor allem die Niwchen, Ainus und Oroken. Bei der Beschäftigung mit diesem Thema, das seine große Leidenschaft und schließlich sein Beruf wurde, stieß er bald auf einen unerwarteten Mitstreiter.

Lew (Chaim) Jakowlewitsch Sternberg, 1861 in der ukrainischen Stadt Schitomir geboren, gehörte zu einer jüdischen Familie mittleren Standes. Er ging zunächst in den Cheder und widmete sich dem Talmud. Danach besuchte er das klassische Gymnasium seiner Geburtsstadt und setzte seine Studien in Petersburg an der Fakultät für Mathematik und Physik fort. Wegen Beteiligung an studentischen Versammlungen wurde er verhaftet und – da das Studium in der Hauptstadt für ihn als Juden ohnehin nur ausnahmsweise erlaubt war – in die Ukraine zurückgeschickt. Hier wählte er die Universität von Odessa und wechselte zum Fach Jura über.

Gleichzeitig versuchte er, mit Kommilitonen die »Narodnaja Wolja« neu zu organisieren. Wegen dieser Tätigkeit wurde er im April 1886 verhaftet, verbrachte drei Jahre in der Einzelzelle und wurde dann zu zehn Jahren administrativer Verbannung verurteilt, die Gefängnisstrafe eingerechnet. Auf den langen Schiffsweg konnte er als einziges Buch die deutsche Ausgabe von Friedrich Engels' Schrift »Der Ursprung der Familie, des Privateigentums und des Staates« mitnehmen – eine Quelle seines Interesses an der Volkskunde. Auf Sachalin traf er mit dem Frühjahrstransport des Jahres 1889 ein.

Im August desselben Jahres wurde er auf der Straße in Fort Alexandrowsk auf einen Schamanen der Niwchen aufmerksam. »Der kleinwüchsige Alte mit dem ehrwürdigen grauen Haupt, der hohen, gewaltigen Stirn und dem gutmütigen Gesicht« hatte ihn fasziniert, und er schrieb in sein Tagebuch: »Irgendwann werde ich sie zu studieren beginnen.« Da er sich sehr für seine Mitgefangenen einsetzte und sie vor den Schikanen des Wachpersonals zu verteidigen suchte, schickte man ihn zur Strafe in die Nähe einer kleinen Niwchensiedlung, 100 Kilometer von Alexandrowsk entfernt. Dort begann er zuerst die Sprache und dann die Familienverhältnisse der Niwchen zu erforschen.

Die russische Wissenschaftsgeschichte kennt viele Namen von ehemaligen Terroristen, Sozialrevolutionären oder, wie man sie in Westeuropa nannte, »Nihilisten«, die in der Verbannung wenn auch nicht aus der sozialistischen, so doch »aus der politischen Straßenbahn« ausgestiegen waren und bezeichnenderweise ihre geistigen Energien auf die Volkskunde konzentrierten – eigentlich kein Widerspruch zu ihrem ursprünglichen Selbstbekenntnis als »Volkstümler«. Bronislaw Piłsudski benannte die Motive zu dieser inneren Wende sehr deutlich:

»Ich träumte ständig von der Rückkehr in die Heimat und versuchte, so weit dies möglich war, mich von dem drückenden Bewußtsein zu befreien, daß ich als Verbannter unter einem Joch leide und von allem, was mir am liebsten ist, getrennt bin. So haben mich Sachalins Ureinwohner angezogen, die als einzige eine ehrliche Bindung zu dieser Landschaft, diesem Ort ihres Lebens seit unvordenklichen Zeiten verspürten und diejenigen haßten, die hier eine Strafkolonie errichtet hatten. Als ich Kontakt mit diesen Kindern der Natur aufgenommen hatte, die durch eine völlig fremde Zivilisation in die Sackgasse geraten waren, verstand ich, daß ich über einige Kräfte verfüge und Dankbarkeit erwecken kann, ungeachtet dessen, daß ich keinerlei Rechte habe, und das in den schlimmsten Jahren meiner Existenz. (...) Es war mir angenehm, Freude und Hoffnung auf eine bessere Zukunft in das Denken dieser einfachen Stammesgenossen, die von den ständig wachsenden Schwierigkeiten des Lebens betrübt waren, hineinzubringen.«

Dieses Interesse führte Piłsudski mit Sternberg zusammen – es entstand eine Freundschaft, die in den darauffolgenden Jahren eine sachalinensische ethnologische Schule begründete.

In einem Punkt blieben die beiden »politisch«: Sie gaben die

Solidarität mit ihren Leidensgenossen nie auf und nutzten ihre relativ privilegierte Situation[13] dazu, die Öffentlichkeit über Willkür und Korruption der Vollzugsbeamten zu informieren.

Die relativen Privilegien hingen einerseits mit dem besonderen Status der Gefangenen als Intellektuelle zusammen. Sie hatten nicht nur mehr »selbstverständliche« Rechte, sondern auch ein entsprechendes Rechtsbewußtsein. Das Wachpersonal, gewöhnt an den apathischen Gehorsam der »gewöhnlichen« Sträflinge, war von der würdevollen Haltung der »Politischen« verunsichert. Wenn sie von einem Gefängniswärter mit Du angesprochen wurden, duzten sie diesen automatisch zurück. Einer von ihnen hängte in seiner Lehmhütte eine Ikone an die Wand, damit »die Dummköpfe« – gemeint waren die behördlichen Besucher – bei ihrem Eintritt die Mütze abnehmen mußten.

Die sogenannte »Mützenrebellion«, die demonstrative Verweigerung der »Politischen«, der Obrigkeit den gebührenden Respekt zu erweisen, bekämpfte diese zunächst ziemlich brutal. Eine Beschädigung der behördlichen Autorität konnte nur allzu leicht auf die »gewöhnlichen« Sträflinge überschwappen. In Einzelfällen rächten sich die gedemütigten kleinen Despoten an ihren »politischen« Opfern. Durch ihre Schikanen wurden 1891 zwei Polen von der Gruppe »Proletariat«, Dabrowski und Kantscher, letzterer ein Mitangeklagter von Piłsudski, in den Selbstmord getrieben, was wiederum die Gouverneure unruhig machte, denn sie mußten über solche Ereignisse direkt nach St. Petersburg berichten.

Die wachsenden Privilegien der »Staatsverbrecher« hingen auch mit bestimmten politischen Ereignissen in Rußland zusammen. Aus Anlaß der Inthronisierung von Nikolaus II., dem letzten russischen Zaren, wurde 1894 eine allgemeine politische Amnestie ver-

---

13 Selbst ihre Korrespondenz zählte zu diesen Privilegien, obwohl ein Teil ihres Briefwechsels offensichtlich unter Ausschluß des kontrollierten Postwegs stattfand.

kündet. Obwohl dieser Gnadenakt speziell für die »Uljanowtzen« und damit auch für Piłsudski erst 1896 in Kraft trat, führte bereits seine Veröffentlichung zu mancherlei Lockerungen im Strafvollzug. Außerdem zeigte die russische Gesellschaft, insbesondere das akademische Milieu, erhöhte Zivilcourage. So wurde zum Beispiel für wissenschaftlich tätige Katorschniki das Recht durchgesetzt, ihre Werke zu veröffentlichen.

Sternbergs erste Arbeit über die Niwchen auf Sachalin, die er damals ebenso wie Tschechow als »Giljaken« bezeichnete, wurde im Oktober 1892 in der Moskauer Gesellschaft für Naturwissenschaften, Anthropologie und Volkskunde vorgetragen, und die Zeitung »Russkije Wedomosti« brachte eine kurze Zusammenfassung. Diese wiederum wurde ins Deutsche übertragen und von Friedrich Engels in der »Neuen Zeit« veröffentlicht. Eine weitere Studie erschien in der »Ethnologischen Rundschau«, und sogar der Inselkommandant General Kononowitsch veröffentlichte eine Studie Sternbergs über die Niwchen im Sachaliner »Gefängnisjournal«. Allerdings apostrophierte er den Autor ohne Nennung des Namens als »einen der auf Sachalin Verbannten«. Dank seiner Publikationen konnte Sternberg nach und nach Dienstreisen auf der Insel und im Amurgebiet machen, lange bevor er endgültig auf das Festland übersiedeln durfte.

Der nur durch einen Beschluß der Administration verbannte Sternberg stand in der Sträflingshierarchie über dem durch Gerichtsbeschluß verurteilten Piłsudski. Dieser mußte einige Jahre später, um das Festland besuchen zu können, als verbannter Zwangsarbeiter mit Gerichtsurteil einen Antrag an den Gouverneur stellen, damit er zum »Bauern« befördert wurde, obwohl jeder wußte, daß seine Tätigkeit nichts mit Ackerbau und Viehzucht zu tun hatte.[14]

Eine günstige Wende in Piłsudskis Laufbahn als Katorschnik ergab sich bei der Eröffnung des Heimatmuseums in Alexandrowsk,

---

14 Über den Formalismus der russischen Bürokratie ist eine traurige Anekdote erhalten geblieben, die der Maler Ilja Rjepin berichtet hat. Als der schwer-

als der Gouverneur, Generalmajor Wladimir Merkasin, vor der gesamten Führungsschicht der Insel seine Dankbarkeit ihm und Sternberg gegenüber offiziell zum Ausdruck brachte, weil sie sich um das Zusammentragen des Museumsbestandes verdient gemacht hatten.

1898 wurde Piłsudski gestattet, nach Wladiwostok umzuziehen, wo er mit Sternbergs Hilfe eine Anstellung im dortigen Heimatmuseum erhielt. 1902 fuhr er wieder nach Sachalin, diesmal jedoch im Auftrag der Akademie der Wissenschaften. Mehrere Jahre lang arbeitete er auf der Insel und erhielt dafür die Silberne Medaille der Russischen Geographischen Gesellschaft. Gemeinsam mit dem polnischen Verbannten Adam Seroszewski (Tomaszewicz) fuhr er, als dieser die Jahre seiner Strafe abgebüßt hatte, auf die benachbarte Insel Hokkaido, um das Leben der dortigen Ainus zu studieren.

Insgesamt verfertigte Piłsudski in diesen Jahren, wie er ohne Eigenlob in seinem Tätigkeitsbericht mitteilt, 1880 Aufzeichnungen der Märchen und Gesänge von Ainus, 320 von den Niwchen, 180 von den Oroken, 285 Seiten abgeschriebene Texte von den Niwchen, 30 Aufnahmen auf Phonograph von Liedern und Märchen der Ainus sowie eine Statistik über diese Völker, die er im Auftrag der Verwaltung erstellte. Das Ziel der letzteren Aktivität war nicht rein wissenschaftlicher Natur. Der Gouverneur wollte eine Art Codex zur Regelung der Lebensverhältnisse der kleinen Volksgruppen aufstellen.

Piłsudskis Leben schien dauerhaft mit dem Fernen Osten verwachsen zu sein: Zu dieser Zeit hatte er zwei Kinder mit dem Ainumädchen Tschunsame. Am 11. Juni 1905, einen Monat, bevor dort die japanischen Besatzer erschienen, verließ er die Insel und kehrte nie mehr nach Rußland zurück.

---

kranke Komponist Modest Mussorgskij dringend in das nächstgelegene Militärspital eingeliefert werden mußte, stand über seinem Krankenbett die Aufschrift »Offiziersbursche«.

Nach neunzehn Jahren Verbannung wieder in Polen angekommen, soll er zwar eine neue Liebe gefunden haben, klagte jedoch in Briefen nach Sibirien: »Hier ist es furchtbar schwer zu leben. Meine einzigen Kenntnisse werden völlig mißachtet.« Immer wieder verspürte er ein merkwürdiges Heimweh nach dem Verbannungsort: »Wieviel Herz war in diese Sache investiert – mir scheint, ich wäre nie mehr zu Ähnlichem fähig: Die Kameraden und die gemeinsamen Sorgen, die Niwchen, die Kinder der Verbannten, die unglücklichen Katorschniki und ein paar vergammelte Intellektuelle. Aber alles war noch von der Jugend geschönt, die sich unter den Fesseln auf der Gefängnisinsel mit vollem Herzen der Sonne, dem Leben, der Aktivität entgegensehnte.«

Allein die Reihenfolge der Orte, von denen aus er seine ausgedehnte Korrespondenz mit Sternberg fortsetzte, läßt das Leben eines Menschen ahnen, der nie mehr ein Zuhause finden konnte: 1903 – Hokkaido, 1906 – Karlsbad, Zakopane, 1908 – Lwow, Paris, Wien, 1912 – Prag, 1913 – Neuchâtel. Und der letzte Brief an Sternberg, geschrieben aus Paris, bald nach der Februarrevolution 1917:

»Schon lange wollte ich Ihnen schreiben, aber ich konnte nicht glauben, daß schon eine neue Zeit da ist und das Polizeiregime unwiderruflich zusammengebrochen ist. Was ist mit Ihnen, mit den anderen alten Freunden? Können wir etwa daran glauben, daß nun wieder unsere freien Begegnungen möglich werden, wie damals während der Fahrt von Rykowsk nach Alexandrowsk?

Es gab Momente, in denen ich verreisen wollte, sogar auf das arme, unglückliche Sachalin, auf dem die Leichen der Freunde und die eigenen Jugendjahre begraben sind. Sie sind nicht spurlos verschwunden. (...) Aber warum verliefen die Monate und Tage der Verbannung so bedrückend langsam? Jetzt kann man es noch stärker fühlen, da das Alter näher auf einen zukommt, obwohl man noch so viel arbeiten, so viel Interessantes und Gutes erleben will.«

1918, mit 52 Jahren, ertrank Bronislaw Piłsudski in der Seine. Die Dokumente der Pariser Polizei sprechen von einem Selbstmord. In Juschno-Sachalinsk gibt es eine Büste von ihm, und seine Enkel und Urenkel leben in Tokio.

Tod in Badenweiler

Am 17. Januar 1904, Tschechows vierundvierzigstem Geburtstag, fand die Premiere des »Kirschgarten« im Moskauer Künstlertheater statt. Tschechow reiste von Jalta an, um an den Proben teilzunehmen, aber bei den Vorstellungen seiner Stücke wollte er wie gewöhnlich nicht anwesend sein. Er hielt sich in der Wohnung seiner Frau Olga Knipper auf, welche die Hauptrolle im Stück spielte. Tschechow hatte kein gutes Vorgefühl.

Dabei bereitete die Truppe eine Überraschung für ihn vor: Hier, auf der Bühne, sollten die fünfundzwanzig Jahre seiner literarischen Tätigkeit gefeiert werden. Am Ende des zweiten Aktes schickten sie den Boten des Theaters mit einem Zettel des Regisseurs Stanislawskij zum Autor: »Die Vorstellung läuft wunderbar.« Und daß er möglichst schnell kommen solle, weil das Publikum nach ihm rufe.

Er kam während des Monologs des Lopatin an, der den Kirschgarten der verschuldeten Gutsbesitzerin Ranewskaja gekauft hatte und offen darüber triumphiert, daß er, ein Nachfahre ehemaliger Leibeigener, kraft seines Geldes in den Besitz des Hauses gekommen ist, in dem sein versklavter Großvater und sein Vater nicht einmal die Küche hatten betreten dürfen. Nun hat er sogar das Recht, die Bäume im Garten abzuhacken. Zuletzt hört man nur noch die dumpfen Axthiebe, während die Familie Ranewskaja aus ihrem verlorenen Paradies wegzieht. Das Mitleid wird allerdings durch die letzte Szene geschmälert. Der alte Lakai Firs kriecht aus seinem Kämmerchen hervor und schaut verständnislos in den Zuschauersaal: »Mich haben sie vergessen.«

Theater ist eine politische Kunstgattung. Wenn der Regisseur Stanislawskij dafür sorgte, daß während der Vorstellung ab und zu der Putz von der Wand auf die Bühne fiel, dann wollte er damit an den miserablen Zustand des Hauses erinnern. Für das Publikum war eindeutig, daß es sich um das Haus Rußland handelte. Und die Axt des Muschik hatte ohnehin eine wohlbekannte metaphorische Bedeutung.

Auf die Premiere folgte die Feier: Unter stehenden Ovationen des Publikums wurden zahllose Grußbotschaften von Vereinen, Zeitungen, Schauspielern und Schriftstellern vorgelesen. Tschechow schrieb zwei Tage danach dem Kritiker Fjodor Batjuschkow: »Ich bin geehrt worden, und zwar derart ausgiebig, herzlich und im Grunde unerwartet, daß ich bis heute noch nicht zu mir gekommen bin.«

Zehn Tage später, am 27. Januar, schrien die Zeitungsjungen die Schlagzeilen der Sonderausgaben heraus. Japan hatte in Port Arthur die russische Flotte angegriffen. Der russische Gesandte wurde aus Tokio zurückgerufen. Der Zar verkündete in einem Manifest den Beginn der Kriegshandlungen im Fernen Osten.

Tschechow verstand sofort die historische Bedeutung dieses Ereignisses. »Ganz Rußland ist von oben bis unten in Bewegung gekommen«, soll er dem Kritiker Sergej Jelpatjewskij gesagt haben. Mit Sicherheit fand er die anfängliche nationalistische Begeisterung der Öffentlichkeit, die Verspottung der Japaner als »Makaken«, abstoßend und dumm. Wahrscheinlich hatte er auch keine Illusionen in bezug auf den Ausgang des Krieges. Daß er jedoch den Zusammenbruch des Russischen Reiches herbeigewünscht hätte[15], ist sehr

15 Wladimir Knipper-Nardow, Tschechows Schwager, erzählt: »Und als ich meine Hoffnung auf den Sieg der russischen Truppen zum Ausdruck brachte, erinnere ich ausgezeichnet, wie Anton Pawlowitsch, auf dem Diwan sitzend,

unwahrscheinlich. Glaubhafter ist die Erinnerung eines Journalisten von der »Jaltaer Zeitung« an Tschechows »doppeltes Gefühl« angesichts der ersten Fiaskos der zaristischen Armee an der fernöstlichen Front: »Es war ihm bewußt, daß ein mißlungener Krieg den Anstoß für grundlegende Reformen geben konnte, aber eine Niederlage wollte er nicht.«

Ohnehin war er zu dieser Zeit völlig mit seiner Krankheit befaßt, die in die letzte Phase getreten war. Am 3. Juni fuhr er mit seiner Ehefrau Olga nach Deutschland, um sich von den dortigen Fachautoritäten behandeln zu lassen. Obwohl der Ortswechsel, wie oft bei Lungenkranken, eine vorübergehende Besserung mit sich brachte, konnte der zweiwöchige Aufenthalt in der Schwarzwaldstadt Badenweiler den Tod nicht mehr aufhalten. So zeigte am 15. Juli europäischer Zeitrechnung der örtliche Leichenbeschauer Karl Brombacher in einer vorgedruckten Urkunde an, daß »der Schriftsteller Anton Tschekoff, 44 Jahre alt, orthodoxer Religion, wohnhaft in Moskau, Russland (...) gestorben ist«.

Stanislawskij hatte die Idee, eine Büste des Schriftstellers an seinem letzten Aufenthaltsort aufstellen zu lassen. Dieses Tschechow-Denkmal, ein Werk des Rußlanddeutschen Nikolaj von Schleifer, wurde 1908 in Badenweiler enthüllt, und selbst noch im Juli 1914 gedachten vor dieser bronzenen Büste Deutsche und Russen gemeinsam des zehn Jahre zuvor verstorbenen Autors. Drei Wochen später standen Deutschland und Rußland im Krieg miteinander, und die 40 Kilogramm Bronze wurden, wie ein streng vertrauliches

---

seinen Zwicker abnahm und mit seiner tiefen Stimme antwortete: ›Wolodja, sprechen Sie niemals so, Sie haben es nicht überlegt. Denn unser Sieg würde die Verstärkung der Monarchie bedeuten, die Verstärkung jener Unterdrükkung, an der wir fast ersticken. Dieser Sieg würde die herankommende Revolution stoppen. Wollen Sie dies tatsächlich?‹« Der Diwan, der Zwicker und die tiefe Stimme mögen authentisch sein, aber die Sätze klingen wie aus dem Munde Lenins.

Dokument kundtut, als »Kupfer für Heeresbedarf« eingeschmolzen. Sicherlich ist dies keinem Denkmal von Friedrich dem Großen widerfahren, und vielleicht blieben sogar Goethe und Schiller verschont, aber der Schriftsteller aus Feindesland fand keine Gnade. Übrig blieb einzig das Fundament, und dies war bald von Unkraut überwuchert. Als Verlegenheitslösung stellte man 1964 »dem gütigen Menschen und Arzt, dem großen Schriftsteller Anton Tschechow« einen Gedenkstein im Kurpark auf.

Erst achtzig Jahre nach Zerstörung der Büste machte sich jemand über die Wiederherstellung des Tschechow-Denkmals im Schwarzwald Gedanken, und zwar der sachalinensische Lokalhistoriker Georgij Miromanow (1935-1992). Nach einem Besuch in Badenweiler 1989 startete er, bereits Direktor des von ihm gegründeten Tschechow-Museums in Juschno-Sachalinsk, eine Kampagne für das Denkmal. Man sammelte Geld, damit das Museum dem sachalinensischen Bildhauer Tschebotarjow einen Auftrag erteilen konnte.

Die Büste war bald fertig und die Stadt im Schwarzwald zum Empfang gerüstet. Allerdings fehlte zunächst ein geeignetes Transportmittel für die 15 000 Kilometer. Schließlich war ein Sponsor aus dem südrussischen Krasnodar bereit, dem Museum einen alten Militärjeep zur Verfügung zu stellen. Alles andere hat mir Temur erzählt, der Sohn von Miromanow und Leiter des Tschechow-Museums der Stadt Alexandrowsk:

»Aus Juschno-Sachalinsk flogen wir nach Moskau, und hier haben wir die Büste in unser Auto geladen. Im Jahr 1990 galt eine derartige Reise als durchaus exotisch. (...) Wir fuhren über Kiew, Tschop, Budapest, Wien und Salzburg. Am 3. Oktober 1990 um fünf Uhr morgens kamen wir in Badenweiler an. (...) Wir parkten an einer Straße und warteten. Bald kam uns ein älterer, grauhaariger Herr entgegen. Er fragte auf englisch, ob ich Herr Miromanow sei. Es war Herr Bauert, der damalige Bürgermeister der Stadt, der uns gleich zu dem Ort führte, wo wir die Büste ausladen konnten. Ich erkundigte mich, woher er überhaupt von unserer Ankunft erfahren hätte. Er antwortete: Seit einer halben Stunde bekomme er aufgeregte Anrufe der Einwohner von Badenweiler, die wissen wollten, warum ein russischer Militärwagen im Zentrum der Stadt stehe. Erst anderthalb Jahre später, im Mai 1992, hat der neue Bürgermeister Karl-Eugen Engler das Denkmal in der Nähe des ursprünglichen Fundaments enthüllt.«

So wurde nach zwei Weltkriegen, zwei totalitären Staaten, nach Eisernem Vorhang und Mauer wenigstens symbolisch, wie man in Deutschland sagt, »ein Stück Normalität« wiederhergestellt – nicht mehr, aber auch nicht weniger.

Die drei Verbannungsorte

In dem berühmten Brief an Suworin vom 3. März 1889 erwähnt Tschechow neben der Insel im Ochotskischen Meer noch zwei Orte »der unerträglichsten Leiden, deren ein freier und unfreier Mensch überhaupt fähig ist«, nämlich »Australien in der Vergangenheit und Cayenne«. In der Tat versuchten nicht nur das »barbarische« Rußland, sondern auch die »zivilisierten« Nationen Großbritannien und Frankreich der wachsenden Kriminalität entgegenzuwirken, indem sie deren wirkliche oder vermeintliche Protagonisten – britische Politiker im 18. Jahrhundert nannten sie sogar »die kriminelle Klasse« – in weit entfernte Kolonien verbannten. In England existierte bereits 1597 ein Gesetz, demzufolge »Übeltäter und unverbesserliche Bettler« statt eines Todesurteils über alle Meere geschickt und im Falle einer unerlaubten Rückkehr gehenkt werden sollten.

Diese »unordentlichen Personen« – die englische Sprache war immer reich an Euphemismen dieser Art – wurden der Virginia Company zur Plantagenarbeit in Amerika zur Verfügung gestellt. Selbstverständlich konnte der Staat auf diesem Wege nicht nur

Diebe, Betrüger, Wechselfälscher oder Gewalttäter, sondern auch seine Gegner loswerden. So schickte Oliver Cromwell die im Bürgerkrieg in Gefangenschaft geratenen Schotten, Engländer und unruhigen Iren ebenfalls über den Ozean.

Es fehlte allerdings noch eine große Entdeckung, das ferne Australien – der Kontinent, welcher, wie Robert Hughes schreibt, durch eine 20 000 Kilometer breite natürliche Mauer aus Luft und See von der übrigen Welt getrennt ist. Siebzehn Jahre nach Cooks Landung, genau am 26. Januar 1778, erreichten elf Schiffe, mit dem Flaggschiff »Sirius« an der Spitze, Port Jackson (das spätere Sidney Harbour). An Bord hatten sie 1030 Menschen, Sträflinge und ihre Familienangehörigen, davon 548 Männer, 188 Frauen und 294 Kinder. So entstand die Strafkolonie des fünften Kontinents, »the system« mit insgesamt 160 000 Sträflingen, die nach langen öffentlichen Debatten 1864 aufgelöst wurde.

Frankreichs ursprünglicher Verbannungsort lag in Neu-Kaledonien. Erst später fanden die Herrschenden einen mit dem Schiff leichter erreichbaren und damit kostengünstigeren Weg nach Westindien über das 1620 kolonisierte Französisch-Guayana und seine Hauptstadt Cayenne. Selbst die am Busen Rousseaus erzogenen Jakobiner verzichteten nicht auf die Vorteile dieses idealen Ferngefängnisses, aber erst Napoleon II. gründete hier 1852 offiziell eine Strafkolonie, deren Auflösung 1936 von der Volksfrontregierung Léon Blum in Angriff genommen wurde. Dem tropischen Gefängnis verliehen die Opfer die anschauliche Bezeichnung »trokkene Guillotine«.

Was die beiden »klassischen« Verbannungsorte mit Sachalin vergleichbar machte, war vor allem die sadistische Behandlung[16] von

16 Etwaige Unruhen an Bord auf dem Weg zum Verbannungsort wurden niedergemacht, indem aus dem Kessel heißer Dampf auf die Gefangenen gesprüht wurde – dies beschreibt der Cayenner »Gefangene Nr. 46 635«, René Belbenoit, ganz ähnlich wie Korolenko in »Der Falke von Sachalin«.

Gefangenen, der Sadismus untereinander, die hemmungslose Ausbeutung ihrer Sklavenarbeit, das Fehlen elementarster Hygiene, die äußerst kalorienarme Ernährung, die sowohl die Sträflinge als auch das Wachpersonal ergreifende Trunksucht[17], ein breitgefächertes Terrorsystem[18] und schließlich die fast allgegenwärtige Korruption der Kolonialbeamten. Die isolierte geographische Lage aller drei Schauplätze diente dazu, jeden Fluchtversuch zumindest in den Augen der Gefangenen als hoffnungslos erscheinen zu lassen. Belbenoit zitiert die Worte des Inselkommandanten an die neu angelieferte Gruppe von Verbannten. Rede des Kommandanten von Cayenne: »Hier in Guayana könnt ihr euch frei bewegen, und wenn es euch gefällt, dürft ihr sogar die Flucht versuchen. Aber wir haben zwei Gefängniswärter, die ständig an ihrem Platz sind. Der eine ist der Dschungel, der andere die See.« Sowohl auf Sachalin als auch in Australien und Cayenne lebten zur Zeit der Kolonisierung Ureinwohner, deren Haltung zu den kriminellen Weißen zumindest argwöhnisch (bei den Niwchen) oder offen feindselig (bei den Indios und den australischen Ureinwohnern) war.

Gemeinsam war allen drei Strafkolonien der Mangel an Frauen, der vor allem homosexuelle Praktiken, meist in Form von Gewalt hervorbrachte. Die Tatsache, daß Tschechow in seinem Sachalin-Buch dieses Phänomen verschweigt, wobei er gleichzeitig die weibliche Kinderprostitution unverblümt schildert, ist vermutlich nicht

---

17 Obwohl die Einfuhr des staatlich monopolisierten Getränks Wodka nach Sachalin »streng verboten« war, während der Rum in Australien als erlaubt galt, diente Alkohol auf beiden Inseln beinahe als Zahlungsmittel. Auf Sachalin, so berichtet Tschechow, handelten selbst Sträflinge mit der »Monopolka«, und »die Trunkenbolde unter den Beamten verachteten ihn nicht; ich kenne einen, der den Häftlingen für eine Flasche Schnaps buchstäblich das Letzte gab …«

18 In Australien war die Norfolkinsel der »erste Kreis der Hölle«, wo die Gefangenen für belanglose Regelverletzungen oder auch ohne Grund mit Peitschenhieben auf Rücken und Geschlechtsteile traktiert wurden, in Cayenne die berüchtigte Insel Saint Joseph mit ihren von allen Seiten vergitterten Käfigen.

seiner mangelnden Aufmerksamkeit, sondern der Tabuisierung des Themas zuzuschreiben. Auch hier waren die Briten terminologisch erfindungsreich: Die von den Behörden zunächst drakonisch verfolgten homosexuellen Praktiken und Neigungen galten in der viktorianischen Sprachregelung als »das Verbrechen, dessen Namen man nicht nennen darf«.

Die Ähnlichkeiten der Strafkolonien äußerten sich auch in einer zunehmenden Krise der Fernbestrafung. Einerseits machte die industrielle Entwicklung im Mutterland die Sklavenarbeit überflüssig und sogar kostspielig. In Australien wurden gegen 1850 Goldgruben erschlossen, auf Sachalin entdeckte man zu Beginn des Jahrhunderts Erdöl. Andererseits – und dieser Faktor war viel wichtiger – entstand durch freiwillige Ansiedlung sowie durch Geburten eine neue gemischte Gesellschaft von Freien und Unfreien, Sträflingen und Geldmagnaten, Ureinwohnern und Militärs, die durch die Beibehaltung der Strafkolonie nicht organisch werden konnte. Sowohl in Australien als auch auf Sachalin oder Cayenne erschienen von Zeit zu Zeit Kolonialbeamte, welche die Verhältnisse im Sinne der Rationalität verbessern wollten. Am weitesten ging Alexander Maconochie, der Sekretär des Gouverneurs Franklin, der bereits 1837 in einem Bericht an das Londoner Kolonialamt erklärte: »Dieses System ist grausam, unergiebig und verschwenderisch. Es vermag Menschen weder zu bessern noch ihnen ein gutes Beispiel zu geben.« Sein gut mit Dokumenten unterlegter Bericht wurde zum Ausgangspunkt der Bildung des parlamentarischen Molesworth-Ausschusses, der die allmähliche Abschaffung der Deportationen nach Australien einleitete.

Eine ähnliche Rolle spielte in Cayenne in den späten zwanziger Jahren der Gouverneur Siadous. Er wollte ein chronisches Problem lösen: Die zahlreichen ehemaligen Sträflinge, die sogenannten Libérés, welche ihre Strafe bereits verbüßt hatten, denen aber die

Rückkehr nach Frankreich verweigert wurde, erhielten nirgendwo Arbeit, weil die Kolonialbeamten und die aus China und Vietnam eingereisten Händler die spottbillige Arbeitskraft der Gefangenen bevorzugten.

Es muß betont werden: Die hier geschilderten Strafsysteme wurden von völlig verschiedenen Staaten zu verschiedenen Zeiten praktiziert. Trotzdem bedeuteten sie für Australien, Cayenne und Sachalin dieselbe gemeinsame Unzeit, ebenso wie die Strafkolonie eine Art negativer Inselutopie war – Robert Hughes spricht geradezu von Dystopie – in der ursprünglichen Bedeutung des von Thomas Morus geprägten griechischen Wortes »der Ort, den es nicht gibt«, also ein Nichtort. Der Luxus dieser Unzeit und des Nichtortes erwies sich für die Nachkommen als ziemlich kostspielig. Hughes weist die deformierenden Auswirkungen der Tradition als Strafkolonie für Australien bis in die Gegenwart nach. Cayenne ist zu einem bedeutungslosen Departement der Französischen Republik geworden, von wo aus Touristen mit dem Schiff auf die Teufelsinsel fahren, vor allem Alfred Dreyfus gedenkend, der die Insel durch seine unverdiente Strafe 1895 weltbekannt gemacht hatte. Allerdings können wir behaupten, daß diese beiden Verbannungsorte ihrer grausamen Vorgeschichte inzwischen entkommen sind.

Am wenigsten ist es Sachalin gelungen, die Folgen der Katorga-Vergangenheit zu überwinden.

Das »freie Gefängnis«

Rechtlich teilt Tschechow die Katorschniki in vier Kategorien auf:

1. Zuchthäusler (ssylno-katorschnyje), die ihre Strafe in den Gefängnissen abzubüßen und Zwangsarbeit zu leisten hatten,

2. Strafkolonisten (poselentsy), die ebenfalls zur Zwangsarbeit verpflichtet wurden, aber außerhalb des Gefängnisses wohnen durften,

3. Deportationsbauern (krestjanje is ssylnich), welche ihre eigene Wirtschaft betreiben durften, aber bis zum Ende ihrer Strafzeit auf der Insel bleiben mußten, und

4. Freie Bauern (krestjanje), die grundsätzlich berechtigt waren, die Insel zu verlassen, denen jedoch aufgrund ihrer Vorstrafe die Übersiedelung bestenfalls nach Sibirien, nicht jedoch in zentrale Gouvernements gestattet war.

Sowohl zahlenmäßig als auch soziologisch bildete die Kategorie der Strafkolonisten das Herzstück des Systems. Für sie war die im Jargon der Sträflinge als »freies Gefängnis« bezeichnete Institution des Vollzugs geschaffen worden. Es handelte sich um die Möglichkeit, nach einer bestimmten Zeit den schlimmsten Status als »Zuchthäusler« zu verlassen und irgendwo auf der Insel ein bescheidenes Haus zu bauen, ansonsten mit den ehemaligen Zellenkameraden der gewöhnlichen Zwangsarbeit nachzugehen. Ursprünglich gab es hier eine Art abgestuftes System. Ein zu zwanzig Jahren verurteilter Zuchthäusler mußte vier Jahre davon in Ketten absitzen, derjenige, der zu fünfzehn Jahren verdammt war, wurde nach drei Jahren in das »freie Gefängnis« entlassen, und die Glücklichen mit zehn Jahren Freiheitsentzug konnten gleich nach zwei Jahren zu »Strafkolonisten« avancieren. Später wurde diese Art von Vergünstigung immer häufiger an Zuchthäusler vergeben, denen die Ehefrau bzw. die Familie nachgereist war oder denen es bei allem Mangel an Frauen gelungen war, eine Lebensgefährtin zu finden.

Es reicht ein Blick mit Tschechows Augen auf das Gefängnis von Due, um die Verlockung des »freien Gefängnisses« zu begreifen: »Die Wände und Fußböden sind gleich schmutzig und von der Zeit und Feuchtigkeit schon dermaßen dunkel geworden, daß sie kaum sauber werden können, wenn man sie auch abwäscht. (...)

Wenn es schon im Sommer, bei offenen Fenstern und Türen, nach Spülwasser und Latrine riecht, so kann ich mir vorstellen, was für eine Hölle hier im Winter ist, wenn man innerhalb des Gefängnisses morgens Reif und Eiszapfen findet.«

Oder das berüchtigte Kettenhaus in Alexandrowsk: »Wir treten in eine kleine Zelle, wo diesmal etwa zwanzig Mann untergebracht sind, die man nach einem Fluchtversuch wieder eingefangen hat. Sie sind zerlumpt, ungewaschen, in Fesseln und in scheußlichem Schuhwerk, das mit Lappen und Stricken umwickelt ist; die eine Kopfhälfte ist zerzaust, die andere, rasierte, beginnt schon nachzuwachsen. (...) Betten gibt es nicht, sie schlafen auf kahlen Pritschen. In der Ecke steht der Abtritteimer; jeder kann seine natürlichen Bedürfnisse nicht anders als in Anwesenheit von zwanzig Zeugen verrichten.«

Noch düsterer ist das Bild des Gefängnisses von Wojewodsk: Hier »befinden sich die an Karren Gefesselten. Im ganzen gibt es hier acht Mann davon. Sie wohnen in Gemeinschaftszellen mit anderen Häftlingen. (...) Jeder von ihnen trägt Hand- und Fußfesseln; von der Mitte der Handfesseln führt eine drei bis vier Arschin lange Kette zum Boden eines kleinen Karrens, an dem sie befestigt ist. Die Ketten und der Karren sind dem Häftling lästig, er versucht sich möglichst wenig zu bewegen, und das wirkt sich zweifellos auf seine Muskulatur aus. (...) Nachts, während des Schlafes hält der Häftling den Karren unter der Pritsche, und damit er das bequemer und leichter machen kann, bringt man ihn gewöhnlich am Rand der gemeinsamen Pritsche unter«.

All das kann man als Strafkolonist, dem die Obrigkeit eine »Besserung« zutraut, loswerden. Man leistet »freie« Sklavenarbeit in den Kohlengruben der Gesellschaft »Sachalin« mit Sitz in St. Petersburg oder in der landwirtschaftlichen Kolonie, man baut am eigenen elenden Holzhaus und sucht dazu eine Familie. Nachdem die jüngsten und hübschesten der neu eingelieferten Frauen als Dienstmädchen und Konkubinen unter dem Gefängnispersonal aufgeteilt worden sind, entscheidet der Bezirksvorsteher oder Aufseher, wer von den alleinstehenden Strafkolonisten oder Bauern eine Frau verdient. Und sie kommen, manche als Freier herausgeputzt, und wählen ihre zivilen Ehepartnerinnen.[19]

Allerdings stehen selbst diese Glücklichen nach wie vor unter der Gerichtsbarkeit der Katorga. Sie können für die Nichterfüllung der Arbeitsnorm ebenso wie wegen Trunkenheit, Brutalität oder Ungehorsam körperlich bestraft werden: »Wer sich etwas hat zuschulden kommen lassen, erhält meist dreißig oder hundert Rutenhiebe. Das hängt nicht von der Schuld des Betreffenden ab, sondern davon, wer die Strafe verhängt hat; der Kreishauptmann oder der Gefängnisinspektor: Ersterer hat das Recht, bis zu hundert auszuteilen, letzterer bis zu dreißig.«

Wenn man dieser ständigen Angst vor Demütigungen und auch potentiell tödlicher Bestrafung die schlechte Ernährung und die Bedrohung durch Krankheiten wie Tuberkulose, Syphilis und Dysenterie zurechnet, dann wird verständlich, warum so viele Katorschniki aller Kategorien immer wieder die Flucht riskierten, wobei man aus Tschechows Statistik für die Jahre 1885–1889 wohl wissen kann, wie hoffnungslos dieses Unternehmen war: »Nach mir vorliegenden Zahlenangaben sind von 1501 Entflohenen 1010 eingefangen worden beziehungsweise freiwillig zurückgekehrt; vierzig tot aufgefunden beziehungsweise bei der Verfolgung getötet worden; 451 verschwanden spurlos in der Taiga oder ertranken im Meer.«

Ganz selten loderte der latente Haß völlig unerwartet auf. So wurde zehn Jahre vor Tschechows Besuch der Gefängnisinspektor Derbin umgebracht: »Die Leute, die ihn kannten, erinnern sich, daß er ins Gefängnis und durch die Straßen immer mit

---

19 Ganz ähnlich schildert Hughes den »Heiratsmarkt« im australischen Parramatta, wo vor allem ältere Farmer junge Frauen für Bett und Haushalt fanden. Jede »Braut« erhielt von der britischen Regierung einen Freibrief.

einem Stock ging, den er nur mitnahm, um die Leute zu schlagen. Er wurde in einer Backstube überfallen, er setzte sich zur Wehr, fiel in einen Backtrog und besudelte den Teig mit Blut. Sein Tod löste unter den Häftlingen allgemeine Freude aus, und aus kleinen Beträgen sammelten sie für seinen Mörder sechzig Rubel.«[20]

Nach seinem Tod wurde die Siedlung, für die er zuständig gewesen war, nach ihm benannt.

Das Ende der Katorga

Die letzten Gouverneure der Insel Sachalin entstammten ausnahmslos dem russischen Adel und hatten militärische Schulen absolviert. Als einziger unter ihnen verfügte jedoch Generalmajor Andrej Gintze (1884–1888) über praktische Kriegserfahrungen. Er hatte – so sein Biograph Iwan Samarin im Sammelband »Die Gouverneure von Sachalin« (Juschno-Sachalinsk, 2000) – am »Feldzug gegen Ungarn« (sprich: der zaristischen Unterdrückung der ungarischen Revolution 1848 zugunsten der Habsburgermonarchie) und am Krimkrieg teilgenommen. Seine Nachfolger, die Generalmajore Wladimir Kononowitsch (1888–1893), Wladimir Merkasin (1893–1898) sowie der Generalleutnant Michail Ljapunow (1898–1905), hatten eine lange militärische Karriere hinter sich, ohne einen einzigen Schuß außerhalb von Truppenübungen gehört zu haben.

Sie waren, unabhängig von ihrem Charakter und ihren Fähigkeiten, Vertreter einer immer starrer werdenden Militärkaste, stie-

20 Eine vergleichbare »Sternstunde« schlug in Australien am 26. März 1857, als der sadistische Kommandant der Norfolkinsel, John Giles Price, in einem Steinbruch von den Gefangenen gelyncht wurde.

gen von Garnison zu Garnison in der Hierarchie immer höher und erhielten obligatorisch die dazugehörigen St. Anna-, St. Stanislaw-, St. Georgij-Orden oder die Medaille zum Gedenken an die Regierungszeit von Alexandr III. Zwei von ihnen wurden sogar – sicherlich aus diplomatischen Gründen – mit dem japanischen »Orden des Heiligen Schatzes« ausgezeichnet. Die Strafkolonie am nördlichen Zipfel des Imperiums war üblicherweise die letzte Station ihrer Laufbahn.

Kononowitsch hatte als einziger bereits vor Sachalin mit Katorschniki zu tun gehabt: Er war im sibirischen Nerestschinsk verantwortlich gewesen für Zwangsarbeiter und Verbannte, und er hatte dort den Ruf eines liberalen Beamten. Auf den amerikanischen Journalisten und Sibirienreisenden Georg Kennan machte er einen ebenso guten Eindruck wie auf Anton Tschechow, der ihn trotz aller Vorbehalte »gebildet und human« fand. Der ehemalige Katorschnik Wladimir Korolenko charakterisierte ihn als einen »äußerst ehrlichen und gerechten, wenn auch etwas grobschlächtigen Menschen«. Allerdings darf man nicht vergessen, daß zu dieser Zeit hohe Beamte des Regimes sich gern von Intellektuellen, vor allem aus dem Ausland, einen »liberalen« oder »humanen« Persilschein ausstellen ließen, gleichzeitig jedoch ihr Image als strenge und erfolgreiche Diener des Staates aufrechterhalten wollten. Der dritte Teil des Triptychons war ein Selbstbild, das ihnen zumindest ruhigen Schlaf garantieren sollte.

So äußerte der Generalmajor Kononowitsch gegenüber Tschechow seinen Ekel vor körperlicher Strafe und arbeitete sogar an einem Statut, das Rechte und Pflichte der Katorschniki aller Kategorien regeln sollte. Gleichzeitig mußte er den unaufhörlichen physischen Terror aufrechterhalten, um seine Vorgesetzten von der »Ordnung« auf der Insel zu überzeugen:

Das Modell Australien läßt grüßen. Der Gouverneur Sir George

Gipps schickte aus Neusüdwales folgende Erfolgsmeldung an das Kolonialamt in London:

Jahr	Zahl der Auspeitschungen	Gesamtzahl der Hiebe	Durchschnittliche Zahl der Hiebe pro Auspeitschung
1830	2985	124333	41
1831	3163	186017	58
1832	3816	164001	43
1833	5824	242865	41
1834	6328	243292	38
1835	7103	332810	46

Siehe Robert Hughes: Australien. Die Besiedelung des Fünften Kontinents. Knaur, 1992, S. 486.

Kononowitsch ließ den Narodowolzen Sternberg wegen seiner Kontakte zu Gleichgesinnten in eine Niwchensiedlung verbannen und war stolz darauf, durch diese Maßnahme dessen wissenschaftliche Tätigkeit gefördert zu haben. Er ließ in Ermangelung von Lehrkräften politische Katorschniki »unter besonders wachsamer Aufsicht« in den Schulen unterrichten, zog jedoch diese Genehmigung aufgrund von Protesten seiner Chefs auf dem Festland zumindest scheinbar zurück. Er ließ Tschechow auf der Insel frei herumreisen und ihn dabei bespitzeln.

Er wußte, daß er eine Insel verwaltete, auf der die 6000 Sträflinge eine Minderheit gegenüber den 16 000 Freien[21] stellten, aber daraus eine Gesellschaft, geschweige denn ein Gemeinwesen zu machen – dies überstieg seine Fähigkeiten und Möglichkeiten. Übrigens äußerten seine Vorgesetzten auch keine diesbezügliche Erwartung. Vielmehr pochte St. Petersburg plötzlich darauf, auf der Insel Land-

21 Die prozentuale Zusammensetzung der insgesamt 20 086 Menschen zählenden Bevölkerung sah anno 1892 folgendermaßen aus: Zuchthäusler 27,4; »Strafkolonisten« 32,8; als Bauern anerkannte ehemalige Verbannte 5,2; Familienmitglieder der Verbannten sowie ihre Kinder 21,4; militärische und zivile Angestellte 10,6; übrige freie Bevölkerung 2,6. Ureinwohner wurden erstmalig bei der Allrussischen Volkszählung 1897 erfaßt. (Quelle: Bok Si Kou (Hrsg.): Ekonomika Sachalina, Juschno-Sachalinsk, 1998, S. 20, 30-31)

wirtschaft zu betreiben. Den Beamten vom Newa-Ufer schwebte das blühende Australien vor Augen. Der Generalmajor protestierte mit Händen und Füßen gegen diese Wahnvorstellung.

Ende 1891, Anfang 1892 entdeckten Revisoren bei einer Inspektion in Fort Alexandrowsk – möglicherweise spielte Denunziation eine Rolle – fehlende Lagerbestände an Lebensmitteln im Wert von 400 000 Rubeln. Kononowitsch wurde sofort zum Rapport in die Hauptstadt bestellt und kehrte von dort nicht mehr nach Sachalin zurück. Obwohl er die eigene Rolle hinreichend klären konnte, wurde er nach einer demütigenden Untersuchung »wegen Krankheit auf eigene Bitte« pensioniert.[22] Vielleicht hatte er sogar Glück mit der Abberufung, denn während seines Aufenthalts in der Hauptstadt detonierte auf Sachalin eine verspätete Zeitbombe: Die sogenannte Affäre von Onor.

Kononowitsch »wollte nur Gutes«, als er im April 1891 den Befehl gab, zwecks Eisenbahnbau eine Waldrodung in der inzwischen nicht mehr existierenden Siedlung Onor zu unternehmen. Die Idee, von Derbinsk (Tymowsk) bis Port Korsakowsk eine Bahn zu bauen, war geradezu epochal; sie hätte der Anfang einer Transsachalin-Eisenbahnlinie werden können, die den Norden mit dem Süden verbindet und die im übrigen bis heute fehlt. Kononowitsch vertraute die Ausführung des, milde gesagt, unüberlegten Projekts dem wegen seiner Brutalität besonders verhaßten Vorsteher des Kreises Tymowsk an, Arsenij Butakow, der wiederum den Auftrag an den Aufseher des Gefängnisses in Rykowsk (heute Kirowsk), Wassilij Chanow, weitergab. Dieser kommandierte im Sommer 1891 450

22 Der in St. Petersburg lebende Enkel von Kononowitsch berichtete in einem Interview 1991, der General, der im hohen Alter noch den Zusammenbruch der Monarchie erlebte, habe zu diesem Anlaß gesagt: »Endlich ist dieses verdammte Nest kaputtgegangen!« Dabei war er gewiß kein Sympathisant der an die Macht gekommenen ehemaligen Katorschniki.

Zuchthäusler in die Gegend ab und behandelte sie, wie der sachalinreisende Botaniker und Geograph Andrej Krassnow berichtet, nicht ganz auf die »humane« Art, die Tschechow dem Gouverneur bedenkenlos eingeräumt hatte: »Allen, welche die Hausaufgaben (das heißt die tägliche Arbeitsration) nicht erfüllt hatten, verweigerte er die Hälfte oder zwei Drittel der Nahrung, die von der richtigen Zwangsarbeit (katorschnyj trud) Erschöpften erschoß er wie die Hunde und ließ sie ohne medizinisches Zeugnis beerdigen.« An die hundert Zuchthäusler wurden auf diese Weise getötet, verhungerten oder verschwanden spurlos.

Solange er sich noch auf der Insel aufhielt, versuchte Kononowitsch die Affäre zu bagatellisieren; allerdings sickerten die Nachrichten über die grausame Geschichte allmählich in der Öffentlichkeit durch[23], und St. Petersburg verlangte eine Untersuchung. Der Revisor war General Nikolaj Grodekow, stellvertretender Militärgouverneur des Amurgebietes. Dieser hohe Offizier, der früher an Feldzügen im Kaukasus und in Zentralasien beteiligt gewesen war, nahm seinen Auftrag ernst. Bronislaw Piłsudski schrieb in seinem Brief an Lew Sternberg:

»Der General arbeitete so, wie es nur Männer können, die außerordentlich stark und von ihrer Idee ergriffen sind. Von 6 Uhr morgens bis 11 Uhr oder noch später am Abend. Keine Gäste, keine Spaziergänge, keine Ruhe, keine Empfänge. Nur Arbeit.« Am meisten imponierte ihm, daß Grodekow in Onor in einer Katorschnik-Hütte übernachtete, bevor er die Einwohner des Dorfes nach dem Massentod beim Bahnbau befragte. »Alle, die zitternd zu den hiesigen Vorgesetzten gehen und jede Fähigkeit zu sprechen verlieren«,

23 Dies war nicht zuletzt der Tätigkeit der »Politischen« Piłsudski, Sternberg und Nikolaj Perlaschkewitsch zu verdanken. Letzterer arbeitete in der Kanzlei des Gouverneurs und verfügte über genaue aktuelle Informationen. Der Gouverneur Merkasin ließ ihn 1893 wegen des Verdachts der »Indiskretion« für einen Monat in eine Einzelzelle an der Alexandrowsker Hauptwache einsperren.

fährt Piłsudski fort, »fühlen sich bei ihm völlig frei, als sei ihnen ein Stein vom Herzen gefallen.« Der Katorschnik Miroljubow (Juwatschow) macht ihn fast zu einer mystischen Figur: »Fehler, Fehlrechnungen, Fehlschläge kann man verzeihen, soll er den Beamten gesagt haben, alles kann man verzeihen; aber ihr, Herrschaften, habt kein Herz! Habt kein Herz!« Dieser Revisor kam offensichtlich nicht aus der sarkastischen Komödie von Gogol, sondern eher aus einer melancholischen von Tschechow.

Die Affäre Onor wurde erst 1900 »aus Mangel an Beweisen gegenüber den Angeklagten« abgeschlossen. Butakow, der übrigens sogar den Korrespondenten der Pall Mall Gazette für sich zu gewinnen wußte, wurde in aller Stille pensioniert, und nach seinem Günstling Chanow wurde sogar eine Gebirgskette benannt. Eine merkwürdige Tradition wurde damals auf Sachalin begründet: Fast nach allen hauptberuflichen Wohl- oder Übeltätern, die mit dem Festland zu tun hatten, wurde noch zu deren Lebzeiten wenigstens ein Felsen oder ein Flüßchen benannt. Gerechtigkeitshalber muß erwähnt werden, daß auch das Andenken des humanen Revisors Grodekow auf diese Weise verewigt wurde: Ein Waldstück im Bezirk Smirnych wurde nach ihm benannt. Außerdem trug die Affäre Onor dazu bei, die Strukturen der Katorga auf Sachalin selbst in den Augen ihrer stärksten Befürworter suspekt erscheinen zu lassen und damit ihre Auflösung zu beschleunigen.

Kononowitschs Nachfolger Merkasin hatte ein Herz für die Landwirtschaft, insbesondere für die Getreideproduktion. Eine Ausweitung der Bauernwirtschaft und der Aussaat von Weizenarten betrachtete er als seine eigene Leistung. In dem von ihm gegründeten Journal »Sachalinskij Kalendar« erschien eine statistische Kolonne dazu:

Aussaat von Getreide auf der Insel Sachalin

Jahr	Weizen (in Pud)
1894	26 201
1895	33 237
1896	35 183
1898	42 736

Aus derselben Quelle zitiert der ehemalige politische Sträfling Jellinskij, der es bis zum Leiter des Heimatmuseums brachte, einige Daten zur Ernte:

1896: 196 889 Pud
1897: 204 094 Pud
1898: 213 725 Pud

und fügt gallig hinzu: »Ich sah, wie der wachhabende Kontrolleur diese Daten in einer fast menschenleeren Siedlung bei einer Flasche Schnaps (...) einsammelte: – Du da, Ferapontitsch, verpfeif uns aber nicht! Schreib in deinem Rapportchen möglichst mehr, ansonsten läßt man uns nicht nach drüben ..., schreien gleich 20 Siedler, nachdem geklärt wird, daß sie gemeinsam 5,5 Pud Weizen gesät haben, und selbst die sind nicht aufgegangen. (...) Und Ferapontitsch schreibt daraufhin (...) in aller Ernsthaftigkeit in seinem Rapportchen: In der Siedlung Dobrotworskoje des Kreises Alexandrowsk wurden 5,5 Pud Sommergetreide gesät und 112,5 Pud geerntet. Und alle sind entschieden zufrieden.« Als der Petersburger Chef der Gefängnisverwaltung bei seiner Inspektionsreise im Jahre 1895 den tatsächlichen Zustand der Getreideproduktion vor Ort kennenlernte, soll er achselzuckend gesagt haben: »Wenn der Ackerbau schiefgegangen ist, versuchen wir es eben mit der Viehzucht.«[24]

24 Ähnliches berichtete der Sträfling Belbenoit aus Französisch-Guayana anno 1930: »Jeder neue Gouverneur versucht etwas Neues einzuführen. Sie

Obwohl Jellinskij seiner Realsatire wahrscheinlich eine Portion bösen Willen beifügt, können wir uns in Kenntnis der späteren sowjetischen Kunst der Statistik des Eindrucks nicht erwehren, daß sich der Aufschwung des Ackerbaus mindestens in der geographischen Höhe von Alexandrowsk im Rahmen gehalten hat. Der Historiker Wyssokow beurteilt sowohl die sozialen als auch die klimatischen Gründe des Fiaskos in der Landwirtschaft jener Zeit nüchtern und überzeugend:

»Die Mehrheit der zum Ackerbau verpflichteten freien Siedler betrachtete ihr Bauerndasein als ein vorübergehendes Phänomen. Sie warteten darauf, früher oder später die verhaßte Insel verlassen zu können und in die Heimat zurückzukehren. Solche Landwirte besaßen weniger als eine Desjatine (= 1,09 ha) Landfläche und verfügten praktisch über kein Rindvieh. (...) Unter Sachalins Bedingungen zeigten sich Weizen und Roggen nicht von der besten Seite. Als zuverlässigste Kultur erwies sich die Kartoffel, die zusammen mit dem Fisch die Basis der Ernährung der örtlichen Bevölkerung bildete. Ausgerechnet diese Kultur rettete viele verbannte Siedler vor dem Hunger.«

Ebensowenig wie den Ackerbau konnte Merkasin den Bergbau, den Eisenbahnbau oder die Fischerei vorantreiben, während im letztgenannten Produktionszweig die Japaner große Erfolge erzielten, und zwar eindeutig auf Kosten der russischen Staatskasse. Bereits Tschechow machte in seinem Buch auf das Ausmaß des japanischen Piratenfischfangs aufmerksam, dem die jeweiligen Gouverneure und selbst das Russische Reich hilflos zusehen mußten.

Schriftlich belegbar sind Merkasins Anstrengungen im Bereich der Verteidigung der Familien – selbst »Bauern« durften zu seiner

---

versuchen es mal mit Kaffee-, mal mit Kakaoproduktion oder sogar mit Tierzucht, während in den benachbarten Britisch- und Niederländisch-Guayana, wo es keine Strafkolonie gab, all diese Produktionszweige blühten.«

Zeit Sachalin erst dann verlassen, wenn sie ihre Lebensgefährtin geheiratet hatten oder beweisen konnten, daß für die Zeit ihres Festlandaufenthaltes die Familie finanziell versorgt war. Dies war ein autoritärer Umgang mit den »Freien«, der von dem chronischen Mangel an Frauen diktiert wurde. Von Januar 1880 bis Januar 1900 trafen auf der Insel insgesamt 22 642 Männer und 1838 Frauen ein. Dabei waren die Frauen eher geneigt, ihre zur Katorga verdammten Ehemänner freiwillig nach Sachalin zu begleiten (insgesamt 524) als die Männer, von denen sage und schreibe in zwanzig Jahren drei zu diesem Opfer zugunsten der Ehefrau bereit gewesen waren. Die Stärkung der Position der Frauen bedeutete gleichzeitig mehr Sicherheit für die Kinder.

Noch eine grundlegende Änderung hängt mit Merkasins Amtszeit zusammen, worauf der russische Journalist Wlas Doroschewitsch im Anschluß an seine Reise nach Sachalin 1897 aufmerksam gemacht hat: »Während der vier Jahre des Gouvernements von General Merkasin gab es auf Sachalin keine einzige Hinrichtung.« Dies änderte leidlich wenig daran, daß das System, welches er reformieren und womöglich humanisieren wollte, nicht mehr zu retten war.[25]

Die Tatsache, daß die drei letzten Inselgeneräle zwar ausgebildete Militärs waren, aber über keinerlei Kriegserfahrung verfügten, erwies sich im Falle des letzten Gouverneurs, Michail Ljapunow, als verhängnisvoll.

Dieser ursprünglich als Militärrichter tätige Mann begann seine Arbeit auf Sachalin mit der eifrigen Bekämpfung der Korruption. Er unternahm mehrere Reisen auf der ihm anvertrauten Insel und

---

25 Der sachalinensische Historiker Latyschew formuliert exakt: Merkasin »erreichte das Maximum der wirtschaftlichen Aneignung der Insel im Rahmen der Katorga«, andererseits: »Selbst ein derart gewissenhafter Beamter wie Merkasin konnte das Haupthindernis der Entwicklung der Produktivkräfte – die Katorga – nicht überwinden.«

erreichte dadurch nichts, außer daß er die Reizbarkeit seiner Beamten auf die Probe stellte. Vielleicht hatte es mit ihrem stillen Widerstand zu tun, daß die Affäre von Onor im Jahre 1900 ohne Bestrafung der Verantwortlichen ad acta gelegt wurde. Ansonsten fand Ljapunow immer weniger Lust am Regieren, reiste aber gerne zum Rapport nach St. Petersburg oder nach Chabarowsk. Daher schuf er 1902 die Institution des Vizegouverneurs, eine seiner wenigen Neuerungen. Für dieses Amt ernannte er den baltisch-deutschen Juristen Fjodor von Bunge, der während des interregnums zwischen zwei Gouverneuren bereits früher als Geschäftsführer tätig gewesen war.

»Alles ging gut, solange die japanischen Truppen weit waren,« kommentiert der Katorschnik Jellinskij spöttisch diese Epoche.

Die Kriegsvorbereitungen im Land der aufgehenden Sonne oder, um ein anderes geflügeltes Wort jener Zeit zu benutzen, im Preußen des Orients waren sicherlich kein Geheimnis für den russischen Generalstab. Nippons Armee war von 1894 bis 1903 auf das Dreifache angewachsen, seine Militärflotte um mehr als das Vierfache.

Ebenso lag auf der Hand, daß im Fall eines japanischen Angriffs die Insel Sachalin unmittelbar gefährdet sein würde. Die Behauptung der Vereinigung Japanischer Fischfänger »Otaru«, die ganze Operation Sachalin könne sie selbst durchführen, erschien vielleicht noch als nationalistische Prahlerei. Aber spätestens am 17. Januar, am Tag des überraschenden und vernichtenden Angriffs Japans auf die russische Kriegsflotte bei Port Arthur, wäre Zeit zum Aufhorchen gewesen.

Erstaunlich ist eher, daß das Kaiserreich trotz der miserablen Lage des Gegners, dessen Land zudem von einer Revolution erschüttert worden war, so spät reagierte. Im Frühsommer 1905 reagierte die Zeitung »Asakhi Simbun« mit Entrüstung auf dieses Versäumnis: »Unsere ganze Geschichte ist ein Beweis dafür, daß

Sachalin unser Territorium werden muß. Es war ein Fehler der Ära Tokugawa (d.h. die Politik der Selbstisolierung Japans bis Mitte des 19. Jahrhunderts), daß wir unsere Posten von der Insel zurückgezogen haben.« Offensichtlich hatte Tokio damals sein Hauptaugenmerk auf die Mandschurei und den russischen Fernen Osten konzentriert, und erst als unter amerikanischem Druck die Vorbereitungen zu den Friedensverhandlungen begannen, wollten die Politiker ein fait accomplit schaffen.

General Ljapunow glaubte nicht an eine direkte Gefahr aus dem benachbarten Süden. »Die Insellage von Sachalin«, argumentierte er, »schließt jede Möglichkeit des Erscheinens des Gegners an unserer Küste aus, und zwar nicht nur im Winter, wenn der Verkehr mit der Insel ohnehin versperrt ist, sondern wegen der Bedingungen der sachalinensischen Reeden bereits im Oktober.« Die Frage, wie es mit einer möglichen Landung zu anderen Jahreszeiten wäre, stellte er nicht. Das war auch nicht seine Aufgabe.

Je mehr man über die Haltung der russischen Militärs nachdenkt, die mit dem tatsächlich heroischen Untergang des Kriegsschiffes »Warjag« Propaganda trieben (»Dem Feind ergibt sich nicht der stolze Warjag / und Gnade wird keiner erbitten«, sang das halbe Land damals), desto stärker wird der Eindruck, daß St. Petersburg die Insel einfach ihrem Los überlassen wollte. Einen Verteidigungsplan für Sachalin begann man erst im Juli 1903 auszuarbeiten, aber tatsächlich geschah fast nichts. Selbst in den Tagen der Katastrophe von Port Arthur baute man an der Nord- und Südküste nur primitive Feldbefestigungen.

Im Sommer 1905 war es soweit: In Erwartung des Feindes stellte man im Norden zwischen Due und Arkowo Kanonen auf, aber so unglücklich, daß die Batterie von der Küste her beschossen werden konnte. Damit wurde die Artillerie von vornherein unbrauchbar gemacht.

Ljapunow verordnete die Mobilmachung, aber der Verteidigungsplan war immer noch nicht festgelegt. Der Stab des Militärbezirks Amurgebiet wollte mit der Verteidigung der Insel nur Zeit gewinnen, damit sie während der Friedensverhandlungen zumindest teilweise in russischer Hand bliebe. Deshalb wollten sie ihre Kräfte nicht auf die Küste, sondern auf das Innere der Insel konzentrieren. Erst im letzten Augenblick schickte man aus Nikolajewsk am Amur die Hilfstruppen nach Fort Alexandrowsk. Die Offiziere trafen zehn Tage, die Soldaten zwei Tage vor dem japanischen Angriff ein.

Die »Freiwilligen« aus der Reihe der Katorschniki waren weder körperlich noch seelisch auf einen Krieg vorbereitet: Sie waren unterernährt und hatten meist keine militärische Erfahrung. »Alle trugen Berdanflinten«, so schildert sie ein Beteiligter, »und ihre schirmlosen Gefangenenmützen schmückten sie mit einem Blechkreuz. Man versprach sich unerhörte Vergünstigungen, und man ging gerne in die Trupps; war doch das Essen besser als das aus dem Gefangenenkessel, und die Truppenübungen waren nicht besonders anstrengend.«

Im Südteil der Insel baute man einen Waldweg zwischen Fort Korsakowskij und Wladimirowka (der heutigen Hauptstadt Juschno-Sachalinsk). Die Artillerie wurde um Keilkanonen des Jahrgangs 1877 ergänzt, die keinen Drehmechanismus hatten und für die Bediener lebensgefährlich waren, da nach einigen Schüssen ein Gasdurchbruch im Kanonenrohr entstand. Es fehlten mehr als 100 Pferde, und die Batterie mußte von den Soldaten durch die Hügel getragen werden. Vier Kanonen holte man vom Kriegsschiff »Nowik« an Land, bevor dieses von der Mannschaft versenkt wurde, damit es nicht dem Gegner in die Hände fiele.

Die Kräfteverhältnisse versprachen nichts Gutes: In Nordsachalin standen 5335 Infanteristen, 50 Kavalleristen, 8 Kanonen und 8 Maschinengewehre bereit, in Südsachalin warteten 1069 Infanteristen, 76 Kavalleristen, 6 Kanonen, 4 Maschinengewehre auf die entscheidende Schlacht. Insgesamt verfügte also die Insel über 6404

Infanteristen, 16 Kavalleristen, 14 Kanonen und 12 Maschinengewehre.

Dagegen mobilisierte die japanische Seite im Süden ihre 13. Armeedivision (ungefähr 20 000 Soldaten), Artillerie, Kavallerie, Pioniereinheiten und 36 Kanonen, 12 Maschinengewehre, 3 Hilfslazaretts, eine Versorgungskolonne und verschiedene sanitäre Institutionen. Zur Flotte gehörten 20 Transporter, 2 Schlachtschiffe, 7 Kreuzer, 4 Kanonenboote, 36 Torpedo- und Minenträger – im Norden ebenfalls eine Division, bestehend aus 25 000 Infanteristen, 48 neuen Kanonen, 60 Maschinengewehren, 6 Schwadronen der Kavallerie und Hilfspersonal – insgesamt 38 000 Menschen.

Allerdings ist es möglich, daß diese Angaben von den russischen Beteiligten ein wenig nach oben aufgerundet worden sind, damit sie ihren fluchtartigen Rückzug rechtfertigen konnten. Tatsache ist, daß die südlichen Einheiten neun Tage nach der japanischen Landung in der Bucht Aniwa kapitulierten und daß der Norden zwei Tage später dasselbe tat. Nach der bedingungslosen Kapitulation wurde General Ljapunow festgenommen und nach Tokio gebracht. Rußland mußte mit ansehen, machtlos wie es war, wie es der japanischen Flotte gelang, die Insel Sachalin innerhalb eines Tages vom Festland abzuschneiden. Die Insel wurde nun auch offiziell besetzt, und nur der bisherige Vizegouverneur Fjodor von Bunge blieb als »Gouverneur für zivile Verwaltung« erhalten. Vierzig Jahre später beließ die Rote Armee in ähnlicher Weise den japanischen Militärgouverneur Tosio für einige Monate auf seinem zivilen Posten.

Warum vollzog Japan diese enorme Anstrengung zur Besetzung eines im Grunde schutzlosen Angriffsziel? Warum war es nötig, mit Kanonen auf Spatzen zu schießen? Vielleicht war dies eine militärische Show, mit der man bei den Friedensverhandlungen von Portsmouth Eindruck schinden wollte. Oder gehörte dieses Manöver, ähnlich wie der »Panthersprung« in Marokko, bereits zum optischen und akustischen Vorgeschmack des Ersten Weltkriegs?

Auch Disziplin wurde demonstriert: Jellinskijs Erinnerung zufolge wurde die Zivilbevölkerung kaum in Mitleidenschaft gezogen. Marodieren und Raub wurden gnadenlos bestraft. Gleichzeitig wurde das Material des Heimatmuseums von Alexandrowsk »akkurat in Kisten verpackt und nach Japan abtransportiert (...) Sogar das riesengroße Skelett des ungefähr 30 Meter langen Wals, der auf Pfeilern im Saal aufgestellt war, haben sie auseinandergenommen und weggebracht«. Diese »Beutekunst« ist Sachalin niemals zurückgegeben worden.

Die Japaner »erlaubten« der russischen Bevölkerung, die Insel zu verlassen. Im Grunde jedoch war dies eine Aufforderung. Die Beamten wurden bereits seit dem 8. August über Japan nach Odessa transportiert. Größere Probleme gab es mit den Katorschniki. Auf dem Festland hatte man Angst vor der »kriminellen« Welle, welche die ohnehin schwankende Rechtssicherheit noch verschlechtern konnte. Nach langem Hin und Her wurden ein paar Dutzend Sträflinge in Nerestschinsk und ungefähr 500 im Amurgebiet und in Sibirien angesiedelt.

Jellinskij, der damals nicht mehr auf der Insel war, hielt die Erinnerungen seiner ehemaligen Mitgefangenen fest:

»Es gab eine Zeit, wo man in 12 Werst Entfernung von Fort Alexandrowsk keinen einzigen richtigen Baum sah, und in 5–6 Werst Entfernung waren alle Hügel wortwörtlich kahl; alles wurde abgeholzt. Jetzt schreibt man mir, daß sich die Wälder von allen Seiten in Richtung Stadt bewegen, sie füllen alles auf, nun kriechen sie auf die Straßen der Stadt. Die Straßen sind leer; es gibt wenig Häuser; alles vereinzelt, so daß es wirkliche Straßen auch nicht geben kann.[26] Alle großen Gebäude sind abgebrannt: Das Museum,

26 Man kann kaum das Gefühl loswerden, daß diese Beschreibung wie eine gespenstische Vorwegnahme des heutigen Zustands vieler nördlicher Siedlungen klingt.

das Gefängnis mit allen Nebengebäuden, Klub, Kanzlei usw. Dasselbe ist nun in anderen administrativen Zentren: Rykowsk, Derbinsk (heute Tymowsk), Onor.

Über die Dörfer lohnt es sich gar nicht zu sprechen. Mehr als die Hälfte besteht aus kläglichen Trümmern, grün bewachsen, und die großen Birken sind inzwischen über die Dächer gestiegen.«

Die Insel Sachalin wurde im Frieden von Portsmouth 1905 entlang des 50. Breitengrads wie mit einem Lineal halbiert.

Als die Katorga auf Sachalin aufgrund der Entscheidung des Russischen Ministerrats vom 10. April 1906 offiziell abgeschafft wurde, existierte sie schon längst nicht mehr. Die Maßnahme wurde einerseits mit dem entsprechenden Punkt des Friedensvertrags mit Japan, andererseits mit dem Fiasko der landwirtschaftlichen und industriellen Kolonisierung der Insel erklärt. Man könnte sagen, daß dieses Monster der russischen Neuzeit eines natürlichen Todes gestorben ist.

Mit den Augen der Ureinwohner

Der sachalinensische Historiker und Schriftsteller Oleg Kusnjetsow schildert in seinem Jahrhundertroman »Sie haben ihr Schicksal nicht gewählt« (1995) eine ergreifende Szene: Kurz nach ihrer Machtübernahme 1925 auf dem nördlichen Teil der Insel besuchen die Bolschewiken eine Nomadensiedlung der Niwchen und laden diese zu einer Kinovorstellung in den Dorfklub ein. Der Schaman Ragun führt die Erzählung:

»Was ist Kino – niemand wußte es. Sie zeigten einen großen weißen Fleck und sagten, daß darauf Menschen erscheinen werden. Wie auf dem Stück Lappen, der die Leinwand ersetzen sollte, plötzlich Menschen erscheinen konnten, begriff niemand. (...) Dann hat man das Licht gelöscht. Und tatsächlich, vorne, direkt in der Luft sah man wirkliche Erde, wirkliche Bäume.

Und Menschen. Sie liefen hin und her, sie liefen davon. Ein Mann trat zu einer Frau und gab dieser Blumen. Wozu ihr Blumen geben? Zum Lachen! Dann fuhr das Automobil weg. Das Automobil haben alle wiedererkannt, man hatte es bereits in der Stadt und hinter der Siedlung auf der Straße gesehen. Der Mann und die Frau setzten sich hinein und fuhren fort. Direkt allen gegenüber. Einige sind aufgesprungen. Ganz vorne hat jemand furchtbar geschrien. Daraufhin wurde das Licht angemacht. Man hat geschaut, wen das Automobil überfahren hat. Es stellte sich heraus, daß alle am Leben sind.[27] (...) Wozu so ungutes Kino? Alle gingen nach Hause ...«

Die insgesamt viertausend Niwchen, deren kleinere Hälfte auf dem Festland, im Amurgebiet lebt, sind nach Meinung der Wissenschaftler direkte Nachfahren der ursprünglichen Bevölkerung Sachalins. In ihrem originären Zustand, den die Ethnologen noch Mitte der zwanziger Jahre des vorigen, also des 20. Jahrhunderts studieren konnten, waren sie ein Volk von Fischern und Jägern und bildeten eine Gesellschaft, die viele Ähnlichkeiten mit der vorkolonialen Kultur von Ureinwohnern anderer Kontinente aufweist.

Sie siedelten meist in der Nähe von Meeresküsten und Flüssen. Alles, was sie umgab – Wasser, Himmel, Pflanzen, Tiere, Kälte, Geburt, Familie, Krankheit und Tod – fügten sie zu einem straffen System von animistischem Naturglauben, Tabus (Niwschisch: »Uig″nd«) und Verhaltensnormen zusammen. Ihre Schamanen wa-

27 Die Authentizität dieser Schilderung bestätigt das Buch des deutschen Autors Otto Mänchen-Helfen (Reise in die asiatische Tuwa, Leipzig 1931), der die kleine Mongolenrepublik Tuwa am Altajgebirge zur gleichen Zeit besuchte. Als die Tuwiner zum ersten Mal Pferde auf der Kinoleinwand erblickten, brach unter ihnen Panik aus. Später beruhigten sich die Gemüter, und einige wollten nach der Vorstellung sogar die Pferde kaufen.

ren Vermittler zwischen den gewöhnlichen Menschen und den höheren Mächten, den Geistern; sie galten als Heiler und begleiteten ihre Zeremonien mit langen gebetartigen epischen Gesängen.

Dem Katorschnik Lew Sternberg sagten die Niwchen zu Beginn der neunziger Jahre, ihre Insel Sachalin sei eigentlich ein Lebewesen. Als Sternbergs junger Schüler Jeruchim Krejnowitsch (1906–1985) im Sommer 1928 den Niwchen Florun zu diesem Thema befragte[28], erhielt er eine verblüffend konsequente Antwort:

»Sachalin ist ein wildes Tier. Sein Kopf liegt im Norden, die Beine im Süden. Der Wald auf ihm ist nichts anderes als seine Haare, und wir Menschen sind eben Läuse in seinen Haaren. Es kommt vor, daß es sich zu regen beginnt. (...) Vielleicht hat es genug vom Herumliegen, aber es kann auch sein, daß zu viele Menschen auf Sachalin sind. Es wird allerlei Unrat auf das Tier gegossen. Deshalb schüttelt es sich – etwa wie ein Hund.«

Eine Erklärung für das Phänomen des Erdbebens.

Hunde sind auch die Verursacher der Sonnen- und Mondfinsternis, genauer gesagt, eine Hündin, welche die Himmelskörper benagt. Die besondere Sorge der Niwchen gilt dabei der Sonne. Im Leben des alten Niwchen Tschurka kam es zweimal zu dem aufregenden Ereignis, daß »die Sonne im Sterben lag«. Da verließen alle ihre Hütten, nahmen eiserne Gegenstände mit – Äxte, Kessel, Sägen und Gefäße – und machten einen gewaltigen Radau, während sie zum Himmel hinauf schrien: »Pagr! Pagr!« (= roter Hund). Auf diese Weise gelang es ihnen, die Sonne vor der bösen Hündin zu retten.

Hunde spielen eine beinahe universelle und überaus bedeutsame Rolle im Leben der Niwchen. Der ehemalige Katorschnik be-

28 Krejnowitsch, der während seiner ersten Reise die Sprache der Ureinwohner nur sehr wenig kannte, fixierte die Erzählungen der Niwchen zunächst über russisch sprechende Gesprächspartner und ließ ihre Semantik samt offensichtlicher Sprechfehler bei der Niederschrift bestehen.

schreibt sie wie folgt: »Eine Rasse mit scharfen Ohren und einem scharfen Maul. Sie würden sowohl in ihrer Größe als in ihren Gewohnheiten eher an Wölfe erinnern – so bellen sie gar nicht, sondern brüllen – wären sie nur nicht bunt und dicht behaart und hätten sie nicht einen völlig gestutzten Schwanz.« Vor allem sind sie, vor die Schlitten gespannt, das traditionell einzig brauchbare Verkehrsmittel.[29] Die Anzahl der Schlittenhunde zeigt, ob jemand reich oder arm ist. Der Hund ist allgemeines Zahlungsmittel. Man bekommt dafür Robbenhäute, Fett, Silber, Seide – also alles, was als Mitgift bei einer Ehe gilt. Hunde schenkt man als Opfer dem Geist des Berges oder dem des Wassers, und wenn ein Niwch gegenüber einem anderen ein Unrecht begangen hat und sich entschuldigen will, gibt er ihm einen »tschokkan«, einen blutigen Hund: Er tötet einen seiner Hunde als Genugtuung für den Beleidigten.

Obwohl der Hund zu Zeiten großen Hungers gelegentlich auch gegessen und seine Haut als Kleidung und Bettdecke benutzt wird, ändert dies an der exklusiven, vergeistigten Beziehung zwischen Mensch und Tier so gut wie nichts. Die Hunde schützen den Menschen gegen böse Geister: Hundeschädel werden an der Wand der Hütte aufgehängt, um das Heim zu verteidigen. Die ausgefallenen Milchzähne von kleinen Kindern läßt man von einem Hund fressen, weil mit diesen die Seele des Menschen im Körper des Hundes, so denken die Niwchen, am besten aufgehoben ist.

Nur der Bär genießt ähnlichen Respekt bei den Ureinwohnern von Sachalin. Florun erzählt: »Wenn die Niwchen trauern, weil der kleine Sohn oder die Tochter stirbt – das Herz tut weh. Dann holen

---

29 Die Niwchen wurden in den zwanziger Jahren als Postboten zwischen Sachalin und dem Festland eingestellt. Der 180 km lange Weg von Nikolajewsk am Amur über die gefrorene Ochotskische See auf Hundeschlitten dauerte 5–6 Tage. Ein Gespann von 9–12 Hunden transportierte 15–20 Pud Waren. Der Vorteil der Hunde gegenüber Pferden oder Rentieren bestand darin, daß der führende Hund den Weg besser aufspürte. (Siehe Wladimir Aboltin »Die Schatzinsel. Nordsachalin«, Chabarowsk-Wladiwostok, 1928)

wir ein Bärchen und geben ihm zu essen (die Mutter des toten Säuglings stillt das kleine Tier, G. D.), dann machen wir ein Fest und laden Gäste ein – so etwas wie eine Totenfeier. Dann tut das Herz nicht mehr so weh.« Dem Bärenkind wird der bequemste Platz in der Hütte angeboten. Bis zu seinem ersten Zahn darf es im Hause bleiben. Es gibt sogar eine Sülze, welche die Niwchen ausschließlich für diesen Gast zubereiten. Hinter dem besonders sorgfältig ausgeführten Ritual steckt die Annahme, die Bären – eigentlich Bärenmenschen – seien mit den Niwchen blutsverwandt und der kleine Bär sei nichts anderes als die Seele des verstorbenen Kindes. Der Höhepunkt des Niwchenkultes ist die Bärenfeier, wenn ein Bär getötet und gebraten wird. Von dem festlichen Schmaus läßt man immer Fleisch für die benachbarten Nomadensiedlungen der Niwchen übrig.

Da der Tod kleiner Kinder unter den klimatischen und sanitären Lebensbedingungen der Niwchen nicht gerade eine Seltenheit war, umgab man dieses Ereignis mit einer Reihe von Verhaltensregeln und Zeremonien. Es wurde angenommen, daß die Seele des verstorbenen Kindes, wenn dieses unter einem Jahr alt war, in den Mutterleib zurückkehren würde, um erneut geboren zu werden. Deshalb gab die Mutter dem toten Kind die Brust, und bevor es in seinem kleinen Holzsarg aus der Hütte getragen wurde, sagte sie zu ihm: »Auch wenn du jetzt weggehst – komm zurück, besuche deine Mutter öfters.« Mann und Frau nahmen die Windel aus Hund- und Fuchshaut mit ins Bett, um ihr Kind wieder ins Haus zu locken.

Der Kult um den Kindstod war selbstverständlich in ein ganzheitliches System von Gewohnheiten und Tabus eingebettet. Diese drehten sich um die Beziehungen zwischen Frau und Mann, die ziemlich rigide den Interessen der Arterhaltung und der Arbeitsteilung untergeordnet waren. So durften kleine Jungen kein »weibliches« Werkzeug berühren, wie zum Beispiel das Schulterjoch für Eimer oder Küchenmesser, denn man glaubte, diese könnten ihnen später schaden, etwa bei der Jagd. Ebenso war es Mädchen nicht erlaubt, Pfeil und Bogen in die Hand nehmen. Auch erwachsene Frauen hatten sich von den Jagdwaffen streng fernzuhalten.

Frauen wurden bei den Niwchen ohnehin als Quelle von potentiellen Gefahren betrachtet.[30] Sie galten grundsätzlich als weniger sauber. So erfuhr Krejnowitsch von dem Niwchen Pnidin: »Wenn mein kleiner Sohn auf das Holz pinkelt, kann ich mit diesem Holz heizen, wenn meine kleine Tochter das tut, dann darf ich das nicht.« Während ihrer Menstruation mußte die Niwchin gesondert von ihrem Mann schlafen – dies übrigens auch in der Nacht vor der Jagd auf Zobel oder Eichhorn.

Manchmal rebellierten die Frauen gegen ihr Ausgeliefertsein. So erzählte die Niwchin Tokskuna Dehalj eine recht dramatische Trennungsgeschichte: »Ein Mann[31] nimmt eine Frau zur Gattin. So leben sie. (...) Dann wird ihr Mann auf einen anderen Mann eifersüchtig, und er schlägt sie. Sie wäscht den Kessel gut ab, er sagt (es sei) schlecht. (...) So lebt sie, aber dann kann sie nicht mehr bei dem Mann so leben. Dann beginnt sie nachzudenken. Sie denkt nach, wie sie zu den Ihrigen flüchten könnte. Sie flieht heimlich, geht zu Fuß. Dann spannt ihr Mann die Hunde ein und holt sie ein. Er holt sie ein und bindet ihre Füße mit Gürteln zusammen. Er bindet sie an den Schlitten. (Er sagt:) Wenn wir jetzt nach Hause kommen, werden wir gut leben.«

---

30 Als Tschechow die Haltung der Niwchen zu ihren Frauen schilderte, konnte er nicht umhin, seinem weltberühmten skandinavischen Kollegen einen Seitenhieb zu versetzen: »Der schwedische Schriftsteller Strindberg, ein bekannter Weiberfeind, für den die Frau nur Sklavin zu sein und den Launen des Mannes zu dienen hat, ist eigentlich ein Gesinnungsfreund der Giljaken (Niwchen, G. D.); wenn er einmal nach Nord-Sachalin gekommen wäre, hätten sie ihn lange umarmt.«

31 Im Original: »Ein Schwiegersohn ...«, was darauf hindeutet, daß die Erzählerin ihre eigene Geschichte vermittelt.

Bei dem zweiten Versuch ist die Frau schlauer. Da sie nicht allein zu den Eltern darf, fährt sie mit ihrem Mann zu Gast dorthin. Sie beschwert sich über ihre Ehe und bittet den Vater, sie wieder aufzunehmen. Dieser verprügelt und vertreibt den Schwiegersohn und verheiratet seine Tochter mit einem anderen Mann. Später prügeln sich die Anhänger der beiden rivalisierenden Männer – die ganze Nomadensiedlung. Die Frau gerät zwischen die rivalisierenden Gruppen. »Einige zerren an ihr, die anderen schlagen sie mit der Faust, beide wollen sie mit aller Kraft auf ihre Seite ziehen.« Über den Ausgang des Gezänks erfahren wir nur, daß die Seite, die mehr Tote zu beklagen hatte, schließlich von den anderen durch Geld und Geschenke entschädigt wird, damit sie wieder »zueinander gehen, zu Gast gehen, miteinander sehr gut leben, ja, so leben sie«.

Die Arbeitsteilung zwischen den Geschlechtern wurde vor allem während der Jagd- und Fischfangsaison streng eingehalten. In dieser Zeit mußten die Frauen das Feuer bewachen, die gewöhnliche Hausarbeit leisten, die Kinder versorgen und möglichst keine Küchengeräte fallen oder zerbrechen lassen, denn dies konnte den Jagderfolg der Männer beeinträchtigen. Was gemeinsam gemacht wurde, war das Räuchern der Buckellachse und anderer Fischsorten, denn man mußte genug für die schlimmsten Monate bereithalten, wenn in der Taiga weder Jagd noch Fischfang möglich war.

Ansonsten verfügten die Niwchen über einen speziellen Kalender im Kopf mit zwölf Zeiteinheiten, welche ausnahmslos der Logik der Natur (Monat der Bachstelze, Monat des Adlers, Monat der Pflanzentrocknung usw.) folgten. Ihr Zeitbegriff erstreckte sich kaum über die eigenen Lebenszyklen und, wie Tschechow vermittelt, sie hatten keine Ahnung von den politischen Verhältnissen und von den Personen, deren Untertanen sie waren. Als Kapitän Gennadij Newelskoj ihnen anno 1849 das Bild des Zaren aller Reußen zeigte, meinten sie, dieser sei sicher ein Mann von großer Kraft, der viel Tabak und chinesische Baumwolle tauschen könne.

Die Niwchen befanden sich in regem Kontakt zu allen Volksgruppen der Insel, ohne etwas von deren Gewohnheiten übernehmen zu wollen; sie waren wortkarge Augenzeugen der Blütezeit und des Untergangs der Katorga, des seltsamen Krieges und der darauffolgenden Massenflucht der russischen Bevölkerung. Dann sahen sie, wie die Menschen, gegen deren Überfluß sich Sachalin ab und zu wie ein Hund schüttelte, langsam wiederkamen, und zwar nicht nur Russen, sondern auch andere Landsleute. Angelockt wurden sie von einem Phänomen, welches die Niwchen in ihrer unmittelbaren Domäne, am nördlichsten Zipfel der Insel schon lange beobachteten und als »fettiges Wasser« bezeichneten.

Glücksritter, Besatzer und Kommissare

Den seltsamen Fleck auf dem See Ocha zeigten die Niwchen zum ersten Mal einem Jakuten namens Pawlow im Sommer 1879. Dieser war ein Kommis des Kupez Iwanow[32] aus Nikolajewsk am Amur und dessen Schwiegersohn Grigorij Sotow. Beide machten die üblichen Geschäfte mit den Eingeborenen Sachalins: Sie verkauften ihnen Tabak, Schnaps, Textilien und Salz und kauften Fische, Krabben, Robben- und Zobelpelze. Iwanow und sein Kompagnon wußten sogleich, daß das »fettige Wasser« nichts anderes war als ein gewaltiger Erdölfund. Als Erstentdecker, für die sie sich hielten, wandten sie sich an Baron von Korf, den Generalgouverneur des Amurgebiets, und baten ihn, tausend Hektar Bo-

32 Tschechow erwähnt ihn in einem wenig schmeichelhaften Zusammenhang: »Die Ausbeutung der Eingeborenen äußert sich außer dem üblichen Betrunkenmachen und in den Betrügereien manchmal auch in origineller Form. So fuhr der jetzt verstorbene Kaufmann Iwanow jeden Sommer nach Sachalin und nahm dort von den Giljaken (Niwchen, G. D.) Tribut; die unpünktlichen Zahler wurden von ihm mißhandelt und aufgehängt.«

den zwecks Erdölgewinnung zur Verfügung zu stellen. Während dreier Expeditionen schließlich stießen sie auf ein gigantisches Reservoir.

Jedoch gelang es weder Iwanow noch, nach seinem Tod, Sotow bzw. der von ihm gegründeten Sotow & Co. AG, über die anfänglichen Probebohrungen hinauszukommen. Es mangelte an Kapital, Technik und fachkundigen Arbeitskräften. Der deutsche Ingenieur Friedrich Kleye begann seine Forschungen 1898 als Vertreter der Royal Dutch Petroleum Company. 1914 wurde eine Russische Fernöstliche Industrielle Gesellschaft gegründet, in der zwei britische Syndikate die Aktienmehrheit besaßen und an welcher auch der damalige Militärgouverneur Dmitrij Grigorjew beteiligt war. Obwohl man mit der Erdölproduktion nun allmählich beginnen konnte, wurde mit der Zeit immer klarer, daß eine volle Entfaltung der Förderung nur von Unternehmen geleistet werden konnte, die einen starken Staat als Garanten hinter sich hatten. So tauchte gegen Ende des Ersten Weltkriegs Japan am Horizont auf.

Alle Ereignisse auf Nordsachalin zwischen Februar 1917 und März 1920 folgten der sibirischen Wellenbewegung von Revolution und Konterrevolution. Gleich nach dem Zusammenbruch der Monarchie entstand in Alexandrowsk ein Komitee für Öffentliche Sicherheit mit dem Funkmechaniker Wladimir Tsapko an der Spitze. Tsapko stand der Partei der Sozialrevolutionäre um Kerenskij nahe, die einerseits führende Posten in der Provisorischen Regierung übernahmen, andererseits der bolschewistisch dominierten Bewegung der Arbeiter-, Bauern- und Soldatenräte (Sowjets) angehörten – hierin bestand die sogenannte Doppelherrschaft, welche die Oktoberrevolution von Lenin und Trotzki einleitete. Außer den zunehmend miteinander verfeindeten sozialistischen Parteien agierte eine schwache Mitte, die sogenannten »Konstitutionellen Demokraten« oder »Kadetten«, und eine starke restaurative Bewegung der Militärkaste und des traurigen Restes an Beamtentum.

Das rechte Extrem wurde von den antisemitischen »schwarzen Hundertschaften« verkörpert.

Damals hoffte man noch auf die integrative Kraft der Verfassunggebenden Versammlung, die der chaotischen »revolutionären Demokratie« einen institutionellen Rahmen geben sollte. Als diese jedoch von den Bolschewiki im Januar 1918 aufgelöst worden war, begann der Bürgerkrieg. Während in den zentralen Gouvernements die demokratischen Freiheiten aufgehoben und der Rote Terror durch die Geheimpolizei Tscheka, das »Außerordentliche Komitee zur Bekämpfung der Konterrevolution und Sabotage«, eingeführt wurde, geriet Sibirien immer mehr unter die Kontrolle der nicht weniger terroristischen weißen Bewegung des Admirals Koltschak. Einer der ersten und populärsten Schritte der Sowjetregierung war der Ausstieg aus dem Krieg mit den Zentralmächten Deutschland und Österreich-Ungarn. Darauf reagierte die Entente im April 1918 mit einer militärischen Intervention. Japanische Truppen okkupierten das gesamte fernöstliche Küstengebiet.

Von den blutigen und stürmischen Entwicklungen dieses Ausmaßes blieb Nordsachalin zunächst verschont. Tsapko und sein Nachfolger, der Kommissar der Provisorischen Regierung Jossif Russlanow[33], regierten im Einvernehmen einerseits mit den So-

33 Russlanows tragische und pittoreske Gestalt scheint die unorganischen Verhältnisse Nordsachalins recht typisch wiederzugeben. Seines Zeichens Geschäftsmann, war er einerseits Sozialrevolutionär, andererseits bekennender Moslem. Er betrachtete sich als Vertreter der Regierung Kerenskij, auch noch nach dem Sturz desselben. Seine einzige politische Handlung bestand in einer offiziellen Sperre aller Nachrichten vom Festland »angesichts deren äußerst traurigem und aufregendem Charakter«. Als er von seinen Gegnern im Februar 1918 zur Abdankung gezwungen wurde, bedankte er sich in einem Abschiedsbrief »für das Vertrauen des Volkes« und kehrte zu seinen Geschäften zurück. Ahnungslos wie er war, blieb Russlanow auf der Insel und wurde 1929 »zu fünf Jahren Konzentrationslager mit anschließender Verbannung nach Westsibirien« verurteilt. Der Historiker M. Wyssokow fügt hinzu: »Seitdem fehlt jede Spur von ihm.«

wjets, andererseits mit den vorrevolutionären Strukturen der Selbstverwaltung »semstwo«. Erst ab Oktober 1918, als Nordsachalin zeitweilig unter die Herrschaft von Koltschak geriet, des »Obersten Gouverneurs Rußlands«, kam es zu einigen Gewaltakten seitens der Weißen. Diese wiederum wurden im Januar 1920 friedlich durch den Putsch des sowjetisch orientierten »Revolutionskomitees« gestürzt, das wieder Tsapko an die Spitze der nördlichen Inselhälfte stellte.

Außer der vom Festland isolierten Lage hing Nordsachalins relative Ruhe mit dem Umstand zusammen, daß seine Revolutionen und Konterrevolutionen vor einem mikroskopisch winzigen Publikum stattgefunden hatten. Es gab hier ungefähr zehntausend Einwohner, von Goldsuchern über japanische, chinesische und koreanische Gastarbeiter bis hin zu den ehemaligen Katorschniki, außerdem einige Tausend Ureinwohner, die jedoch niemand zur Bevölkerung zählte – also insgesamt keine Gesellschaft im soziologischen Sinne. In der Hauptstadt Alexandrowsk lebten damals 3000 Einwohner.

Ausgerechnet diese Bedeutungslosigkeit nach 1905[34] wurde Nordsachalin zum Verhängnis. 1914 ordnete die zaristische Regierung die Hafenstadt Nikolajewsk am Amur Nordsachalin zu und erklärte sie zum administrativen Zentrum. Dieser absurde Zustand – die Insel wurde vom Festland regiert – diente sehr bald den Japanern als Vorwand, auch Nordsachalin als zu ihrem Verwaltungsbereich gehörend anzusehen. Und sie warteten nur auf den geeigneten Anlaß, um ihren Anspruch in die Praxis umzusetzen.

Im Februar 1920 griffen die Freischärler des Anarchisten Trjapyzin die Stadt Nikolajewsk am Amur an und veranstalteten dort ein Blutbad unter den japanischen Besatzern[35] und der Zivilbevölke-

34 Einwohnerzahl zur Zeit des Friedens von Portsmouth: 4500.

35 Sowjetische Quellen sprechen unisono von einer »Provokation« der Japaner, was grundsätzlich nicht auszuschließen ist. Allerdings ziehen sie vor, Trjapyzin

rung. Daraufhin hielt die japanische Regierung die Zeit für reif, um nach dem Süden auch den nördlichen Teil der Insel zu besetzen. Ihre Flotte erschien im März 1920 vor Fort Alexandrowsk und stürzte die kurz zuvor eingesetzte lokale Sowjetregierung. Wladimir Tsapko und seine Gesinnungsgenossen wurden verhaftet und bald darauf ermordet. Die Besetzung dauerte bis Mitte Mai 1925. Nach außen wurde es mit der Notwendigkeit begründet, die dort ansässigen japanischen Staatsbürger vor Partisanen zu schützen. Allerdings spielten die Japaner mit dem Gedanken eines Protektorats »Sachalin-Kuo«, zu dessen Oberhaupt sie einen der zaristischen Gouverneure der Insel, Grigorjew, auserkoren hatten. Später brauchten sie keine Marionette mehr und führten eine rein japanische Verwaltung ein.[36]

Ihr Hauptaugenmerk richtete sich auf das Erdölvorkommen, und ihre technische Überlegenheit brachte einen erstaunlich schnellen Erfolg. Sie investierten in Bergbau und Fischerei, unterstützten die Privatinitiative der russischen Bevölkerung und bauten eine 70 Kilometer lange Schmalspurbahn zwischen Alexandrowsk und Derbinsk (heute Tymowsk). In Alexandrowsk legten sie Wasserleitungen, im Winter räumten sie Schnee mit Hilfe von Dampfmaschinen und hatten im übrigen ein Herz für die profanen Freuden des Lebens. So gab es in der Stadt mit 3000 Einwohnern etwa sechzig

---

nicht unter den heldenhaften sibirischen Partisanen zu erwähnen; vielmehr verschweigen sie seinen Namen. Die bereits erwähnte Intervention sollte nach offizieller Erklärung der Okkupationsmächte so lange dauern, »bis in Rußland eine legitime Regierung entsteht«. Die Interventionisten neigten jedoch dazu, die antibolschewistischen Kräfte, so z.B. die sibirische Regierung des Admirals Koltschak, als »legitim« zu akzeptieren.

36 Sie versuchten sogar, die Bevölkerung via Propaganda zu beeinflussen, allerdings recht ungeschickt. Eine Kostprobe aus der Rede des Verwaltungschefs in Rykowsk, Kusimoto, vom Oktober 1922: »Da der japanische Kaiser ein Gott in Menschengestalt ist und den Staat im göttlichen Geiste führt, besitzen seine Untertanen gleichmäßig die göttliche Gnade und Humanität des Kaisers.«

Kneipen – nicht unbedingt mit dem besten Ruf. Alle Initiativen der Japaner gründeten zweifelsohne auf der Hoffnung, den Norden Sachalins dauerhaft kolonisieren zu können. Allerdings versuchte die Sowjetregierung diesen Plan mit diplomatischen Mitteln zu vereiteln.

Die Hauptschwierigkeit bestand darin, daß Japan – ähnlich wie die meisten Staaten der Entente – eine De-jure-Anerkennung des Rats der Volkskommissare zunächst verweigerte. Als taktisches Manöver schufen die Sowjets daraufhin einen Pufferstaat in Werchneudinsk (dem späteren Ulan Ude) namens »Fernöstliche Republik« – wie Lenin sagte, »unter demokratischer Flagge«, das heißt mit einem Scheinparlament und relativ freier Presse.[37] Sie wußten, daß die Zeit für sie arbeitete: Die Entente konnte die zersprengte weiße Bewegung nicht mehr lange als Partner akzeptieren, früher oder später mußten sie die zentrale Macht in Moskau anerkennen.

Am wenigsten konnten die USA als Garant des Friedens von Portsmouth die Besetzung Nordsachalins bejahen – eine japanische Dominanz samt Erdölmonopol war ihnen nicht geheuer. Während der Washingtoner Konferenz 1921/22, zu der die Sowjets nicht zugelassen waren, setzten die Amerikaner eine grundsätzliche Absichtserklärung Japans durch, seine 300 000 Mann starken Truppen vom sibirischen Festland abzuziehen und auch Nordsachalin zu verlassen, allerdings erst nach der Klärung des oben erwähnten »Zwischenfalls zu Nikolajewsk«, d. h. des Blutbads von Trjapyzin. Der sowjetrussische Botschafter und spätere Außenminister Georgij Tschitscherin, ein Diplomat alter Schule, agierte geschickt. Während er auf dem sofortigen Abzug der Japaner bestand, ließ er

37 Auf die schriftliche Anfrage des Bolschewiks Krasnoschekow, Außenminister der »unabhängigen« Republik, an Lenin, wie die Beziehungen zu Moskau aussehen sollten, antwortete dieser mit dem Aphorismus: »Auf das Zentralkomitee hören, sonst jagen wir Sie hinaus.« Der »rote Puffer« wurde 1923 aufgelöst.

gleichzeitig ihnen gegenüber durchsickern, über die Erdölkonzession lasse sich reden.

Mittlerweile war die jahrzehntelange wirtschaftliche Hochkonjunktur in Japan zu Ende, das Erdbeben von 1923 und die Krankheit des Kaisers sowie soziale Unruhen destabilisierten das politische Leben. So akzeptierte Tokio die günstigen sowjetischen Vorschläge und war bereit, im Frühjahr 1925 die Bevollmächtigte Kommission unter Führung von Wladimir Aboltin, einem Mitarbeiter im Moskauer Kommissariat für Ausländische Angelegenheiten, zu empfangen, um Nordsachalin wieder zu übergeben.

Die Kommission bestand aus neunundzwanzig Personen, unter ihnen Vertreter der neuen kommunistischen Führungselite, Mitglieder des »Revolutionskomitees«. Sie kamen aus Chabarowsk und fuhren bis Nikolajewsk am Amur mit Kutschen, die von insgesamt 22 Pferden gezogen wurden, welche sie bei den örtlichen Bauern requiriert hatten. Der weitere Weg führte über die zugefrorene Tatarische Meerenge auf 27 Hundeschlitten mit 300 Hunden – Ergebnis der wahrscheinlich nicht ganz freiwilligen Großzügigkeit der Niwchen. Nach neunzehn Tagen Reise kamen sie in Alexandrowsk an und wurden von den Japanern äußerst höflich empfangen.

Am 15. Mai 1925 – nach japanischer Zeitrechnung im 14. Jahre der Ära Taischo – fand die feierliche Übernahme Nordsachalins statt. Der neue Landkreis (»Oblastj«) gehörte nun zur Fernöstlichen Provinz (»Kraj«) der UdSSR mit dem Zentrum Chabarowsk. Als Zeichen der Souveränität wurde auf dem früheren Sitz des Gouverneurs die rote Fahne aufgepflanzt. Auf einer Versammlung zum Anlaß der Übernahme im Volkshaus von Alexandrowsk präsentierte sich der Vorsitzende des Revolutionskomitees, Rafail Schischljanikow als, wie ihn sein Biograph nennt, »erster kommunistischer Gouverneur«.

Die Besatzungstruppen des japanischen Generals Ionue konnten ohne Gesichtsverlust abziehen. Der Konzern »Kita Sigaren Sekiu

Kigio Kumnai« (Gesellschaft Nordsachalinensischer Erdölunternehmer, u.a. der Firmen Mitsubishi und Nippon Oil Company) konnte die Hälfte aller Fundorte für 45 Jahre pachten und erhielt das Recht auf zollfreie Ausfuhr seiner Produktion. Als Gegenleistung verpflichtete er sich, fünf Prozent der jährlichen Nettoeinnahme an die neuen Machthaber abzuführen.

Der Süden

Die im Mai 1925 wiederhergestellte Demarkationslinie auf dem 50. Breitengrad, die über Hügel, durch Seen, Flüsse, Wälder, Moore und ehemals bewohnte Nomadensiedlungen verlief, war die erste künstlich geschaffene Grenze der neueren Geschichte, die zwei ideologisch geprägte grundverschiedene Systeme voneinander trennte und damit ihre Vor- und Nachteile besonders plastisch sichtbar werden ließ. Dabei hatte der südliche Teil der Insel bereits gegenüber dem zaristischen Rußland einen enormen Entwicklungsvorlauf, welchen der Norden während der ganzen Zeit der Spaltung nie einzuholen vermochte. Um dieses Nord-Süd-Gefälle zu veranschaulichen, reicht es, einen Blick auf die Bevölkerungsdynamik der beiden Inselhälften zu werfen.

Innerhalb von 35 Jahren stieg die Bevölkerungszahl im Süden von 1900 auf 413 000 an, während sie im nördlichen Teil der Insel von 7500 auf 117 000 anwuchs. Während Karafutos Einwohnerzahl bereits im Jahr 1925 die Anzahl von 200 000 überschritten hatte, schaffte der sowjetische Norden diesen Sprung erst nach dem Zweiten Weltkrieg – wahrlich ein Wettlauf zwischen Hase und Igel.

Offensichtlich legte das japanische Kaiserreich Wert darauf, seine nördliche Kolonie zu fördern, damit die Insel, deren Schaufenstercharakter offensichtlich war, hinreichend Eindruck machte. Südsachalin war Teil der Japanmode der dreißiger Jahre, und Reisende wie der ungarn-deutsche Journalist Edgar Lajtha berichteten euphorisch über ihre Eindrücke:

»Sachalin heute: Großartig angelegte Autostraßen, auf denen moderne Autobusse verkehren – es gibt in einem hypermodernen Gebäude ein Sachalinforschungsinstitut. In der Haupstadt Toyohara künden Neonröhren den Ruhm der Cafés de Prince, Nana und Nonsense. An der Küste Sachalins entlang fahren Nippons schwimmende Fabriken nach Kamtschatka. Sie holen sich aus dem Meer ihre Rohstoffe und laden sie an der nächsten Küste als Fertigwaren ab. (...) Das laufende Band rast mit den Fischen drei Schiffsetagen hinunter. Unterwegs werden sie, während das Band sich fortschleift, automatisch enthauptet, entfloßt, gepreßt, gesalzen in Konservenbüchsen getan und verschlossen. Und der Stempel ›Packed in Japan‹, das ist der Schluß.«

Tatsächlich gehörte die Fischproduktion der 22 Konservenfabriken Südsachalins ebenso zu den Spitzenleistungen der japanischen Industrialisierung wie die 61 Betriebe für Holzverarbeitung oder die acht Papierfabriken, sieben Werften und 19 Druckereien. Dazu kamen 40 landwirtschaftliche Kulturen, von Hafer und Kartoffeln bis zu Auberginen und Kastanien, die trotz des ungünstigen Klimas eingeführt worden waren. Zur damaligen Zeit waren auch das Sozial- und Gesundheitswesen sowie das Schulsystem verhältnismäßig gut entwickelt, auch wenn man Hochschulstudien nur im Mutterland absolvieren konnte. Auf Südsachalin war ein kleines Japan entstanden, eine stark hierarchische Gesellschaft, in der ein Hilfsarbeiter monatlich 45 Yen und der Gouverneur 500 Yen verdiente.

Dieses Wirtschaftswunder war zweifelsohne im freien Markt verwurzelt, wäre jedoch ohne massive staatliche Unterstützung kaum möglich gewesen. Bis 1935 waren die Subventionen aus Tokio ein fester Bestandteil des Jahresbudgets, und der Staat war bis zuletzt an jedem Produktionszweig, insbesondere an der Eisenbahn und dem ausgedehnten Bankensystem stark beteiligt. 1917 wurde im japanischen Parlament über einen Fünfjahresplan zur Entwicklung des Eisenbahnwesens in der Provinz Karafuto abgestimmt. Der Bau der 83,9 Kilometer langen Linie Toyohara (heute Juschno-Sachalinsk) – Maoka (heute Cholmsk) nahm sieben Jahre in Anspruch. Der Weg führte über die Taiga, durch Berge und Täler, so daß 15 Tunnel und 35 Brücken gebaut werden mußten.

Eine bedeutende Rolle bei der Finanzierung spielten Staatsanleihen und ungefähr 18 unterschiedliche Arten von Steuern. Der wichtigste Hebel der gesamten Entwicklung war und blieb jedoch die zentral gesteuerte Ansiedlung auf der Insel.

Die Einmischung der Regierung in die Ökonomie bedeutete keinen gewöhnlichen Staatsdirigismus. Japan war einerseits ein modernes Industrieland, andererseits ein theokratisch und militaristisch regiertes Imperium mit der offen aggressiven Zielsetzung, eine »großasiatische Wohlstandssphäre«, ein kontinentales Netz von Kolonien und Protektoraten zu errichten. Und da Südsachalin zu Zeiten der Prosperität unter ständigem Mangel an Arbeitskräften litt, schöpfte man diese aus dem besetzten und verelendeten Korea, dem die Japaner weniger strategische Bedeutung beimaßen und das sie deshalb industriell weniger effektiv entwickelten. Junge Arbeiter heuerte man mit großen Versprechungen und kleinen Krediten an, so daß sie bereits auf dem Weg nach Südsachalin bei ihren Arbeitgebern hoch verschuldet waren. In der Nähe ihrer Arbeitsplätze – Eisenbahnbau, Bergwerke, Baustellen oder Flughäfen – wurden sie in Baracken untergebracht oder vielmehr gefangengehalten.

Die Arbeitszeit belief sich auf täglich 12–16 Stunden, und sie verdienten durchschnittlich 10 bis 50 Prozent weniger als die japanischen Arbeiter. Verletzungen der Disziplin ahndete man mit Rutenhieben, Fluchtversuche sogar mit Erschießungen. Obwohl diese Arbeiter teilweise für private Firmen tätig waren, war ihre Rechtlosigkeit sozusagen behördlich garantiert. Dieses System der Zwangsarbeit, das der russischen Katorga nicht unähnlich war und zu Spitzenzeiten 23 000 Koreaner umfaßte, trug den Namen Takobeja.[38] Mit Kriegsbeginn mußte man die Koreaner nicht mehr durch List und Betrug anheuern, sondern sie wurden einfach militärisch verpflichtet. Eine besonders barbarische Form der Versklavung erlitten junge koreanische Frauen, die unter dem Vorwand, Zivildienst leisten zu sollen, den »Vergnügungseinrichtungen«, den Militärbordells der japanischen Armee, zur Verfügung stehen mußten.

Diese ehemaligen Zwangsprostituierten, von denen einige heute noch auf der Insel Sachalin leben, haben selbstverständlich ein anderes Bild von Japan und seiner Musterkolonie Karafuto bewahrt als die Nipponfans der dreißiger Jahre. Eine von ihnen, Song Tschung Dia, sagte in einem Interview, als sie bereits 96 Jahre alt war: »Nach dem Krieg heiratete ich einen Koreaner, und ich habe eine gute Familie. Aber selbst heute noch denke ich mit Schrecken an meine Jugendjahre. Deshalb hasse ich bis heute Japan und die Japaner. Obwohl ich fließend japanisch rede, habe ich keinen Wunsch, mit ihnen zu sprechen, wenn sie Sachalin besuchen.«

Fern von Moskau

»Fern von Moskau«, so der Titel des berühmt gewordenen Hauptwerkes von Wassilij Aschajew – zuerst ein Klassiker des »Produktionsromans«, für den der Autor 1948 den Stalinpreis erhielt, später ein Musterbeispiel der »konfliktfreien« Literatur des »sozialistischen Realismus«. Die gekünstelte, kaum verdauliche Handlung dreht sich um den heroischen Bau einer Erdölleitung in Sibirien.

38 Der in Juschno-Sachalinsk lebende koreanische Historiker Bok Si Kou führt das System »Takobeja« auf eine Strafkolonie zurück, die auf der Insel Hokkaido 1886 entstand.

Bei aller literarischen Unfähigkeit Aschajews verrät der Text erstaunliche Detailkenntnisse über Sibirien. Wie sich später herausstellte, lernte der Autor sein Thema aus nächster Nähe, als Gefangener im Gulag kennen, war jedoch parteitreu oder vorsichtig genug, diesen Nebenumstand dem Leser nicht auf die Nase zu binden.

Auch Nordsachalin war von Moskau, dem Entscheidungszentrum des Landes, weit entfernt, und für die mehrheitlich sibirischen Kader, die man hierher schickte, um die neue Welt aufzubauen, terra incognita. Außerdem bot die Insel ein Bild des Elends und der Auflösung.

Der Leiter des Revolutionskomitees, Rafail Schischljanikow, meldete bereits im April 1925 nach Chabarowsk: »Die Sauferei ist allgemein, es saufen Alte, Mädchen und Jungen…«. Schulen gab es so gut wie keine, und im ganzen Landkreis praktizierte ein einziger Arzt. Gleichzeitig wüteten besonders bei den Ureinwohnern Seuchenkrankheiten wie Schwindsucht, Krätze und Syphilis. Die Niwchen waren unmittelbar vom Aussterben bedroht. Von 1920 bis 1925 registrierte man bei ihnen 289 Geburten und 306 Todesfälle.

Mit der Einstellung der Schiffahrt im Herbst verlor Nordsachalin fast jeden Kontakt zum Festland. Der Sekretär der 25 Mitglieder starken Parteiorganisation, Rudakow, schrieb verzweifelte Briefe (die Post verkehrte zweimal im Monat auf den bereits erwähnten Hundeschlitten): »Über die Versorgung – die Lage ist katastrophal. Außer Wodka gibt es nichts. Die Jäger können mangels Munition und Lebensmitteln nicht in die Taiga gehen (…) Selbst bei den Privathändlern kann man nichts kaufen. (…) Die Bevölkerung reagiert auf die Lage sehr besorgt. (…) Wenn die Waren und Lebensmittel bis zum 10. Oktober nicht herübergeschickt werden, dann droht Sachalin eine richtige Hungerkatastrophe…«

Kein Wunder, daß die Bürger mit einer gewissen Wehmut an die jüngste Vergangenheit dachten. »Die Japaner führten hier ein großes Korruptionsregime ein«, beschwert sich Rudakow, für sie gab es »unglaublich hohe Gehälter (...) und billige Waren. (...) Ohne Zweifel haben hier die Japaner viele Agenten, aber nicht im Sinne der Gegenspionage (sic!), sondern ein Teil der Bevölkerung weint der Besatzungszeit nach«. Die Gerüchte vom bevorstehenden Zusammenbruch der neuen Macht und der Rückkehr der Japaner überschlugen sich.

Die japanische Präsenz bereitete dem führenden Kommunisten ohnehin Kopfzerbrechen. Die auf Grundlage der Erdöl- und Bergbaukonzessionen beschäftigten Arbeiter – Russen, Chinesen und Koreaner – waren relativ gut versorgt, und die Konzessionsläden, eine Art Intershop-Netz, verfügten über alle Waren, die der staatliche Handel nur verspätet, in unzureichenden Mengen und schlechter Qualität liefern konnte. Die Versuchungen des Konsums machten vor den Mitgliedern des Revolutionskomitees nicht halt. Schischljanikow warnte in einem Rundbrief »die Genossen und ihre Ehefrauen« vor Hamsterkäufen sowie vor einer unhöflichen Haltung gegenüber dem japanischen Verkaufspersonal, welche »die Sowjetmacht diskreditieren würde«.

Jahre dauerte es, bis es gelang, nach und nach elementarste sowjetische Einrichtungen zu etablieren, bis man erste bescheidene eigene Produktionsstätten (Elektrizitätswerk, Mühle) und Handelseinheiten (Bäckereien, Fleisch- und Fischläden) geschaffen hatte. Gleichzeitig begann man mit der Ansiedlung landwirtschaftlicher Arbeitskräfte aus Sibirien. Trotz der Vergünstigungen (freie Einfuhr von 80 Kilogramm Gepäck, Überlassung von zwei Pferden und einer Kuh pro Familienmitglied, 600 Rubel einmaligen Kredits, Steuerfreiheit bis zu 15 Jahren u.a.) erwies sich Nordsachalin zu dieser Zeit als wenig attraktiv.

Angesichts der fehlschlagenden Kolonisierungsversuche erwog das Politbüro der sowjetischen KP eine Zeitlang sogar den Einsatz von Sträflingen, Kulaken und »klassenfremden Elementen« zur Zwangsarbeit auf Nordsachalin. In drei Partien wollte die Moskauer

Zentrale 400 Holzfäller, 150 Fischer, 200 Bauarbeiter, 50 Ingenieure und Techniker sowie 200 Arbeiterinnen im Dienstleistungsbereich nach Nordsachalin abkommandieren. Im Februar 1930 bezeichnete jedoch ein Beschluß des Politbüros dieses Projekt als »unzweckmäßig«. Wahrscheinlich roch das Unternehmen allzusehr nach der Katorga[39], einer Institution, die in der offiziellen Propaganda zu den Todsünden des gestürzten Regimes zählte. So versuchte Moskau, begeisterte Kommunisten, hauptsächlich die Komsomoljugend, für die Arbeit auf Nordsachalin zu gewinnen.

Zu einem wirklichen Wachstum der Bevölkerung führte erst die zweite (»industrielle«) Welle der Ansiedlung, allerdings auf agrarischer Basis; die Zwangskollektivierung und der damit eng verbundene Hunger löste eine Massenflucht von Bauern aus der Ukraine und Weißrußland aus. Viele der Unglücklichen glaubten, ihren verhängnisvollen Ruf als »Kulaken« oberhalb des 50. Breitengrades loswerden zu können. Ein großer Teil der 60 000 statistisch erfaßten Klein- und Weißrussen auf Sachalin sind Nachfahren der Überlebenden dieser Tragödie. An ihre Herkunft erinnern nur noch private Geschäftsbuden namens »Pripjatj« und »Belarus« in Tymowsk oder Juschno-Sachalinsk. Aus ähnlichen Gründen können wir die 12 000 sachalinensischen Tataren beim besten Willen nicht als Zeichen einer blühenden Multikulturalität verbuchen.

Aber nicht nur die Quelle, sondern auch die Qualität des zwölffachen Anwachsens der Bevölkerungszahlen zwischen 1925 und 1940 gibt Fragen auf. Zumindest in den dreißiger und zu Beginn der vierziger Jahre blieb Sachalin für die von außen Kommenden bestenfalls ein vorübergehender Aufenthaltsort, ganz wie zu Zarenzeiten. Das Provisorische des Daseins nahm bereits Tschechow bei der ersten Besichtigung der Häuser der »freien« Bevölkerung wahr:

---

39 Zu dieser Zeit lebten noch viele ehemalige Katorschniki, und der Verband der politisch Verfolgten des Zarenregimes gab eine Zeitschrift »Katorga i ssylka« (Zwangsarbeit und Verbannung) heraus.

»... es gibt kein Brauchtum. Die Einrichtung hat zufälligen Charakter, und es sieht so aus, als lebe die Familie nicht bei sich zu Hause, sondern in einer fremden Wohnung oder als sei sie gerade angekommen und noch nicht warm geworden; es gibt keine Katzen, an den Winterabenden hört man kein Heimchen zirpen, und, was die Hauptsache ist, es fehlt die Heimat.«

Hinzuzufügen bleibt noch ein Zitat aus Tschechows Buch, fast eine prophetische Vorahnung der frühen Sowjetzeit: »Wenn das Leben nicht auf gewöhnliche, natürliche Weise entsteht und verläuft, sondern künstlich, und wenn sein Wachstum nicht so sehr von natürlichen und ökonomischen Bedingungen als vielmehr von Theorien und der Willkür einzelner Personen abhängt, so ordnen sich derartige Zufälligkeiten dem Leben weitgehend und unvermeidlich unter und werden für dieses künstliche Leben gewissermaßen zu Gesetzen.«

Für die kommunistische Führungsriege war Sachalin in den dreißiger Jahren eine Dienststelle, die sie entweder als Laboratorium ihres idealisierten Zukunftsstaates oder als Zwischenstation ihrer Karriere, nicht jedoch als Heimat betrachtete, schon aus dem einfachen Grunde, weil fast niemand von ihnen auf dieser Insel »warm werden« konnte. Sie waren einerseits den zentral verordneten und größtenteils unlösbaren Aufgaben, andererseits dem gnadenlosen Kaderkarussell ausgeliefert.

Der Große Terror und die kleine Insel

Eine Artikelsammlung »Die Gouverneure von Sachalin« (Juschno-Sachalinsk, 2000), die ein wenig unhistorisch alle staatlichen Funktionäre der sowjetischen Ära unter dieser titelgebenden Kategorie aufreiht – etwa als wären Lenin, Stalin, Chruschtschow, Breschnew, Andropow, Tschernenko und Gorbatschow in einer Reihe mit der

Genealogie der Zaren zu sehen[40] – vermittelt gewissenhaft die Chronologie und die Laufbahn jedes einzelnen:

Schischljanikow, Rafail – April 1925 bis Juni 1926, 1939 erschossen,
Newolin, Alexandr – Juni 1926 bis Juni 1927, 1928 an einer Krankheit gestorben,
Lebedew, Jewgenij – (zum ersten Mal) Juni 1927 bis September 1929,
Kurpel, Antonij – Oktober 1929 bis Juni 1930, 1938 erschossen,
Turok, Samuil – Juni 1930 bis Mai 1932 (weiteres Schicksal unbekannt),
Melnikow, Michail – Mai bis Juli 1932, 1937 erschossen oder im Lager gestorben,
Tschelnokow, Alexandr – Juli 1932 bis September 1933, 1937 Ausschluß aus der Partei, weiteres Schicksal unbekannt,
Patrikejew, Nikolaj – Oktober 1933 bis Oktober 1934, 1937 erschossen,
Minskich, Nikolaj – November 1934 bis Januar 1936, 1938 erschossen,
Rischew, Alexej – Januar bis Oktober 1936, 1936 Herzinfarkt, postum verurteilt,
Kulikow, Wassilij – Januar bis März 1937, 1940 im Lager gestorben,
Lebedew, Jewgenij – (zum zweiten Mal) vom 3. Mai bis 9. Juni 1937, 1938 erschossen,

40 Obwohl in der Sowjetunion die reale Macht auf allen Ebenen von Parteisekretären ausgeübt wurde, werden in dieser Quelle die jeweiligen Vorsitzenden des Exekutivkomitees der sowjetischen Verwaltungseinheit »oblast« (Landkreis) als »Gouverneure« bezeichnet – eine Institution, die in Rußland erst nach 1991 wieder eingeführt wurde. Hinter dieser terminologischen Vereinfachung steckt die Absicht einiger sachalinensischer Historiker, eine minimale Kontinuität zwischen dem ersten Inselkommandanten General Andrej Gintze und dem jetzigen Gouverneur Igor Farchutdinow herzustellen.

Gromow, Alexandr – Juli 1937 bis April 1938, verhaftet, Ende 1939 freigelassen,
Klejew, Nikolaj – Juni 1939 bis Januar 1940, wegen Krankheit abgedankt.

Zusammenfassend: In fünfzehn Jahren gaben sich auf Sachalin vierzehn Vorsteher der Verwaltung – ausnahmslos Parteimitglieder – die Klinke in die Hand. Über Abberufung und Ernennung wurde außerhalb der Insel entschieden. Das ihnen beschiedene tragische Los ereilte die meisten ebenfalls nicht auf der Insel. Das Gemeinsame an jeder Wachablösung war, daß die Initiative immer von der Partei ausging, deren Landkreissekretären es ebenfalls nur selten vergönnt war, im eigenen Bett zu sterben. Über dem Werdegang der politischen Führungsschicht Sachalins schwebte das »Schwert der proletarischen Diktatur«, wie sich die verschiedenen Terrororgane der Partei jeweils nannten.

Bis zum Ende der zwanziger Jahre hingen die Ablösungen einerseits mit dem Unvermögen der Funktionäre zusammen, die enormen Probleme zu meistern. Andererseits brachen bereits in den ersten Tagen nach Ankunft der Russen auf Nordsachalin Fraktionskämpfe in den höchsten Gremien aus. Zuerst befehdete Wladimir Aboltin, der als Vertreter des Kommissariats für Auswärtige Angelegenheiten die Verhandlungen mit den Japanern leitete, den Vorsitzenden des Revolutionskomitees Schischljanikow. Diese Rivalität hatte einen menschlich nachvollziehbaren Hintergrund: Aboltin war der einzige von den 29 Delegierten des Festlands, der über ein Hochschuldiplom verfügte und gleichzeitig keine seiner Befähigung und seinem Ehrgeiz entsprechende Verwendung fand. Nach dem salomonischen Urteil der höheren Parteiinstanzen wurden beide abberufen, aber die Intrigen hörten nicht auf. Die verschiedenen kleinen Grüppchen sammelten mit Hilfe der hier als Grenztruppen stationierten Sicherheitspolizei kompromittierende Materialien gegeneinander oder schrieben Denunziationen an die Vorgesetzten auf dem Festland.

In den Schlammschlachten der zwanziger Jahre verpackte man zunächst gegenseitige Anschuldigungen in Formeln wie »Rechtsabweichung«, »Linksradikalismus« oder »Opportunismus«. Als höchste Parteisünde galt, wenn jemand in das »Schlepptau des Kleinbürgertums« geraten war oder die internen Diskussionen der Genossen den parteilosen Massen ausplauderte. Diese Konflikte waren jedoch bis Ende der zwanziger Jahre nicht lebensgefährlich, und die führenden Kommunisten konnten sich in relativer Sicherheit wiegen.

Manchmal lösten die Willkürakte der Behörden unerwarteten Widerstand aus – so in Ocha, der nördlichsten Siedlung der Insel, deren Bevölkerung aufgrund der schlechten Ernährung mehrheitlich an Skorbut erkrankt war. Hier ließ im April 1930 das Parteikomitee zwei Handelsbeauftragte wegen »Amtsmißbrauchs« verhaften und ohne Gericht zum Tode verurteilen. Daraufhin unterschrieben 200 »Arbeiter und Hausfrauen« ein Protesttelegramm an die Oberste Staatsanwaltschaft in Moskau. Obwohl das Parteikomitee die Depesche abfing, die Unterzeichner polizeilich schikanierte und aus der Partei ausschloß, wagte es nicht, die zwei Delinquenten erschießen zu lassen.

Anders erging es den kleinen Parteimitgliedern und erst recht den »Massen«. Hier waren die Sitten roher; gleich nach der Einrichtung der Sowjetmacht wurden zum Beispiel sämtliche Kirchengebäude auf Sachalin im Rahmen einer antireligiösen Kampagne konfisziert.[41] Unzufriedene Bauern, Fischer oder Jäger konnten als »Kulak«, Beamte und Intellektuelle als »Konterrevolutionäre« und »japanische Agen-

41 Die von polnischen Katorschniki gebaute katholische Kirche von Alexandrowsk beherbergte jahrzehntelang das Stadtkino »Leuchtturm«, bis dieses in den neunziger Jahren der Video-Konkurrenz unterlag. Die orthodoxe Kirche Pokrowskoje diente eine Zeitlang als Gefängnis, wurde später zerstört und am Ende der neunziger Jahre wiederhergestellt.

ten« angeklagt werden. Der Historiker Wyssokow bemerkt dazu: »So oder so konnte man die überwältigende Mehrheit der Landkreisbevölkerung der Konterrevolution bezichtigen, weil diese die japanische Okkupation überlebt hatte und dadurch das Leben unter den Besatzern und unter der Sowjetmacht vergleichen konnte.«

Offensichtlich war das Ziel der ersten großen Terrorkampagne, welche parallel zu einer massenhaften Ansiedlungswelle verlief, diese Elemente in der Bevölkerung loszuwerden. Der Operative Vorgang »Inselbewohner« leitete Anfang 1933 den ersten Massenprozeß auf Nordsachalin ein, in dessen Vorfeld 115 Leute verhaftet wurden. Die Mehrheit der als »Spione« und »Aufständische« Angeklagten, unter ihnen Niwchen, Oroken und Jakuten, waren halbe oder vollständige Analphabeten. Elf von ihnen wurden erschossen, 56 zu Lagerhaft verurteilt und vierzehn in die Verbannung geschickt. Gleichzeitig startete man neue Schauprozesse in den Bergwerken, Erdöl- und Fischereibetrieben – sie lauteten auf »Sabotage« und »Schädlingsarbeit«. Ziel war unter anderem, den Angeklagten die Verantwortung für Mißstände in der Produktion und bei der Versorgung zuzuschieben. Später ersparten sich die Behörden die Mühen der formalen Gerichtsverhandlung. »Sonderkollegien« oder »Trojkas« entschieden über Leben und Tod. Auf der höchsten Ebene bestanden diese aus dem jeweiligen Parteichef, dem Vorsitzenden des Landkreissowjets – also einem der oben aufgeführten späteren Opfer – und als Drittem im Bunde dem Chef der Geheimpolizei, dem Brigadekommandeur Wladimir Drekow[42], nach dem das ganze blutige Bacchanal in der Literatur als »Drekowschina« bezeichnet wird – eine sachalinensische Version der »Jeschowschina«, die

42 Das von der Moskauer Gesellschaft »Memorial« veröffentlichte Handbuch »Wer leitete das NKWD (= Volkskommissariat der Inneren Angelegenheiten) 1934–1941?« enthält auch den Lebenslauf Drekows. Der 1897 geborene Weißrusse war im September 1917 der KP beigetreten, nach sechs Schulklassen arbeitete er bei der Eisenbahn, ab 1919 in der Roten Armee, 1922 bei der Geheimpolizei als Grenzoffizier. 1930 wurde er als Kommandeur der Grenz-

nach dem Moskauer Geheimdienstchef Nikolaj Jeschow benannte grandiose Terrorwelle (1934–1939) auf dem Festland.

Die Zahl der vor Gerichten und sogenannten Trojkas (aus drei Mitgliedern bestehenden Revolutionstribunalen, deren durchschnittliche Prozeßdauer eine halbe Stunde ausmachte) angeklagten Opfer erreichte 5000, also fünf Prozent der damaligen Bevölkerung, von denen 2246 hingerichtet[43] wurden. Die Massenerschießungen fanden in der Nähe der Siedlung Werchnyj Armudan (Kreis Alexandrowsk) statt.

Lange vor dem Großen Terror und zum ersten Mal in der sowjetischen Geschichte wurde auf Nordsachalin Kollektivklage gegen eine ganze Volksgruppe erhoben. Der Parteisekretär von Nordsachalin, Schwalbe, meldete im Januar 1929 an das Provinzkomitee in Chabarowsk: »Die Koreaner bilden ein japanfreundliches Element und geben deshalb am schnellsten dem japanischen Einfluß nach. Davon ausgehend wird vom Landkreiskomitee in aller Schärfe die Frage gestellt, ob es notwendig ist, die Ansiedlung der Koreaner im Landkreis zu verbieten.«

Mit solchen Pauschalanschuldigungen lag man nicht nur in Chabarowsk, sondern selbst in Moskau richtig. Bereits damals erwog der Kreml die Aussiedelung der sibirischen Koreaner »aus Erwägungen der Gegenspionage«. »In aller Schärfe« stellte man »die Frage«[44] im August 1937, als Stalin und Molotow in einer geheimen

schutztruppe Nr. 52 nach Nordsachalin geschickt. Nach acht Jahren fast uneingeschränkter Herrschaft wurde er im September 1938 verhaftet und unter anderem wegen »Spionage für Japan« erschossen.

43 Ihr Schicksal ist beispielhaft dokumentiert im »Buch des Gedächtnisses«, herausgegeben 1996 von der Verwaltung des Gouvernements Sachalin aufgrund jahrelanger Recherchen in Archiven der Partei und der Geheimpolizei.

44 Eine »Frage«, besonders eine »in aller Schärfe gestellte«, bedeutete im newspeak der Stalinzeit eine bereits fertige Entscheidung.

Instruktion die Umsiedlung aller Koreaner nach dem sowjetischen Mittelasien – Kasachstan, Usbekistan – anordneten. Dem Befehl wurde in Rekordzeit nachgekommen. Am 25. Oktober 1937 meldete der Volkskommissar Jeschow, 171 781 Koreaner seien in Mittelasien angekommen. Wie viele Menschenleben diese Massendeportation gekostet hatte, blieb in dem Erfolgsbericht unerwähnt. Selbst eine Recherche in diese Richtung begann erst 1991, nach der offiziellen »Entschuldigung« der russischen Föderation bei den Zwangsdeportierten.

Niwchen und Koreaner – die Opferlehre des Terrors

Als der Geheimdienstchef Wladimir Drekow 1939 bereits der »Spionage zugunsten Japans« bezichtigt worden war, womöglich des einzigen Verbrechens, das er nicht begangen hatte, warfen ihm die Ankläger unter anderem vor, er habe eine ähnliche Aussiedlung aller Niwchen von Nordsachalin geplant – was wiederum sehr wahrscheinlich klingt. Neben den Koreanern war das kleine Nomadenvolk beinahe automatisch zur Zielscheibe der Repressalien geworden. Vor allem waren sie der Maschinerie der Geheimpolizei geistig nicht gewachsen – so zum Beispiel der »Kulak namens Kujun« (der Vorname fehlt in den Akten), der 1932 aufgrund der Paragraphen 58/6[45] und 58/10[46] des sowjetischen Strafgesetzbuches erschossen wurde.

45 58/6: »Weitergabe, Entwendung zwecks Weitergabe oder Sammlung von Informationen, welche nach ihrem Inhalt ein speziell gehütetes Staatsgeheimnis bilden, für ausländische Staaten, konterrevolutionäre Organisationen oder Privatpersonen...«

46 58/10: »Propaganda oder Agitation, die eine Aufforderung zum Sturz, zur Untergrabung oder Schwächung der Sowjetmacht enthält...«

Der damals 55 Jahre alte »Kulak« Wassilij Kujun (den Vornamen fand ich in der Sammlung »Buch des Gedächtnisses«) besaß in der Siedlung Tschaiwo, Kreis Nogliki, an der Ostküste ein Haus, ein Pferd, zwei Hundeschlitten (also etwa 20 Hunde), fünf Rentiere, einen Kahn, zwei Fischernetze von je 25 Metern Länge. Er war parteilos und schreibunkundig – statt Unterschrift zeichnete er das Protokoll mit einem Tintenfingerabdruck.

Kujun arbeitete vor dem Krieg bei dem deutschen Ingenieur Kleye, ab 1921 diente er als Fuhrmann bei einer japanischen Konzessionsfirma. Für die lokalen Verhältnisse gehörte er zu den Wohlhabenden und beschäftigte bei der Heuernte koreanische Saisonarbeiter. Laut Anklageschrift hatte er sich über das sowjetische System folgendermaßen geäußert:

»Die russische Macht ist sehr schlecht, läßt einen überhaupt nicht arbeiten, wenn jemand viel Geld hat, den hält man für einen sehr schlechten Menschen. Was für ein Gesetz ist das, was das Geld überhaupt nicht mag ... In den Kolchos lohnt es sich nicht zu gehen, da wird einer zur Arbeit gezwungen und nicht bezahlt, mit Lebensmitteln nicht versorgt, die Pelzausbeute muß man sowohl im Winter als auch im Sommer an die Sowjetmacht abgeben ... Die Niwchen kriegen nie Produkte der ersten Qualität, sie können das gar nicht essen. Vielmehr müssen sie ihre Ration den Pferden und den Hunden überlassen, während sie selbst hungrig bleiben. Bei den Japanern schmecken die Lebensmittel gut ...«[47]

Selbst durch die offensichtlich geglätteten Sätze des Protokolls sickert die Redeweise des Niwchen durch und erinnert an einen tieferen Konflikt zwischen den Nomaden und der »russischen Macht«. Die Niwchen erlebten alles, was ihnen seit dem Erscheinen der ersten russischen Expedition auf der Insel passiert war, als Un-

47 Kujun wurde am 24. Oktober 1934 erschossen. Seine Frau Uljana wurde von der »Trojka« in September 1937 zu zehn Jahren Freiheitsentzug verurteilt. Sie starb im Lager, zu einer Rehabilitierung kam es erst 1989.

terwerfung und Zerstörung ihrer Lebensbedingungen. Den Vorschlag des ihnen vertrauten Katorschniks Sternberg, Kartoffeln anzubauen, schlugen sie höflich aus und sträubten sich gegen die Verbreitung der Schriftkunde durch die Kommissare.[48] Sie wollten von den Geschenken der modernen Zivilisation nur das haben, was ihre angestammte Lebensweise erleichtern konnte.

Idealistische Kommunisten der zwanziger Jahre hatten noch Gespür für diese Empfindlichkeiten. So mahnte der einer lettischen Bauernfamilie entstammende Bolschewik Karl Luks den jungen Ethnologen und Linguisten Jeruchim (Jurij) Krejnowitsch, der 1926 ein Jahr lang bei den Niwchen arbeitete und sie von der Wichtigkeit des Schulunterrichts überzeugen wollte: »Alle Wörter, welche mit ›-logie‹ oder ›-graphie‹ enden, sind eng verbunden mit einem Prozeß oder einer Handlung, nennen Sie es, wie Sie wollen, die einen Unterschied zwischen dem Subjekt und Objekt machen. ›Er‹ (der Gelehrte, der Forscher) und ›sie‹ (die zu erforschenden, zu bevormundenden, die man bestenfalls liebt, mit denen man Mitleid hat). Wir wollen aber diesen Unterschied zwischen Subjekt und Objekt aufheben. (...) Unsere sowjetische Arbeit mit den Ureinwohnern verstehe ich so, daß wir, die die Partei zu dieser Arbeit erkoren hat, selbst zu Ureinwohnern werden müssen (...) Die Objekte unserer Studien müssen sich zu Subjekten verwandeln.«

---

48 Widerstände gab es bereits vor der Revolution, und zwar auch von russischer Seite. In einer vom Generalgouverneur Grigorjew als Herausgeber gezeichneten Artikelsammlung (1913) hieß es: »Zwar könnte die Zulassung der Kinder der Giljaken (Niwchen) an die Schule auf diese eine wohltuende Wirkung ausüben, dennoch erlaubt der spezifische Geruch dieser Kinder kaum eine Zusammenlegung mit den Kindern der russischen Bauern.« Der naive Rassismus hindert den Autor offenbar, darüber nachzudenken, ob nicht die nach Walfett riechenden Niwchenkinder ihrerseits den Gestank nach Wodka und ungewaschenen Kleidern bei ihren russischen Mitschülern unangenehm wahrnahmen.

Wenn man von der linkshegelianischen Ausdrucksweise absieht, meinte Luks nichts anderes als das, was Herder in seinen »Briefen zur Beförderung der Humanität« zum Prinzip erhoben hatte: »Die beste Kultur eines Volkes ist nicht schnell; sie läßt sich durch eine fremde Sprache nicht erzwingen, am schönsten, und ich möchte sagen, einzig, gedeiht sie auf dem eigenen Boden der Nation, in ihrer ererbten und sich forterbenden Mundart. Mit der Sprache erbeutet man das Herz des Volks ...«

Wir müssen nur den Bedeutungsbereich des Herderschen Wortes »Sprache als Hort der Tradition« ausdehnen und die von Luks apostrophierten Endungen um solche wie »-ismus« ergänzen, um die verhängnisvollen Auswirkungen der sowjetischen »Entwicklungshilfe« zu begreifen. Zuerst schwand bei den Funktionären jedes Interesse an den tatsächlichen Bedürfnissen der Niwchen und anderer kleiner Volksgruppen[49], und später mußten diese über einige Schulen und Kulturhäuser als Potemkinsche Dörfer die »richtige Nationalitätenpolitik« der UdSSR rechtfertigen.

Für die zaristischen Bürokraten war es eine unangenehme Aufgabe, Koreaner statistisch zu erfassen. Mit Familiennamen hießen sie

49 So hat man 1937 das von Sternberg gegründete Leningrader Forschungsinstitut der Völker des Nordens aufgelöst und viele seiner Mitarbeiter in Lager verschleppt. Jeruchim Krejnowitsch wurde erst 1937 und dann 1949 verurteilt und lernte die Grausamkeiten von Kolyma kennen. Ähnlich wie Bronislaw Piłsudski verliebte auch er sich in den Gegenstand seiner Forschungen. Eine seiner Schülerinnen, die Niwchin Galina Otaina, beschreibt, wie der Ethnologe bald nach seiner Freilassung in Leningrad an der Universität die Niwchen suchte, um sich mit ihnen in ihrer Muttersprache zu verständigen. Als diese nur Russisch konnten, war er empört: »Was seid ihr eigentlich? Russen oder Niwchen?« Otaina schildert auch eine andere Szene: »Auf den Straßen von Leningrad wechselten wir beim Spaziergang Niwchsche Phrasen und lösten damit Neugier bei den Passanten aus: Sie sahen einen alten Mann mit offensichtlich jüdischem Aussehen und eine Asiatin, die miteinander in einer exotischen Sprache plauderten.«

meistens Kim, Li oder Pak – sie waren mehr als leicht zu verwechseln. Vor-, Kose- und Nebennamen erhielten sie reichlich in ihrer Kindheit, an der Schwelle zum Erwachsenwerden, vor der Hochzeit und bei religiösen Familien selbst nach dem Tod, damit sie im Jenseits angesprochen werden konnten. Um den russischen Beamten die Sache zu erleichtern, wählten viele von ihnen neben den koreanischen gleich auch noch russische Vor- und Vaternamen. Beispielsweise heißt der heutige Mitarbeiter für koreanische Angelegenheiten im Bürgermeisteramt von Juschno-Sachalinsk gleichzeitig Li Guk Din und Li Gennadij Dmitrijewitsch, während der Philosoph und Ökonom Bok Si Kou von den Russen als »Michail Iwanowitsch« angesprochen wird.

Noch mehr Kopfzerbrechen verursachten die Koreaner durch ihre unterschiedlichen Staatsbürgerschaften. Grundsätzlich galten sie nach der Okkupation der koreanischen Halbinsel (1910) als japanische Staatsbürger. Diejenigen, die sich nicht nach dieser Gnade sehnten und nach Sibirien flohen, erhielten teilweise die russische Staatsangehörigkeit. Ein dritter Teil war staatenlos geworden und lebte in der Sowjetunion mit sowjetischem Flüchtlingspaß – sie durften ihren Wohnort nur mit Sondergenehmigung verlassen. Auf Sachalin gelangten sie zu Beginn des Jahrhunderts entweder als Arbeiter oder durch Eheschließungen mit Japanern. Nach 1925 blieben ungefähr 470 von ihnen im Norden, wegen ihrer japanisch-russischen Sprachkenntnisse von den Konzessionsfirmen gerne beschäftigt und gut bezahlt. Einer von ihnen, der Fischer Tsoi Schen Hi (Zoj, Nikolaj Iwanowitsch) durfte 1934 sogar nach Moskau reisen, um eine Krankheit zu kurieren. Nach seiner Rückkehr schrieb er folgenden Brief an seinen Bruder in Korea:

»Lieber Bruder, in diesem Sommer bin ich nach Moskau gefahren, um dort meine Krankheit behandeln zu lassen, von dort kehrte ich nach fünf Monaten nach Wladiwostok zurück, wo ich erfuhr, daß ihr soeben aus Wladiwostok nach Korea in die Stadt Ungo ausgereist seid. Also aus Gerüchten erfuhr ich, daß Ihr Euch bei

Eurem Aufenthalt in Wladiwostok Sorgen gemacht habt, ob ich nicht gestorben bin. Ich bin aber unlängst von Wladiwostok nach Sachalin zurückgekommen. Ich schreibe bald wieder.«

Aus dem Zusammenhang läßt sich erahnen, daß dieser sehr vorsichtig formulierte Brief vom gescheiterten Versuch einer Begegnung handelt. Tsoi wollte seine Moskauer Reise dazu nutzen, auf dem Rückweg in Wladiwostok seinen Bruder zu treffen, den die sowjetischen Behörden offensichtlich zusammen mit seiner Familie als Staatenlosen nach Korea ausgewiesen hatten. Dieser Brief wurde von der Geheimpolizei abgefangen und drei Jahre später als corpus delicti gegen den Schreiber verwendet.

Die vorhandenen Verhörprotokolle zeigen, daß Tsoi anfänglich alles leugnete, sogar die Tatsache, daß Verwandte von ihm in Korea lebten. Später gab er zu, seinem Bruder, der ein Resident des japanischen Militärgeheimdienstes gewesen sein sollte, regelmäßig Informationen über Sachalin zugespielt zu haben. In den Akten fehlte jeder gegenständliche Beweis einer Spionagetätigkeit sowie Zeugenaussagen, welche diese Beschuldigung bestätigt hätten. Nach der damaligen sowjetischen Rechtsauffassung reichte das Geständnis des Angeklagten allein als Schuldbeweis aus. Eine Instruktion von Stalin aus dem Jahre 1937 erlaubte den Verhörern die »körperliche Einwirkung« auf die verdächtigen Personen.[50]

Ich habe nur zwei Beispiele vom Großen Terror auf der kleinen Insel geschildert, die man ohne weiteres als stellvertretend für Tausende von ähnlichen Fällen betrachten kann. Wenn jemand nach tieferen Gründen für den Zusammenbruch des sowjetischen Systems sucht, kann er nicht umhin, die verheerenden Auswirkungen

50 Was die Effektivität der Folter anbelangt, so rühmte sich der Stellvertretende Volkskommissar für Inneres, Leonid Sakowskij, er könne selbst aus Marx das Eingeständnis herauspressen, er sei Bismarcks Agent gewesen. Im April 1938 wurde er verhaftet, im August von der Trojka unter anderem wegen »Spionage« zum Tode verurteilt und am selben Tag erschossen. Hoffentlich hat man ihn nicht nach seinen Kontakten zu Bismarck gefragt.

der aufeinanderfolgenden Wellen von Repressalien in Betracht zu ziehen. Trotz der enormen Energien, die später in Produktion, Verteidigung und Kultur des Landes investiert wurden und die zweifelsohne eindrucksvolle Leistungen mit sich gebracht haben, fehlte dem Riesenreich bis zu seinem Ende zwischen der dünnen Schicht der Führenden und den Abermillionen von Geführten eine freie, selbstbewußte, kritisch denkende und agierende Gesellschaft.

Nordsachalins Atemnot

1929 besuchte eine hohe Moskauer Kommission den Norden von Sachalin. Die Genossen, die das Leben auf der Insel nur aus geschönten Berichten kannten, waren entsetzt. Auf einer Sitzung machte der Delegationsleiter Schotman kein Hehl aus seiner Enttäuschung. Vor allem fand er den maroden Hafen und die aus alten, verrotteten Holzhäusern bestehende Stadt Alexandrowsk erbärmlich. Er hielt dem entgegen, daß im südlichen Teil der Insel, wo 200 000 Japaner lebten, Hunderte Kilometer von Eisenbahnlinien gebaut worden seien. Außerdem hätten die Japaner Häfen und Leuchttürme. »Wir haben nur einen in Alexandrowsk (gemeint war der am Kap Jonkheer, damals der einzige im Norden).[51] Und sonst nirgends. Und was für Straßen haben wir!« rief er empört aus. »Wir sind 72 Kilometer in drei Tagen gefahren und sind kaum lebend zurückgekommen.«

Er hatte einen wunden Punkt berührt. Denn die inzwischen errichteten zahlreichen Kolchosen, Bergwerke, Erdölbetriebe, Schulen und Kulturhäuser hatten eine gemeinsame Schwierigkeit – es gab so gut wie keine brauchbaren Verbindungswege. Selbst die von den Japanern gebaute Schmalspurbahn Alexandrowsk-Der-

51 Heute ist der Leuchtturm außer Betrieb.

binsk (70 Kilometer) befand sich seit dem Abzug der japanischen Truppen in einem Zustand des Verfalls. Zu Beginn der dreißiger Jahre nahm man den Verkehr an dem kurzen Abschnitt Arkowo-Werchni-Armudan wieder auf – allerdings mit der Pferdebahn.

Hätte Tschechow in den dreißiger Jahren diese Gegend besucht, so hätte er wenig Grund gehabt, seine Schilderung aus dem Jahre 1890 zu ändern: »Nischnij-Armudan: (...) Nur sechs Häuser sind mit Brettern gedeckt, die übrigen mit Rinde, und ebenso wie in Werchni-Armudan sind manche Fenster überhaupt nicht verglast oder fest zugenagelt. (...) Die hiesigen Einwohner sind ein liederlicher Haufen (...), der sich nicht aus freien Stücken zusammengefunden hat, sondern zufällig, wie nach einem Schiffbruch.« Oder: »Alle Hütten werden hier in der gleichen Art gebaut, zweifenstrig, aus schlechtem und feuchtem Holz, mit der einzigen Absicht, irgendwie die Strafkolonistenzeit abzubüßen, um dann aufs Festland zu fahren.«

An Plänen mangelte es nie. Mal wollte man die »industrialisierte« Westküste mit der landwirtschaftlichen Ostküste, mal die Hauptstadt mit dem Erdölzentrum (560 Kilometer entlang der Ostküste) verbinden. All diese Projekte scheiterten an schlechter Finanzierung und schwacher Organisation. Paradoxerweise hing das ausgerechnet damit zusammen, daß diese Projekte klein und bescheiden waren – der sowjetische Zeitgeist bevorzugte monumentale Einrichtungen wie den Wolga-Don-Kanal oder die Moskauer Metro.

Lukrativer erschien der Zentrale daher das Projekt eines Brükken- oder Tunnelbaus in der Tatarischen Meerenge zwischen Kap Pogibi und Lasarew, wo die Entfernung zwischen der Insel und dem Festland mit sieben Kilometern am kürzesten war. Der Historiker Alexandr Kostanow erinnert in seiner Geschichte der sachalinensischen Eisenbahn daran, daß bereits 1915 ein Navigationsoffizier namens Ostaschewskij bei dem damaligen Generalgouverneur des

Amurgebietes, Gondatti, ein solches Projekt eingereicht hatte. Es handelte sich dabei um einen Damm, der außer der Beendigung von Sachalins Isolierung noch andere Vorteile haben sollte: Man konnte das Wasser auf sieben Kilometer Länge vertiefen, dadurch auch schiffbar machen. Diese Lösung wäre von strategischer Bedeutung gewesen. Allerdings hätten dazu zwei Eisenbahnlinien ausgebaut werden müssen: auf der Insel zwischen Alexandrowsk und Kap Pogibi (180 Kilometer), auf dem Festland zwischen Lasarew und Nikolajewsk am Amur (160 Kilometer), und zu dem Deich gehörten außer den Schienen auch kostspielige technische Einrichtungen wie Schleusen. Vielleicht deshalb erledigte der Generalgouverneur den Antrag mit drei kurzen Worten am Blattrand: »Ohne Folgen lassen«.

Obwohl das Großprojekt »Sachalinensische Eisenbahn« bereits 1930 von der Moskauer Regierung verabschiedet worden war und der Bau alsbald beginnen sollte, schrumpfte das vorgesehene Budget von 23 Millionen Rubeln bei jedem praktischen Schritt. Mittlerweile ging es ohnehin nur noch um den Plan, einen großen Hafen in Alexandrowsk und einen in Moskalwo (in der Nähe der nördlichsten Siedlung Ocha) zu bauen sowie eine Eisenbahnlinie zwischen diesen beiden geographischen Punkten (560 Kilometer). In der Nähe von Alexandrowsk standen schon die Baracken für 500 Arbeiter bereit, als die Finanzierung vollends ins Stocken geriet. Schließlich entstand nichts weiter als eine Breitspur-Bahnlinie zwischen Ocha und Moskalwo. Sie war nur 41 Kilometer lang, führte aber zum Meer und war damit für den Erdöltransport unentbehrlich.

Ebensowenig Glück hatte Nordsachalin mit dem einfachen Straßenbau. Die einzige Autobahn, die diesen Namen einigermaßen verdiente, führte von Alexandrowsk nach Tymowsk (Derbinsk), parallel zur Linie der bereits erwähnten, von den Japanern gebauten und inzwischen von Unkraut bewachsenen Schmalspurbahn, und war 57 Kilometer lang. Sie war 1936 dem Volkskommissariat für

Inneres (NKWD) in Auftrag gegeben und folglich von politischen Gefangenen gebaut worden – die Katorga läßt grüßen.

Außerdem sollten von Tymowsk aus zwei Straßen in Angriff genommen werden: Eine in den Norden nach Nogliki (145 Kilometer) und eine in den Süden, bis zur damaligen sowjetisch-japanischen Staatsgrenze (121 Kilometer). Obwohl besonders der letzteren große strategische Bedeutung beigemessen wurde, überdauerten die Bauarbeiten selbst noch den Krieg, und mit der Verwirklichung des Projekts »Transsachalinensische Eisenbahn« mußte man bis zum Beginn der siebziger Jahre warten. Die neue Bahn machte einen großen Bogen um die Stadt Alexandrowsk, die ja zu dieser Zeit schon lange keine Hauptstadt mehr war.

Subtile Diplomatie

April 1941: Der japanische Außenminister Matsuoka hatte in Berlin Gespräche geführt und legte auf dem Weg nach Tokio in Moskau einen Zwischenstopp ein. Niemand erwartete sich von diesem Aufenthalt mehr als einen Austausch von Höflichkeiten. Die Verhandlungen zwischen der Sowjetunion und Japan waren schon vor Jahren an einem toten Punkt angekommen. Moskaus Forderung, Japan solle als Gegenleistung für einen dauerhaften Frieden auf die Erdöl- und Kohlekonzessionen im Norden verzichten und den südlichen Teil Sachalins räumen, war für Tokio nicht akzeptabel und wahrscheinlich von den Sowjets nicht wirklich ernst gemeint.

Kurz vor seiner Abreise am 14. April wurde jedoch der japanische Außenminister in den Kreml bestellt, wo man ihm mitteilte, die sowjetische Regierung sei bereit, ohne Gegenleistung einen Freundschafts- und Neutralitätspakt zu unterzeichnen. Die Japaner zeigten sogleich Entgegenkommen und waren sogar bereit, die Konzessionen aufzugeben, da die betreffenden Firmen durch die ständigen Verhaftungen unter den russischen Arbeitern ohnehin weitgehend lahmgelegt waren. Um ein Uhr nachmittags war der Vertrag unter Dach und Fach. Danach, so berichtete der ungarische Gesandte József Kristóffy seiner Regierung, »kam es unter Stalins Beteiligung nach russischer Gewohnheit zu Trinksprüchen, die reichlich und freundlich gewesen sein mußten, denn die Abfahrt des Transsibirien-Express wurde um eine Stunde verschoben. Die Sensation bei der Abreise von Außenminister Matsuoka bestand jedoch darin, daß zu seiner Verabschiedung am Moskauer Nordbahnhof in Molotows Begleitung auch Stalin erschien. Der sowjetische Diktator kam, begleitet von seinen Leibwächtern, unerwartet und unbemerkt und traf auf dem Bahnsteig auf die Gruppe der zum Abschied erschienen Diplomaten und Militärattachés. (...) Es hatte noch nie einen ähnlichen Fall gegeben.«

Stalin grüßte zuerst Matsuoka, dann ging er sofort auf den deutschen Gesandten Graf von Schulenburg zu, dem offensichtlich das ganze Schauspiel galt, umarmte ihn und sagte so, daß alle Anwesenden es hören konnten: »Wir müssen Freunde bleiben!« Dasselbe wiederholte er gegenüber dem deutschen Militärattaché, Oberst Krebs. Der ungarische Augenzeuge fügt hinzu: »Diese direkte Haltung seitens des sowjetischen Diktators ist mit den reichlichen und langen Trinksprüchen zu erklären, deren Auswirkungen der ganzen Kompanie sichtbar waren.«

Trotzdem verschweigt er nicht seine Bedenken angesichts des zustande gekommenen Vertrags: »Obwohl Deutschland und die Sowjetunion einen Freundschaftsvertrag miteinander geschlossen haben, ist jedoch praktisch leicht vorstellbar, daß Deutschland einmal gezwungen wird, die Sowjetunion anzugreifen.« In diesem Fall, meinte Kristóffy, würde der neue Moskauer Neutralitätspakt mit dem Dreierpakt (Deutschland, Italien, Japan) vom September 1940 in Widerspruch kommen.

Noch jemand stand verunsichert auf jenem Bahngleis: der amerikanische Gesandte Laurence Steinhardt. Am Vortag hatte er Matsuoka zu einem Frühstück eingeladen, um zu erfahren, ob in Berlin Gespräche über einen möglichen japanischen Angriff gegen die USA geführt worden seien. Darauf hatte der japanische Diplomat mit einem eindeutigen Nein geantwortet. Dies war nicht einmal eine direkte Lüge: Das Kaiserreich stellte mit dem Neutralitätspakt auch seinen deutschen Verbündeten vor ein fait accomplit, und damit verfolgte es ein einziges Ziel: Sich an Hitlers bevorstehendem Krieg gegen Rußland nicht zu beteiligen, sondern alle intakten militärischen Kräfte auf einen anderen Kriegsschauplatz – Pearl Harbour – zu konzentrieren.

So blieb Nordsachalin ein japanischer Angriff im Juni 1941 erspart.

Die Rückkehr des Südens

Am 15. Dezember 1944 erstattete der US-Botschafter in Moskau, Averell Harriman, dem Präsidenten Roosevelt Bericht: »In meinem Gespräch mit J. Stalin gestern abend sagte ich ihm, daß Sie wissen wollen, welche Fragen (...) im Zusammenhang mit Rußlands Eintritt in den Krieg gegen Japan zu klären wären. Daraufhin ging J. Stalin in das Nachbarzimmer und brachte von dort eine geographische Karte mit. Er erklärte, daß die Kurileninseln und Südsachalin der Sowjetunion zurückgegeben werden sollen.«

Im Grunde war diese Entscheidung bereits auf der Kairoer Konferenz vom 1. Dezember 1943 gefallen. In der gemeinsamen Erklärung der USA, Chinas und Großbritanniens, die unter anderem die Rückgabe der Mandschurei und Formosa (Taiwan) an China sowie die Wiederherstellung der Souveränität Koreas forderte, sprach man von der »Vertreibung Japans aus allen anderen Gebieten, welche dieses durch Gewalt oder im Ergebnis seiner Habgier erobert hat.« Südsachalin und die Kurilen blieben in diesem Dokument unerwähnt, da die Sowjetunion an den Freundschafts- und Neutralitätspakt mit Japan gebunden war. Ebenso wurde die entsprechende Passage des Jalta-Abkommens, nach der die Sowjets zwei bis drei Monate nach der deutschen Kapitulation bereit sein würden, Japan den Krieg zu erklären und im Ergebnis »den südlichen Teil der Insel Sachalin sowie die benachbarte Insel« zurückerhalten sollten, vorerst geheimgehalten.

Am 9. August, dem Tag des Abwurfs der Atombombe auf Nagasaki, erklärte die Sowjetunion Japan den Krieg, und zwei Tage später begann sie mit Kriegshandlungen. Obwohl dieser Schritt direkt aus der Verpflichtung gegenüber den Alliierten bzw. den Vereinten Nationen resultierte, wurde er von der Moskauer Regierung mit der Absicht begründet, »ureigene russische Gebiete«, nämlich Südsachalin und die Kurileninseln, an das Staatsgebiet der Sowjetunion anzuschließen. Damit wurde im Siegesrausch nicht nur der räuberische Frieden von Portsmouth (1905), sondern auch das friedliche Abkommen von St. Petersburg (1875), das Sachalin Rußland und die Kurilen Japan zugesprochen hatte, über Bord geworfen, was bis heute eine vollständige Regelung der russisch-japanischen Beziehungen erschwert.

Die Vertreibung Japans galt als »Befreiungskrieg«, und der 2. September 1945, der Tag der japanischen Kapitulation, wird auf Sachalin bis heute als Tag der Befreiung gefeiert.

Einigen Quellen zufolge vermochte der schreckliche nukleare Einsatz, der eigentlich als Warnung für Stalin gemeint war, die Kampfesmoral der japanischen Armee nicht sofort zu brechen. Das beinahe intakte Millionenheer in der Mandschurei kämpfte weiter, und auch die Militärkräfte im Raum des Stillen Ozeans blieben aktiv. Manche Einheiten leisteten selbst nach dem 15. August, dem Tag der Veröffentlichung des kaiserlichen Befehls zur Kapitulation, noch Widerstand – entweder weil der Befehl sie nicht erreicht hatte oder weil sie ihm keinen Glauben schenkten und sich im Sinne des Samuraiethos nicht geschlagen geben wollten.

Zumindest die militärischen Behörden des Gouvernements Karafuto verhielten sich nicht besonders fanatisch. Aufgrund der heißen Grenze am 50. Breitengrad waren sie über die sowjetischen Kriegsvorbereitungen genau im Bilde. Bis September 1945 evakuierten sie fast 100 000 japanische Einwohner mit ihrem gesamten mobilen Besitz auf die Insel Hokkaido und zogen den größten Teil der Geldreserve aus den Banken von Südsachalin ab. Während des Rückzugs zerstörten sie Fabriken, verschütteten Bergwerke und sprengten zahlreiche Brücken in die Luft. Über die Kräfteverhältnisse hatten sie keinerlei Illusionen – bei den Maschinengewehren war das Verhältnis 1:4, bei den Kanonen 1:10 zugunsten der Roten Armee. Außerdem verfügten die Verteidiger weder über Panzer noch über Flugzeuge. Die 2. Fernöstliche Front mit dem Armeegeneral Purkajew an der Spitze nahm am 18. August die Hafenstadt Maoka (Cholmsk) und am 25. August die Hauptstadt Toyohara (Juschno-Sachalinsk) ein.

Aufgrund der großen zeitlichen Distanz geben russische Historiker inzwischen unrühmliche Geschehnisse zu, die jahrzehntelang verschwiegen werden mußten. »Den sowjetischen Truppen«, behauptet zum Beispiel Anatolij Kusin, »wurde nicht hinreichend erklärt, daß sie kein japanisches Territorium, sondern ureigenes russisches Land betreten hatten. Dies führte zur sinnlosen Zerstörung von Betrieben, kulturellen Einrichtungen und Kirchen, zur Plünderung von Waren und materiellen Werten. Ein Teil der sowjetischen Soldaten und Kommandeure erlaubte Ausschreitungen, Raub und Vandalismus gegenüber der japanischen Bevölkerung der Insel.« Diese Art von Entschuldigung enthielten bereits die Geheimberichte der militärischen und zivilen Führung an die Moskauer Zentrale unmittelbar nach Abschluß der Kampfhandlungen. Indirekt beweisen sie, daß Zerstörung, Raub und Terror gegen die Zivilbevölkerung, nicht zuletzt die massenhafte Vergewaltigung von Frauen in nicht »ureigen russischen« Gebieten in den Augen der sowjetischen Führung als Kavaliersdelikt galten. Außerdem fanden die Rotarmisten in den Depots insgesamt 20 000 Hektoliter Sake vor, und auch dieses Getränk verbesserte nicht direkt die Disziplin.

Da die japanische Bevölkerung aus Zeitungen und Radio recht genau wußte, was sie von den Besatzern zu erwarten hatte, flüchteten 70 000 Menschen vor den heranrückenden Sowjetsoldaten nach Toyohara und warteten auf die rettenden Schiffe, die sie via Maoka (Cholmsk) zur Insel Hokkaido bringen würden; 60 000 weitere hatten ihre Zelte in der Taiga aufgeschlagen. Jede Produktion kam völlig zum Stillstand. Vor allem aber blieb die Ernte aus, es drohte eine Hungersnot, und die kleinen Holzhäuser von Toyohara, Maoka, Otomari (Korsakowsk) und anderen Orten waren vor Bränden und Brandstiftung so gut wie ungeschützt. Angesichts der heftigen Winde auf der Insel bedrohte jedes brennende Holzhaus die ganze Siedlung. Deshalb war es üblich, daß die Feuerwehr noch vor Beginn der Löscharbeiten die Nachbarhäuser zerstörte.

Der soeben errungene Sieg der Sowjetunion schien in völligem Chaos unterzugehen. Inzwischen war der sowjetischen Führung aufgefallen, daß ihr mit Südsachalin ein außergewöhnlicher Reichtum in den Schoß gefallen war – jene urbane Infrastruktur sowie das Kommunikationsnetz, das sie im Norden zwanzig Jahre lang vergeblich aufzubauen versucht hatte. Insgesamt 735 Betriebe, darunter 9 Papierfabriken, 26 Elektrizitätswerke, allein in Toyohara 8000 Telefonleitungen, 3 Häfen und 760 Kilometer Eisenbahnlinien mit einem hochmodernen japanischen Waggonpark waren darunter. Diese Reichtümer konnten nur über ein effektives Okkupationssystem gerettet werden. So entstand, spät, aber nicht zu spät, am 24. September 1945 auf höchsten Befehl die zivile Verwaltung des ehemaligen japanischen Gouvernements Karafuto mit Oberst Dmitrij Krjukow an der Spitze.

Die Ära Krjukow

Neben fanatischen Kommissaren und betonköpfigen Ideologen setzte sich im sowjetischen Apparat manchmal auch das bäuerliche Element durch. Seine Vertreter, durch die künstliche soziale Mobilität als »Wydwischentzy« (= nach oben Beförderte) in führende Positionen gehoben, litten oft unter Bildungsmangel und Minderwertigkeitsgefühlen, zeichneten sich jedoch durch ein nüchternes, pragmatisches Weltbild aus. Die Fraktionskämpfe der Partei blieben ihnen fremd, sie konzentrierten sich mit Disziplin und Ausharren auf die erfolgreiche Erfüllung des jeweiligen Auftrags. Vor allem jedoch trennten sie sich nie ganz von dem Milieu, aus dem sie hervorgegangen waren.

Dmitrij Krjukow war immer der Meinung, seinen grandiosen Aufgaben wenig gewachsen zu sein. »Ich habe nur eine Dorfschule und einen Winter lang die Abendkurse eines Technikums absolviert«, schrieb er in seiner Autobiographie, »und dann habe ich sieben Jahre lang hartnäckig Gartenbau und Agrartechnik studiert.« Zur ganzen Wahrheit gehört die für seine Kaderakte nicht unbedingt günstige Tatsache, daß die Dorfschulen vor der Revolution zumeist kirchlich waren. Später arbeitete er in einer kleinen Melassefabrik in Iwanowo und kämpfte in der Roten Armee gegen die Weißen. Der Partei trat er allerdings erst 1925 bei. Er arbeitete zunächst in Sibirien als Vorsitzender eines Sowchos und später als Leiter einer landwirtschaftlichen Versuchsstation.

Mit einem ähnlichen Auftrag wurde Krjukow im September 1935 nach Sachalin in die kleine Siedlung Kirowsk (früher Rykowsk) abkommandiert. Während auf der Insel der blutigste Terror wütete, experimentierte Krjukow mit landwirtschaftlichen Kulturen. Vielleicht verdankte er seiner wenig beneidenswerten Position, daß er heil davonkam. Als nach Drekows Verhaftung der Terror abflaute, wollte die Zentrale den fast ausgebluteten Apparat mit lokalen Kadern auffrischen. So ernannte man Krjukow im Mai 1940 zum

Vorsitzenden des Exekutivkomitees des Landkreises Nordsachalin. Gegen Ende des Krieges wurde er nach Chabarowsk versetzt.

»Meine Frau«, schreibt Krjukow in seinen Erinnerungen, »hatte nach fünfzehn Jahren Aufenthalt im Fernen Osten eine große Sehnsucht nach Zentralrußland, um näher an ihrem Geburtsort zu leben (...). Auch die auf Sachalin geborenen Kinder wuchsen heran. Man mußte ihnen ihre Heimat zeigen, und es stellte sich die Frage, wo sie später lernen würden. Meine Frau betrachtete Chabarowsk nur als eine Zwischenstation. Ich aber studierte gründlich die Angelegenheiten der Provinz und vergaß nicht das Sprichwort: ›Lebe nicht, wie du willst, sondern lebe, wie es Gott befiehlt.‹ Oder, in neuer Version: ›Lebe, wie das ZK es befiehlt‹.«

Und das ZK befahl Krjukow im September 1945, wieder nach Sachalin zu reisen, diesmal jedoch nach Toyohara, der Hauptstadt des ehemaligen japanischen Generalgouvernements Karafuto.

Der erste Schritt der zivilen Verwaltung war die Wiedereinsetzung des letzten japanischen Generalgouverneurs Otsu Tosio.[52] Um die Zusammenarbeit mit den sowjetischen Behörden zu demonstrieren, unternahm Krjukow mit Tosio eine Rundreise auf Südsachalin. Außer Polizisten und Richtern wurden alle japanischen Amtsinhaber, insgesamt 900 Personen, wieder zur Arbeit bestellt. Krjukows Befehl Nr. 1. vom 26. September verfügte die Wiedereröffnung der Betriebe, der japanischen Banken, das sofortige Kassieren von Strom- und Heizungsgebühren sowie den Schuljahrsbeginn. Des weiteren sollte nun die Ernte innerhalb von drei Tagen eingebracht werden (allerdings konnte diese Maßnahme nur zur Schadensbegrenzung dienen), die Vorbereitung der Aussaat von Zuckerrüben, die Sicherung

52 Auf Betreiben der Betonköpfe von Partei und Staatssicherheit wurde Tosio im Dezember 1945 verhaftet. Nach einer bis heute ungeklärten Lagerhaft wurde er nach Japan entlassen, wo der ehemalige Generalgouverneur als Unternehmer und als Leiter der »Landsmannschaft Karafuto« tätig war.

des Tierfutters, außerdem die Räumung und Desinfektion von Straßen und Häusern. Krjukow forderte, ebenfalls innerhalb von drei Tagen eine vollständige Liste der japanischen Beamten auf russisch und japanisch zu erstellen. Es entstand ein merkwürdiges Zusammenleben der Besatzer und der Bevölkerung. Krjukow erhielt eine beheizbare japanische Wohnung, welche die Funktionäre des Festlandes dermaßen anlockte, daß er unaufhörlich den Gastgeber spielen mußte, und zwar auf Kosten seiner Ehefrau, die sich Krjukows Ausdruck zufolge gegen diese »Vollpension« auflehnte. Ein Sprachführer sollte die Verständigungsschwierigkeiten zwischen Japanern und Russen überwinden, und in den zehn Kinos zeigten die Okkupanten sowjetische und japanische Filme, deren Inhalt dem fremdsprachigen, übrigens stehend zusehenden Publikum jeweils durch einen Dolmetscher vermittelt wurde.

Nach einer ziemlich heftigen Auseinandersetzung mit dem General Purkajew erreichte der neue Verwaltungschef, daß dieser auf einen Teil der Kriegsbeute, die es auf dem »ureigenen russischen Gebiet« gar nicht hätte geben dürfen, verzichtete und die militärischen Einheiten zur Disziplin zwang. Unter anderem verordnete der General für alle Armeeangehörigen eine Ausgangssperre nach 22 Uhr. Nach und nach wurden die Flüchtlinge aus der Taiga zurückgeholt, und die öffentliche Sicherheit konnte gewährleistet werden. Krjukow merkte mit Genugtuung in seiner Biographie an, daß die Frauen sich nun mit ihren Kimonos allmählich wieder auf die Straße trauten und daß die Märkte sich neu belebten.

Ab dem 1. Dezember 1945 wurden Lebensmittelkarten eingeführt, und zwar einheitlich für die russische Bevölkerung (ungefähr 20 000 demobilisierte Soldaten, teils mit Familien), die Japaner (270 000) und die Koreaner (30 000). Die Monatsration bestand aus 12–14 Kilogramm Reis, 5 Kilogramm Fisch, 120 Gramm Zukker, 200 Gramm Salz und zwei Stück Seife – letztere allerdings für drei Monate. Die meisten Japaner lebten damals noch vom Privathandel, dessen Warenangebot wiederum der Plünderung von Karafutos früheren Lebensmittellagern zu verdanken war. Als Zahlungsmittel galten sowohl Rubel als auch Yen. Der blühende Schwarzmarkt lockte die Bewohner des vernachlässigten Nordens zu Hamsterkäufen nach Toyohara. Am Ende des Jahres waren alle Vorräte erschöpft.

Nominell verfügten Südsachalins Geldinstitute zum Zeitpunkt der Kapitulation über 216 Millionen Yen, von denen jedoch nur noch 46 Millionen real vorhanden waren. Diesen Betrag ergänzte man auf Kosten der sogenannten Trophäenwährung (vor allem in der Mandschurei erbeutetem japanischem Geld), um damit die Produktion der verschuldeten Betriebe, die Kosten der militärischen und zivilen Verwaltung finanzieren zu können. Man ließ aus der Mandschurei Reis, Soja und Kaoljang (Möhrenhirse) heranschaffen, um dem Hunger vorzubeugen.

Im Februar 1946 begann die Währungsreform. Der Yen wurde offiziell aus dem Verkehr gezogen beziehungsweise innerhalb von sechs Tagen an vierzig Wechselstellen Toyoharas in Rubel umgetauscht. Die japanischen Banken wurden aufgelöst, und die neuen sowjetischen Sparkassen durften zunächst monatlich maximal 500 Rubel auszahlen. Wie wenig begeistert die japanische Bevölkerung von dieser Maßnahme war, zeigt die Tatsache, daß von den 13,5 Millionen Rubel verfügbarem Gesamtvermögen die japanischen Einlagen 650 000 Rubel ausmachten. Ohnehin verbreitete sich unter Karafutos Bevölkerung das Gerücht, man werde bald in das Mutterland evakuiert, was den Wert des offiziell gar nicht existierenden Yen noch erhöhte.

Für sowjetische Verhältnisse verfuhr Krjukow auch in der Religionspolitik großzügig. Dies betraf vor allem die buddhistische und shintoistische Konfession, deren Geistliche ein staatliches Gehalt erhielten, da ihre Tätigkeit ebenso wie die Weiterexistenz von ungefähr 150 Tempeln zum Stabilitätsgefühl der japanischen Bevölkerung beitrug. Verlassene Tempel versuchte Krjukow vor Plünderungen und Zerstörung zu retten, und die Verantwortlichen für solche Taten – etwa den zivilen Verwaltungschef von Korsakow – stellte er sogar vor Gericht. Etwas weniger Aufmerksamkeit widmete Krjukow der protestantischen und baptistischen Kirche, während die polnische katholische Gemeinde, die 500 Gläubige umfaßte, ihm ein Dorn im Auge war. Offensichtlich befürchtete er den Einfluß der slawischen Brüder auf die russische Bevölkerung, deren spontane religiöse Gefühle durch den Krieg verstärkt worden waren. Zu Ostern 1947 hielt der polnische Geistliche Pater Krukowski gar Gottesdienste in russischer Sprache ab.

Krjukows großer Handlungsspielraum hing mit seinen guten Kontakten zur obersten sowjetischen Führung zusammen. Als erster hoher Funktionär besuchte Anastas Mikojan, Mitglied des Politbüros, die Insel und machte gemeinsam mit dem Verwaltungschef eine Rundtour auf den Kurilen. Er vermittelte in der Folge eine Moskaureise der sachalinensischen Führung samt einer Begegnung mit Stalin im Januar 1946 – für Kader aus der tiefsten Provinz eine außergewöhnliche Ehre. Das Gespräch im Kreml, von dem Krjukow, wie er schreibt, »schweißgebadet« fortging, drehte sich um die Stabilisierung des wirtschaftlichen Lebens auf Sachalin. »Verhalten Sie sich gegenüber den Japanern loyal«, warnte Stalin, »es ist durchaus möglich, daß wir uns mit ihnen befreunden werden.«

Dies war keine Prophezeiung, sondern ein kühles Abwägen der neuen internationalen Konstellation. Einerseits zeigten sich bald nach der Potsdamer Konferenz die Meinungsverschiedenheiten zwischen den ehemaligen Alliierten, es bahnte sich der Kalte Krieg an, und die sowjetische Außenpolitik war daran interessiert, Reibungen und Interessenkonflikte zwischen Japan und den USA zu schüren.[53] Andererseits brachte die Rückkehr des »ureigenen russi-

---

53 Nach Abschluß des Friedensabkommens von San Francisco zwischen Japan und den USA im September 1951, das die Sowjetunion nicht unterzeichnete,

schen Gebiets« eine neue Ansiedlung von Russen mit sich, die bereits im Gange war und deren Hauptgewicht sich auf den südlichen Teil der Insel konzentrierte. Potentiell bedeutete diese Kolonisation durch Sowjetbürger, daß die Bevölkerung des ehemaligen Karafuto entweder sowjetisiert oder ausgesiedelt werden mußte. Offensichtlich neigte die sowjetische Führung von Anfang an zu der zweiten Lösung.

Im Februar 1946 wurde ein Landkreis (»Oblastj«) Südsachalin geschaffen, dessen Sitz die von da an als Juschno-Sachalinsk bezeichnete Stadt Toyohara wurde. Gleichzeitig begann man mit einer groß angelegten Ansiedlungskampagne – diesmal nicht so halbherzig wie nach 1925 im Norden. Der Regierungserlaß vom April 1946 sah beträchtliche Privilegien für die Neuankömmlinge vor. So durfte jede Familie, die bereit war, nach Sachalin umzuziehen, kostenfrei zwei Tonnen Gepäck mitnehmen. Jedes Familienoberhaupt erhielt 3000 Rubel und jedes weitere Familienmitglied 600 Rubel Starthilfe. Außerdem wurden ihnen je ein Haus mit Hof und Garten, 20 000 Rubel Kredit für Hausbau und Einrichtung, 3000 Rubel für den Kauf von Nutztieren sowie 10 Jahre Steuerfreiheit in Aussicht gestellt.

Diese märchenhaften Versprechungen konnte der Staat nicht einmal entfernt einlösen. Es mangelte an allem – an Häusern, Schulen, Geschäften und Lebensmitteln. Viele schreckten vor dem harten Klima zurück. Von der ersten Welle der Immigranten kehrten

---

schickte Stalin am 1. Januar 1952 »in Abkehr von der Tradition« eine »Neujahrsbotschaft an das japanische Volk«, ein Dokument von tödlicher Ironie: »Ich wünsche (...) dem japanischen Volk einen vollen Erfolg in seinem mutigen Kampf für die Unabhängigkeit seiner Heimat. Die Völker der Sowjetunion überlebten selbst in der Vergangenheit die Greuel der fremden Besatzung, an der auch die japanischen Imperialisten beteiligt waren. Deshalb verstehen sie gänzlich die Leiden des japanischen Volkes, fühlen tief mit ihm und glauben fest daran, daß es ebenso die Neugeburt und Unabhängigkeit seiner Heimat erkämpfen wird, wie diese seinerzeit auch die Völker der Sowjetunion erkämpft haben.«

etwa 130 000 der Insel schon bald wieder den Rücken.[54] Trotzdem umfaßte die Bevölkerung im Jahre 1947 rund 165 000 und Ende 1948 rund 350 000 Personen. Zu dieser Zeit erfolgte bereits die Wiedervereinigung von Sachalin.

Der andere Teil des Aneignungsprozesses der Insel hieß offiziell »Repatriierung«. Diese betraf rund 300 000 japanische Staatsbürger, mehrheitlich Japaner, aber auch mit diesen verheiratete Koreaner sowie die wenigen übriggebliebenen Einwohner vom Stamme der Ainu. Zunächst verlief die Aussiedlung sporadisch und auf »freiwilliger Basis«, doch wurde sie zu einem Massenphänomen, als die Sowjetunion im Dezember 1946 ein diesbezügliches Abkommen mit den USA unterzeichnet hatte. Dementsprechend sollten amerikanische Schiffe aus dem Hafen Cholmsk (ehemals Maoka) monatlich 30 000 Japaner nach Hokkaido transportieren. Die Sachalinenser – es gab auch Repatrianten auf dem Festland – wurden im Transitlager Nr. 379 zu Cholmsk versammelt. Als erstes wurden sie medizinisch betreut und behandelt, weil die amerikanischen Okkupationsbehörden nur ungern Kranke aufnehmen wollten.

Von sowjetischer Seite wurde die Reihenfolge derer, die repatriiert werden sollten, nach Möglichkeit mit den Produktionsinteressen in Einklang gebracht. So kamen Bauern zumeist erst nach der Ernte auf die Liste. Den Zeitpunkt der Abreise teilte man den Betreffenden erst 24 Stunden vor Abfahrt mit. Jede Familie durfte nur 100 Kilo Gepäck mitnehmen; Vermögensgegenstände darüber hinaus wurden vom sowjetischen Staat »in Behandlung genommen«, verkauft, und die Einnahmen wurden dem Budget der nunmehr sowjetisch besiedelten Gemeinden zugeschlagen. Bis Ende Dezember 1949 war die »Repatriierung« so gut wie abgeschlossen[55],

54 So die ahnungslosen Bienenzüchter mit ihren Körben oder die ganz Naiven, die in Sommerkleidung die Fahrt angetreten hatten.

55 Ein besonderes Kapitel war die Rückkehr der polnischen Familien, insgesamt 42 Personen, in ihre Heimat. Die meisten von ihnen lebten bereits zum Jahr-

obwohl einige hundert japanische Staatsbürger erst nach 1956 in ihre Heimat zurückkehren konnten.

Die Nachkriegszeit und die Rückkehr in die »Heimat« war für die Bevölkerung Karafutos mit Unrecht, Entbehrungen und Schmerz verbunden. Dennoch läßt sich diese Austreibung in keiner Weise mit den zeitgleich in Mitteleuropa stattfindenden grauenhaften Massenvertreibungen vergleichen. Erwähnt sei noch das Schicksal der japanischen Kriegsgefangenen, von denen rund 2000 im Lager Ocha untergebracht waren. Sie arbeiteten im Straßenbau und bei Erdölbohrungen oder rodeten Bäume. Bei Temperaturen von unter minus 25 Grad waren zehnminütige Pausen zum Aufwärmen erlaubt. Das Personal galt als streng, jedoch nicht als sadistisch: So beteiligten sich die Bewacher an Blutspenden für die Geschwächten. Die Zahl der Toten ist unbekannt, die häufigsten Ursachen waren Lungenentzündung, Diphterie, Magenkatarrh und Dystrophie. Die Entlassungen begannen im Herbst 1947 und endeten 1949. Die Gefangenen bedankten sich in einer damals obligatorischen Abschiedserklärung »für die unter der warmen (sic!) Aufmerksamkeit der Sowjetunion verbrachten Jahre«.

Taktische Erwägungen der sowjetischen Politik spielten bei der Aussiedlung der Japaner ebenso eine Rolle wie die pragmatische Abarbeitung des Problems seitens der zivilen Verwaltung und auch durch Dmitrij Krjukow persönlich. Allerdings gab es nur für die Japaner diese relativ humane Lösung. Schwerwiegend und auch im nachhinein kaum reparabel war, daß von den 40 000 Koreanern nur

hundertbeginn auf Sachalin und wurden von den Japanern als Untertanen des Zarenreiches den Russen zugerechnet. Erst später akzeptierte man sie als »Porandu« (Polen). Einige von ihnen, besonders solche, die durch Heirat mit Russen oder Japanern verbunden waren, blieben auf der Insel. Manche Kontakte ließen sich erst nach 1989 erneuern.

ein paar tausend aufs Schiff steigen durften, weil sie Mitglieder einer japanischen Familie waren.

So wurden ausgerechnet die ehemaligen Sklaven der »Takobeja« benachteiligt, die mehrheitlich als »displaced persons« nicht einmal die sowjetische Staatsbürgerschaft besaßen und auf diese noch jahrelang warten mußten. Sicherlich brauchte der sowjetische Staat ihre Arbeitskraft – außer ihnen wurden bis 1948 weitere Tausende vom kommunistischen Nordkorea zur Verfügung gestellt. Die Tragödie der Koreaner wurde schließlich vollendet durch den Koreakrieg und die darauffolgende hermetische Spaltung ihres Landes entlang des 38. Breitengrads. Die Koreaner Sachalins waren jahrzehntelang von beiden Teilen isoliert – eine Tatsache, die in der weiteren Geschichte der Insel traurige Folgen haben sollte.

Der »Gouverneur« Krjukow hatte gelegentlich mit prekären Angelegenheiten zu tun, die seinen nüchternen Bauernverstand[56] außerordentlich belasteten. »Egal wie streng wir den Soldaten, Offizieren und auch der Zivilbevölkerung verboten hatten, mit den japanischen Mädchen intime Beziehungen aufzunehmen, die Kraft der Liebe war stärker als der Befehl. (...) Im Bergwerk Uglegorsk arbeitete ein hervorragender Kerl, ein Kommunist – er kam aus dem Donezbecken. Bald wurde er zum Stoßarbeiter, einer unserer besten Bergleute. Sein Name verschwand nie von der Ehrentafel. Plötzlich verliebte er sich über beide Ohren in ein japanisches Mädchen, das im selben Schacht arbeitete. (...) Als die Japanerin zu ihm zog, schlug die Parteiorganisation ihm vor, die Beziehung zu beenden. Die beiden erklärten: Uns trennt nur der Tod. Daraufhin schloß

56 Über seine Abenteuer mit der japanischen Barbierkunst schreibt er: »Die Japaner setzten uns in Fauteuils, senkten diese fast in eine horizontale Lage (...). Unsere verstaubten Gimnastiorkas brachten sie in die Reinigung. Wir wurden gewaschen, unsere Gesichter mit heißen Handtüchern gedämpft, dann hat man uns so weich rasiert, daß ich die Klinge nicht spüren konnte.«

man ihn aus der Partei aus. Ich mußte diese Entscheidung bestätigen und ihm das Parteibuch wegnehmen. Ich bestellte ihn und den Parteisekretär zu mir. (...) Ich schaue ihn an, ich schaue sie an und denke: Sie könnten doch wunderschöne Kinder haben. (...) Dann schlossen wir ihn zunächst nicht aus, sondern wir empfahlen ihnen: Sie sollte einen Antrag auf die sowjetische Staatsbürgerschaft stellen, und er sollte eine Erklärung beifügen. Wir wußten, daß es wenig Hoffnung gab. Wie ihr Schicksal sich nach der Repatriierung der Japaner gestaltete, habe ich nie erfahren. Aus Moskau kam keine Antwort.«

Zahlreiche melancholische Geschichten dieser Art bezeugen, daß selbst die Schöpfer der Vereinigung der beiden Inselhälften beim besten Willen außerstande waren, etwas für die Vereinigung zweier liebender Menschen zu tun.

Dreißig Jahre später – Stagnation oder Goldenes Zeitalter?

»Sastoj«, Stillstand, Stagnation – mit diesem Wort bezeichnete man in der Ära Gorbatschow die Breschnewzeit und stellte dieser zunächst das Programm »uskorenije« (Beschleunigung) und später »Perestroika« (Umbau) entgegen. Selbstverständlich war das Wort »Sastoj« ebenso ein Euphemismus wie seinerzeit die Bezeichnung des Großen Terrors als »kult litschnostji« (Personenkult), den Chruschtschow im Februar 1956 Stalin vorgeworfen hatte. Die Lockerung des staatlichen Drucks bezeichnete man als »Wiederherstellung der Leninschen Normen der Führung«.

Der Plebs trieb mit solchen Kunstworten ein ziemlich böses Spiel. Als der Name des Bezwingers des Stalinkultes, des »getreuen Leninisten« Nikita Chruschtschow, kurz vor seinem Sturz im Oktober 1964 in einer einzigen Nummer der »Prawda« siebenundvierzig Mal erwähnt wurde, sprach man verächtlich von »kultik« (Kultchen), und als Leonid Breschnew in den späten siebziger Jahren stufenweise zum Marschall, Schriftsteller und schließlich zum Staatspräsidenten erhoben wurde, scherzte man mit einem »Personenkult auf höherer Ebene«, womit die Verlagerung des Stalinschen Schnurrbarts auf die dicken Augenbrauen des Generalsekretärs gemeint war.

Später, als Gorbatschow seine sinn- und ergebnislose Antialkoholkampagne startete, ernannte ihn der Volksmund gleich zum »Minjeralnyj sekretar«. Auch seine »Perestroika« blieb vom vox populi nicht verschont: Das groß angelegte Programm erhielt in der Taufe den Namen »Katastrojka«.

In merkwürdiger Weise, wenn auch nicht ganz unbegreiflich, stilisierte das Volksgedächtnis in den Jahren des »wilden Kapitalismus« Breschnews »sastoj« rückwirkend zu »sastolje« (gedeckter Tisch) hoch, also eine Zeit, in der es reichlich und billig zu essen gab. Sastoj[57] bedeutete aber noch etwas: Eine Ära, in der Ruhe und Stabilität herrschte und der repressive Staat als Garant der Lebensbedingungen seiner Bürger von der Wiege bis zur Bahre auftrat. Angesichts des horror vacui der marktwirtschaftlichen Freiheit und Demokratie erscheint der Spätkommunismus sehr vielen Sowjetbürgern bis heute als Goldenes Zeitalter.

Die Historiker Sachalins verbinden die sechziger und siebziger Jahre einmütig mit der Tätigkeit von Pawel Leonow, der von 1960 bis 1978 das Landkreiskomitee der KPdSU auf der Insel und damit den Landkreis samt der Kurilen leitete. Die Bilanz seiner Laufbahn wird durchweg positiv bewertet. Allerdings lassen sich diese acht-

57 Ich möchte die Erzählung meiner persönlichen Eindrücke im zweiten Teil dieses Buches nicht vorwegnehmen, muß hier jedoch bereits anmerken, daß dem Wort »sastoj« aus dem Munde vieler Inselbewohner, die sich an diese Zeit erinnerten, eine besondere Sanftheit beim Aussprechen zukam, die auch im Blick meiner Gesprächspartner unverkennbar war.

zehn Jahre, was die vielgerühmte »Produktionsziffer« anbelangt, in zwei ungefähr gleich lange Perioden trennen. Zwischen 1966 und 1970 konnte sich der Parteisekretär eines durchschnittlichen jährlichen Produktionswachstums von 6,6 Prozent rühmen, und im Jahre 1971 stieg diese Zahl auf 7,4 Prozent. In der zweiten Hälfte seiner Dienstzeit sank das Wachstum auf 2,4 Prozent, ein spektakuläres Fiasko, das Leonow wahrscheinlich seinen Posten kostete.

Allerdings merkten die Sachalinenser, wenn sie nicht gerade zu den begeisterten Lesern statistischer Angaben gehörten, zunächst wenig von diesen Schwierigkeiten. Sachalin galt bis Anfang der neunziger Jahre als ein Ort, an dem es sich trotz der Kaprizen des Klimas, gelegentlicher Erdbeben, Zyklone, Taifune und Überschwemmungen ganz gut leben ließ. Dies zeigt die beinahe ständig steigende Bevölkerungszahl, welche im Jahre 1948 auf 425 000 angestiegen war und zu Beginn der neunziger Jahre mit 719 200 ihren Höhepunkt erreicht hatte.

Diese Dynamik, mit dem Bevölkerungswachstum der japanischen Vorkriegszeit vergleichbar, hing direkt mit der staatlichen Förderung der Ansiedlung zusammen. Die Insel Sachalin war, was die offiziell anerkannten Schwierigkeiten des Lebens betraf, bereits seit August 1945 mit dem sowjetischen Polarkreis, mit Städten wie Murmansk oder Norilsk gleichgestellt. Jeder Arbeitnehmer konnte, wenn er einen Vertrag mit einer Laufzeit von mindestens drei Jahren abgeschlossen hatte, mit einem monatlichen Lohnzuschuß von zehn Prozent rechnen. Der Jahresurlaub, auf dem Festland achtzehn Arbeitstage, dauerte hier zwischen achtzehn und dreißig Tagen, und bei langer Fahrt wurde die Reisezeit nicht mitgerechnet. Selbst für die Fahrtkosten mußte der Betrieb aufkommen, was praktisch jedes zweite Jahr einen kostengünstigen Familienurlaub in einem beliebigen Ort der Sowjetunion bedeutete. Bei einem festen Arbeitsverhältnis wurde für die Berechnung der Rente jedes Jahr doppelt gezählt. In Leonows besten Zeiten betrug das durchschnittliche

Monatseinkommen der Sachalinenser 300 Rubel – fast das Doppelte von dem, was »gewöhnliche« sowjetische Arbeitnehmer bekamen.

Selbstverständlich belasteten diese Privilegien den Staatshaushalt enorm, und die Zentrale versuchte hin und wieder, manche Vergünstigungen rückgängig zu machen. 1956 erklärte die Moskauer Regierung, Sachalins klimatische Bedingungen seien denen des Polarkreises, des »Fernen Nordens« nur ähnlich, aber nicht mit diesen identisch[58], und aus diesem Grund wolle man den Zuschuß von zehn Prozent reduzieren und erst nach drei Jahren geleisteter Arbeit auszahlen. 1960 unternahm die Führung des Landes den Versuch, die Rente neu zu berechnen, indem sie die Jahre nicht mehr einfach verdoppelte, sondern jedem Jahr nur ein halbes weiteres als Prämie zuordnete. Beide restriktive Maßnahmen führten sehr bald zu einer Abwanderung von insgesamt 14 400 Inselbewohnern, und zwar aus den leistungsfähigsten Jahrgängen. Daraufhin wurden 1967 alle Privilegien der Einwohner erst einmal wieder bestätigt. Das Interesse des Sowjetstaates an einem blühenden Sachalin und an den Kurilen war angesichts der japanischen Gebietsansprüche strategisch und geopolitisch motiviert.

Der bullige, sportliche Leonow, der in seinem 42. Lebensjahr die Geschäfte der Insel übernahm, war gewiß kein gemütlicher Landesvater, sondern ein hartgesottener Funktionär, eine Mischung zwischen Ingenieur und Apparatschik mit zahlreichen Kontakten zur

---

58 Einige Zeitgenossen sind der Meinung, Sachalins hartes Klima sei nach dem Besuch von Nikita Chruschtschow auf der Insel im Oktober 1954 offiziell in Frage gestellt worden. Der Parteichef wurde von ungewöhnlich mildem, sonnigem Wetter empfangen, so daß er zu seinen Begleitern sagte, demnächst könne er seinen Urlaub nicht auf der Krim, sondern hier am Ochotskischen Meer verbringen. Jedenfalls verfügte er, die Maisproduktion, sein besonderes Steckenpferd, auch auf die Kurilen auszudehnen. Nach Aussage der dortigen Kolchosniki wurde die ganze Ernte »vom Nebel erdrückt«.

Moskauer Zentrale. Diese nutzte er, um bei der Verteilung der Investitionsmittel möglichst viel für seine Domäne herauszuholen. Dabei konzentrierte er sich auf die Beseitigung von zwei Schwachstellen seiner Insel: der Isolierung vom Festland[59] und der fehlenden Verbindung zwischen Sachalins Norden und Süden.

Das erste Problem konnte im Jahre 1973 gelöst werden, als zwischen dem sibirischen Wanino und Cholmsk mit seinem frostfreien Hafen eine Fährverbindung eingerichtet wurde. Die neun im Baltikum hergestellten Eisbrecherfähren konnten je einen Zug mit 26 Waggons aufnehmen. Angesichts des Unterschieds zwischen der russischen (1520 mm) und der sachalinensischen (japanischen) Spurbreite (1067 mm) gehörte ein Umschlagplatz zu dem Projekt, und die Tunnel zwischen Juschno-Sachalinsk und Cholmsk mußten tiefer gelegt werden, damit die neuen Waggons sie passieren konnten.

Die Nord-Süd-Verbindung konnte nur bis zur Stadt Nogliki fertiggestellt werden – die Reise dorthin dauert ungefähr 13 Stunden bei einer Entfernung von 700 Kilometern. Von Nogliki bis Ocha fuhr eine Zeitlang noch eine kleine Schmalspurbahn, die heute nicht mehr betrieben wird. So ist die Transsachalinensische Eisenbahn ein schöner Traum geblieben, und vor allem blieb die frühere Hauptstadt Alexandrowsk aus der Streckenführung aus-

---

59 Der von Stalin 1950 initiierte monumentale Plan einer 1000 Kilometer langen Eisenbahnlinie zwischen Alexandrowsk und Komsomolsk am Amur wurde schnell in Angriff genommen. Im letzten Quartal 1955 sollte sowohl der Tunnel zwischen Pogibi und Kap Lasarew als auch die Prahmfähre über die Tatarische Meerenge funktionieren. Selbstverständlich konnte das streng geheime Unternehmen »Bau Nr. 506« nur über traditionelle Sklavenarbeit gesichert werden. Die Baubrigaden wurden vom Sammellager 3/9 in der Nähe von Wladiwostok gestellt. Insgesamt 12533 Gefangene, »gewöhnliche« und »politische« (meist wegen »Warenanhäufung« verurteilte Bauern) wohnten in halboffenen Baracken. Aufgrund der ersten Amnestie nach Stalins Tod brach das Projekt fast automatisch zusammen. Nach Auffassung einiger Historiker kam seine Konservierung teurer, als eine eventuelle Fertigstellung gekostet hätte.

geschlossen. In die Ära Leonow fällt immerhin der Beginn eines regelmäßigen Luftverkehrs mit dem Festland, inklusive der 1964 eröffneten Linie Moskau – Juschno-Sachalinsk mit Zwischenlandung in Wladiwostok, die in ihren Anfängen 14 Stunden Flugzeit kostete.

Über die Schaffung eines einheitlichen Systems der Stromversorgung (Elektrizitätswerk »Tez 1«), den forcierten Wohnungsbau, die Einrichtung von neuen Produktionseinheiten wie Schuhfabriken oder Hühnerfarmen, den Bau von Schauspielhäusern (z.B. Tschechow-Theater von Juschno-Sachalinsk), Museen, Bibliotheken, Kinos, Klubs, Restaurants, Sanatorien und Sporteinrichtungen näherte sich Sachalin dem allgemeinen sowjetischen Lebensstandard an. Die Erfolgsgeschichte der Insel versuchte Leonow auf den jeweiligen »historischen« Parteitagen der KPdSU (1961, 1966, 1971, 1976) publik zu machen. Er half bei der Gründung des lokalen Schriftstellerverbands und lud zu Konzerten oder Vorlesungen zahlreiche Künstler und Wissenschaftler vom Festland ein.[60]

Der homo sovieticus sachalinensis ging in den siebziger Jahren seiner Arbeit nach, widmete sich in seiner Freizeit der Familie, verfügte über eine Anderthalb- oder Zweizimmerwohnung in einer Neubausiedlung mit Zentralheizung und Bad, über ein Sparbuch, kaufte sich nach und nach einen Plattenspieler, einen Fernseher, der nach einer experimentellen Phase ab 1972 die Sendungen des Moskauer Zentralen Fernsehens empfangen konnte, einen Kühlschrank, eine Waschmaschine und einen Staubsauger. Er stand geduldig Schlange beim täglichen Einkauf, wartete ewig auf einen Telefonanschluß oder gar auf einen Lada, und bei den dreitägigen Feiern

---

60 Am liebsten hätte er sicher wie jeder Provinzfürst den Generalsekretär zu Gast gehabt, was mit dem schwer beweglichen Leonid Breschnew schlecht ging. Dafür gewann er den finnischen Präsidenten für eine Sachalinreise in den späten sechziger Jahren. Urho Kekkonen war der erste (und bis dato der letzte) ausländische Staatschef, der die Insel besucht hat.

zum 1. Mai und 7. November begoß er im Freundeskreis Lachs und Torte reichlich mit Wodka. Außerdem feierte er – je nach Beruf – den »Tag des Fischers«, »Tag des Eisenbahners«, »Tag des Lehrers«. Er hatte entweder eine bescheidene hölzerne Datsche in der Freizeitkolonie oder vergnügte sich während der Familienausflüge mit Angeln. Als besonderes Erlebnis galt ein Aufenthalt in Moskau oder Leningrad, zwei Wochen Urlaub am Schwarzen Meer oder im Kaukasus und, ganz selten, eine Touristenreise nach Ungarn, in die Tschechoslowakei oder die DDR.

Er las die lokale Zeitung »Sowjetskij Sachalin«, und wenn er mehr wissen wollte, bestellte er die Moskauer »Smena«, »Ogonjok«, »Sa rubeshom« oder gar »Literaturnaja Gaseta«. Im Fernsehen sah er gern die Serie über den Meisterspion Stirlitz (»Siebzehn Minuten im Frühling«) oder die sibirische Familiensaga »Die Schatten verschwinden am Mittag«. Auf dem Plattenteller hatte er Alla Pugatschowa (»Die Könige dürfen alles außer aus Liebe heiraten«), und sein Tonbandgerät spielte – mit aller gebotenen Vorsicht – Wladimir Wyssotzki. Über Leonows Luxusdatsche am Hügel witzelte er neidisch, aber die Dissidenten hielt er allesamt für Spinner. Fragen von Krieg und Frieden, die kostspielige Solidarität mit den Völkern von Vietnam und Angola sowie die Auseinandersetzung mit den USA und Japan delegierte er lieber an die Partei, und vor allem glaubte er an die Unerschütterlichkeit einer Weltordnung, um derer willen er bereit war, »des Mächt'gen Druck, des Stolzen Mißhandlungen«, wie Shakespeares Hamlet es ausdrückt, zu ertragen.

Bei aller relativen Stabilität litt die sowjetische Gesellschaft unter einer wenig erforschten Plage: der Langeweile. Die strenge Isolierung des Riesenreiches von der Außenwelt und die Eintönigkeit des Alltags erzeugten das Gefühl des Eingesperrtseins und machten die Freizeit – je weiter eine Siedlung von den kulturellen Zentren entfernt war, um so mehr – zu einer Dauerdepression, die nur durch Saufen und bestenfalls Gesellschaftsspiele ertragen werden konnte.

So wiederholte sich häufig das, was Tschechow bei seinen ersten Hausbesuchen in Fort Alexandrowsk angemerkt hatte: »Es geschah auch, daß man in der Hütte eine Gesellschaft antraf, die bis zu meiner Ankunft Karten gespielt hatte; auf den Gesichtern malte sich Verlegenheit, Langeweile und Erwartung: Wann gehe ich weg, damit man sich wieder mit den Karten befassen kann?« Dazu kamen noch, wie er schreibt »die Eigenarten des Sachaliner Klimas, der ständig trübe Himmel, die fast täglichen Regenfälle und die niedrige Temperatur (...), bei denen der Mensch wochenlang nicht eine Minute der alles durchdringenden Feuchtigkeit und dem Schüttelfrost entrinnen kann«.

Selbst diese qualvolle Ruhe wurde regelmäßig vom Toben der Elemente unterbrochen – Taifune wie »Phillis«, »Ted« oder »Agnes«, Zyklone vom Typus »Tsunami«, Erdbeben, Schneefälle und Überschwemmungen legten unter anderem in den achtziger Jahren das normale Leben und die Produktion für Monate lahm. All dies gehörte auch auf dem benachbarten Hokkaido zum Alltag, aber mit weniger verhängnisvollen Folgen.

Ebenso wie die Breschnewsche Konsolidierung immer wieder bestimmte Lücken aufzeigte, haperte es auch häufig mit Sachalins Erfolgsgeschichte unter Leonow und noch mehr in der Epoche seiner unmittelbaren drei Nachfolger an der Spitze der Insel-KP, die er sich fast alle persönlich ausgesucht hatte.[61] Mal wurde die Hühnerfarm namens »Fünfzigster Jahrestag der Sowjetunion« von einer geheimnisvollen Seuche heimgesucht, mal geriet das Elektri-

---

61 »Selbst jetzt«, merkt der Biograph Kolesnikow anno 2000 nostalgisch an, »nach langen Jahren seit der Abreise P. A. Leonows, ›zehren wir‹, bildlich ausgedrückt, an dem in jenen Jahren entstandenen Kaderpotential.« In der Tat begann die Parteikarriere des jetzigen Gouverneurs Igor Farchutdinow sowie seines Kontrahenten Fjodor Sidorenko, des Bürgermeisters von Juschno-Sachalinsk, im selben Jahr 1977 – eine Tatsache, welche beide in ihrem Wahlkampf vom Herbst 2000 (siehe 3. Teil des Buches) positiv erwähnen.

zitätswerk in einen, wie die Arbeiter in einem Brief an die Parteiführung zu einem Anlaß dieser Art schrieben, »vorinfarktlichen« Zustand – mit den dazugehörigen chronischen Stromausfällen. Einerseits ließ die allgemeine Geheimniskrämerei und Verschleierungstaktik, andererseits die allumfassende Bevormundung der Bevölkerung diese gegenüber naturbedingten Ausnahmezuständen so gut wie wehrlos erscheinen und erschütterte ihren Glauben an die Obrigkeit. Die Obrigkeit wiederum war über die Stimmungslage der Bürger aufgrund der schönfärberischen Berichterstattung schlecht informiert und klammerte sich an rituelle Bezeugungen von »Einheit der Partei und des Volkes«. So zeigte sich die sowjetische KP-Führung einige Tage nach dem GAU von Tschernobyl Ende April 1985, dessen Ausmaß ihr wohlbekannt war, außerstande, auf die Kundgebung am 1. Mai in Kiew zu verzichten.

Da Naturkatastrophen immer die Schwächen des Systems offenbarten, versuchten die Machthaber diese so weit wie möglich, ebenso wie soziale oder weltanschauliche Konflikte, vor der Öffentlichkeit zu bagatellisieren oder zu verbergen. Auf Sachalin waren vor allem das religiöse Bekenntnis und die Lage der Minderheiten tabu.

Obwohl von den ungefähr 300 Kirchen[62] der Insel keine einzige die Sowjetzeit überlebt hat, wissen wir aus Archivmaterialien, daß Gottesglaube und konfessionelles Brauchtum nie völlig beseitigt werden konnten. Taufen, Eheschließungen und Trauerzeremonien führte man zu Hause durch, und ungefähr 300 Sachalinenser und Kuriler fuhren auf das sibirische Festland, um ihrer religiösen Pflicht wenigstens gelegentlich nachzugehen. Derartige Fälle

62 Tschechow erwähnt in seinem Buch die Existenz von zahlreichen orthodoxen, katholischen, protestantischen Gotteshäusern sowie einer Synagoge und einer Moschee. Dazu kamen die insgesamt 200 buddhistischen und shintoistischen Tempel des Südens und die Gebetshäuser der Baptisten.

wurden, sicher nicht ohne Zutun der Informanten des KGB, an die Insel »signalisiert«. Im Ergebnis mußten diese Gläubigen mit Vorladungen, öffentlicher Rüge, Verhinderung ihrer beruflichen Karriere und anderen Schikanen rechnen.[63] Durch Sachalins Isolierung hatten hier die Bürger noch weniger Möglichkeiten als auf dem Festland, sich gegenüber dem Druck der Behörden durchzusetzen, zumal die Insel als Grenzzone auch geheimpolizeilich stärker überwacht wurde.

Während die antireligiösen Maßnahmen auf einen relativ engen Kreis beschränkt blieben, war die diskriminierende Behandlung der Koreaner allgemein und führte schließlich zu einem offenen Konflikt. Der 65jährige Koreaner To Man San, verheiratet und Vater von sieben Kindern, der damals in Korsakowsk (ehemals Otomari) wohnte, stellte einen Antrag zur Ausreise nach Südkorea, wo seine Verwandten wohnten. Er hatte ein elementares Recht darauf, denn er galt seit seiner Zwangsansiedlung durch die Japaner auf Karafuto als Staatenloser. Außerdem wußte er, daß am Ende der fünfziger Jahre die Behörden diese Art von Familienzusammenführung im Falle nordkoreanischer Staatsbürger bereits praktiziert hatten.

Nach der Verweigerung seines Antrags mit der Begründung, die UdSSR stehe in keiner diplomatischen Beziehung »mit dem genannten Staat«, beantragte To Man San, ermuntert durch das Abkommen von Helsinki, das im August 1975 auch von der sowjetischen Regierung unterzeichnet worden war, ein Visum für Japan, wo er ebenfalls Verwandte hatte. Nachdem dieses abgelehnt worden

---

63 Selbst unter Kommunisten fanden sich religiöse Menschen. So schloß man den Kommandanten der zivilen Flotte von Newelsk, Lagunow, im April 1974 aus der KPdSU aus, und zwar »für den Glauben an Gott und Ausführung religiöser Zeremonien, welche mit der marxistisch-leninistischen Weltanschauung unvereinbar« seien. Konkret vorgeworfen wurde Lagunow der Besitz einer Bibel und das Tragen eines Kreuzes am Hals. Ob er mit diesem Kreuz nunmehr als Parteiloser weiter auf seinem Schleppnetzschiff arbeiten durfte – darüber schweigt sich die Quelle aus.

war, schrieb er weitere Anträge, bis hin zum Generalsekretär Breschnew und Außenminister Gromyko. Erst als er jedes Rechtsmittel ausgeschöpft hatte, zog er samt Ehefrau und erwachsenen Kindern auf den Hauptplatz von Korsakowsk, um öffentlich gegen die Entscheidung zu protestieren.

Inzwischen schlossen sich auch andere koreanische Familien dem Protest an – unter ihnen ehemalige Bürger Nordkoreas und zwei Koreaner mit sowjetischem Paß. Sie wollten ausnahmslos nach Südkorea ausreisen, denn über die Lebensbedingungen im Staate Kim Il Sungs waren sie gut informiert. Die Behörden reagierten prompt – To Man San und seine Familie sperrten sie für drei Monate in der psychiatrischen Anstalt von Juschno-Sachalinsk ein, den beiden sowjetischen Koreanern entzogen sie die Staatsbürgerschaft, und schließlich begleiteten sie alle 40 Ausreisewilligen, darunter Säuglinge und Kleinkinder, mit einem Polizeikonvoi zur nordkoreanischen Grenze, um sie den dortigen Behörden auszuliefern. Seitdem fehlt jede Spur von ihnen.

Sicherlich folgten To Man San und seine Schicksalsgefährten in vielem dem Beispiel der jüdischen Refusniki, die zur gleichen Zeit mit unkonventionellen Methoden ihr Recht auf Rückkehr in die »historische Heimat« durchzusetzen suchten. Allerdings wurden die Koreaner von niemandem unterstützt. Für sie gab es keine internationale Öffentlichkeit, keine Unterstützung durch ein Mutterland oder gar einen amerikanischen Politiker wie den Senator Jackson, der ihre Ausreise zur Bedingung der Getreidelieferung an die Sowjetunion gemacht hätte, wie dies im Fall der sowjetischen Juden geschehen war. Es gab nicht einmal irgendeine Art von stiller Diplomatie, die ihnen hätte helfen können und die vielen Volksdeutschen aus Kasachstan die Spätaussiedlung in die Bundesrepublik ermöglicht hatte.

Die sowjetischen Institutionen reagierten auf die Ausreisewünsche der Koreaner mit panischem Terror. Nicht ganz zu Unrecht fürchteten sie eine Massenbewegung, welche die 40 000 Sachalin-

Koreaner mitreißen könnte[64] und Leonows Musterland in den Augen der Zentrale zu einem Problemgebiet machen würde. Sie dachten nicht einmal über die tieferen Ursachen des Ausreisewunsches nach. Niemand von ihnen erinnerte sich daran, daß – neben der japanischen Deportation und der Spaltung Koreas – auch die chauvinistische sowjetische Nationalitätenpolitik der koreanischen Bevölkerung beträchtlichen Schaden zugefügt hatte. 1956 wurden die koreanischen Schulen und das Theater geschlossen, und es fand eine sprachliche und kulturelle Angleichung an die Mehrheitsbevölkerung statt, die zum Teil den Verlust der Muttersprache[65] nach sich zog. Ein schwacher Trost für diesen Verlust war es, wenn eine Tanzgruppe oder ein Chor auf in- und ausländischen Tourneen als folkloristisches Aushängeschild der »richtigen Leninschen Minderheitenpolitik« dienen konnte.[66]

---

64 Wie unbegründet diese Angst war, zeigt die Tatsache, daß die Zahl der koreanischen Bevölkerung Sachalins seit 1990 nach wie vor an 40 000 grenzt und von den Ländern, die als Zielpunkte der massiven Abwanderung dienen, Südkorea nur in der Rubrik »Sonstiges« vorkommt.

65 Der Wissenschaftler Bok Si Kou gibt in seinem Buch »Koreaner auf Sachalin« an, daß im Jahr 1989 erst 35,7 Prozent der damals 36 191 Koreaner ihre Muttersprache aktiv benutzen konnten.

66 Selbst zweifellos begünstigende Maßnahmen verwandelten sich in ihr Gegenteil. Die Niwchin Galina Otaina sagte 1995 in einem Interview: »Die lang anhaltende staatliche Bevormundung (der Niwchen, G. D.) brachte ein parasitäres Verhältnis zum Leben mit sich. Die Absolventen der Schulen erwiesen sich außerhalb der Mauern der Internate als nicht lebensfähig. (...) Die sogenannte Zweisprachigkeit war in Wirklichkeit keine; die Muttersprache konnten nur die Menschen der älteren Generation, die russische Sprache besaßen alle nur im Rahmen des Alltäglichen.«

Die Blumenhalle in Juschno-Sachalinsk mit koreanischen Verkäufern.

Straßenecke in Juschno-Sachalinsk

Das Zentralpostamt in Juschno-Sachalinsk

Vor dem Hauptbahnhof in Juschno-Sachalinsk

Kundgebung in Juschno-Sachalinsk gegen die Atomdeponie auf den Kurilen. Motto: »Nein dem Nuklearfriedhof«

Heimatmuseum Juschno-Sachalinsk, früher Gouvernementshaus Toyohara. Inschrift: »Ewiger Ruhm den Helden«

Einfahrt in die Siedlung Lugowoje südlich von Juschno-Sachalinsk

Wladimirowka, der Kern des heutigen Juschno-Sachalinsk. Hier verbrachte Tschechow einige Tage im Herbst 1890

In Listwennitschnoje

Perwaja Padj,
südlich von
Juschno-Sachalinsk:
Fest auf einer Datscha

Wrack einer Fregatte in Korsakow

Der Hafen von Korsakow

Firma »Gersach«: eine deutsch-sachalinensische Kneipe

Tschechow-Denkmal in Dalinsk

Frau Scherinskaja aus Dalinsk

Ehemaliges Haus eines Verbannten

Laden in Arkow

Ehemaliges Haus eines Verbannten in Kirowskoje (Rykowsk)

Kirowskoje (früher Rykowsk). In diesem Haus wohnte Tschechow

Kap Jonkheer, Alexandrowsk: Leuchtturm von 1890 (außer Betrieb)

Die neue orthodoxe Kirche in Alexandrowsk

Alexandrowsk: Die Küste am Ochotskischen Meer

Markt in Alexandrowsk

Markt in Alexandrowsk

Niwchendorf Tschir-Unwd (Neues Leben) mit dem nicht fertiggestellten Kulturhaus

Der Kindergarten in Tschir-Unwd

Folklore der Niwchen in Tschir-Unwd

Friedhof von Tschir-Unwd

Kulturhaus und Diskothek in Kirowskoje

Poliklinik in Kirowskoje

Tante Warja
»Ich bin das lebendige Schloß«

Demokratie zu Zeiten des Fischsterbens

Eine alte Niwchenfrau erinnerte sich daran, daß zur Zeit der Lachswanderung im August der enge Fluß Tym so voller Fische war, daß es ihr vorkam, als könne sie ihn zu Fuß überqueren. Es dominierte die sogenannte Stechfischerei. Der Fischer saß in einem auf Pfählen befestigten Gerüst und stach mit einer Stange ins Wasser, an der ein Haken befestigt war. Den gefangenen Fisch, manchmal ein Ketalachs von 10–15 Kilogramm Gewicht, warf er direkt auf das Trokkene.[67]

Dabei tötete er ein Lebewesen, das ohnehin dem Tode geweiht war. Aus dem Ochotskischen Meer kommend, schwamm der Lachs ins Süßwasser, um seine Eier abzulegen und dann zu sterben. Dies wußten nicht nur die Menschen, sondern auch die Seehunde und Möwen, die deshalb den Fischzug begleiteten. Selbst Bären verachteten nicht die leichte Beute: Sie sprangen auf Baumstämme und Steine im Wasser und zogen geschickt die Fische heraus, fraßen jedoch nur den Kopf und ließen den Rest am Ufer liegen.

Da der Lachs während der letzten Etappe seiner Wanderung im engen Fluß immer dünner und schwächer wird, schmeckt er nicht besonders gut und ist damit auch weniger wertvoll. Trotzdem konnten die Niwchen der Üppigkeit nicht widerstehen und räucherten den Fisch in Mengen. In ihrem natürlichen Kalender hieß August »teni wonta ljon« – »Monat der Verfertigung von Jukola aus dem Lachs«. Sie fingen den Fisch massenhaft, schnitten mit ihren scharfen Messern aus dem lebenden Leib die besten Teile heraus und warfen alles Überflüssige bedenkenlos weg. Die Unmengen von Fischleichen verbreiteten nicht nur einen üblen Gestank, sondern auch Seuchen.

Nach einer Legende, die der Niwche Schysniun dem Ethnologen

---

67 »Industriell« ausgerüstete Fischer konnten bei einem Fischzug 60 000 bis 100 000 Stück mühelos fangen.

Krejnowitsch erzählte, schickten die höheren Geister nach einem besonders fischarmen Jahr, in dem viele »unserer Menschen verhungerten«, einen »jungen Gast« zu ihnen, der den Niwchen Verschwendung und brutale Tötungsmethoden vorwarf: »Schaut mal an! Wie ihr die Fische quält! Deshalb habt ihr sie im vorigen Jahr nicht auf das Ufer locken können. Deshalb seid ihr krank. Einige von euch sterben sogar. Von heute an quält den Fisch nicht mehr. Der ist (mit den Menschen) gleich, versteht den Schmerz, versteht den Tod.«

Die Fischerei ist das einzige Thema, das Tschechow in seinem Buch mit eindeutig optimistischen Tönen schildert. »Der Hauptreichtum Sachalins«, schreibt er, »und seine Zukunft, eine vielleicht beneidenswerte und glückliche Zukunft, sind nicht das Pelztier und nicht die Kohle, wie man manchmal annimmt, sondern der periodisch auftretende Fisch. (...) Der Keta (...) steigt in einer bestimmten Periode seines Lebens einige Flüsse Nordamerikas und Sibiriens hinauf und strebt mit unwiderstehlicher Kraft und buchstäblich in unendlicher Zahl stromaufwärts bis zu den höchsten Gebirgsbächen. Auf Sachalin ist das Ende Juli oder im ersten Drittel des August der Fall. Die Menge der Fische, die man in dieser Zeit beobachten kann, ist dann so groß (...), daß jemand, der dieses großartige Schauspiel nicht selbst beobachtet hat, keine wirkliche Vorstellung davon haben kann.«

Weniger primitive Zivilisationen hatten eine weit niedrigere Hemmschwelle bei der Ausbeutung der Natur. Heute geht es vor allem darum, die Fischwanderung rechtzeitig zu stoppen und den Lachs samt Rogen abzufangen – das Bedürfnis des Weltmarktes nach frischem Lachs und Kaviar ist nicht zu stillen. Im Ergebnis schrumpft der legendäre Fischreichtum Sachalins und Rußlands in den letzten Jahrzehnten dramatisch.

Der bezeichnendste der Skandale, die in der Ära Gorbatschow die sachalinensische Öffentlichkeit erschütterten, war der Streit im

Oktober 1988 um die Verteilung von Fisch und Kaviar. Auf eine Leserfrage in der lokalen Komsomolzeitung »Molodaja Gwardija« (Junge Garde), warum die Sachalinenser weder roten Lachs noch Kaviar oder Steinbutt auf ihren Teller bekämen, erklärte der zuständige Leiter der Handelsabteilung des Landbezirks, für den inneren Gebrauch stünden in diesem Jahr 100 Tonnen Lachs (einschließlich gesalzener und gedörrter Ware) und vier Tonnen Kaviar zur Verfügung. Dies bedeute, daß der Normalbürger im staatlichen Handel[68] durchschnittlich 138 Gramm Fisch und 5,5 Gramm Kaviar kaufen könne. Allerdings hatte die Inselregierung im Jahr zuvor verfügt, daß 70 Prozent dieser Vorräte ausschließlich den Invaliden und Veteranen des Großen Vaterländischen Krieges sowie Helden der Arbeit und anderen privilegierten Rentnern zum Kauf angeboten werden dürften[69], und nur die restlichen 30 Prozent sollten den Restaurants zugute kommen.[70]

In dieser Zeit zählten auf Sachalin 9800 Personen zu der begünstigten Bevölkerungsgruppe. Im Jahre 1988 hätte dieser Verordnung zufolge nicht einmal jede von diesen eine Dose (140 Gramm) roten Kaviar und ein Stück frischen Fisch (1,5 Kilogramm) in Empfang nehmen können. Deshalb protestierten viele alte Genossen und forderten in wütenden Leserbriefen, der staatliche Handel solle

68 Außerhalb des staatlichen Handels verkaufte man, viel teurer, Meeresfrüchte auf dem Kolchosmarkt, und ein Teil der Bevölkerung deckte seine Bedürfnisse an Fisch durch Angeln.

69 Die Veteranen durften in der Ära Breschnew zweimal pro Jahr (vor dem 1. Mai und dem 7. November) in einigen dazu autorisierten Lebensmittelläden je ein Paket mit »defizitären« Lebensmitteln – Nescafé, ungarische Salami, finnischer Käse, Kaviar u.a. – kaufen.

70 Kaviar – ob roten oder schwarzen – konnte man in der Sowjetunion bereits in den sechziger Jahren normalerweise nur als Vorspeise in Restaurants erhalten. Allerdings waren viele Kellner bereit, gegen Trinkgeld ein paar Dosen zu verkaufen und diese dann als servierte Vorspeise zu verbuchen. Außerdem blühte selbstverständlich ein reger Schwarzhandel mit Lebensmitteln – nicht zuletzt mit Kaviar.

sich gefälligst nicht hinter ihnen verstecken. Das einzige, was die Handelsabteilung tun konnte, war, wiederholt beim Moskauer Handelsministerium zu intervenieren – ohne Erfolg.

Fischmangel auf Sachalin? Sollte sich etwa Tschechow im Grabe umdrehen?[71] Das erinnert an den bissigen Ostblockwitz: »Was geschieht, wenn man den Sozialismus in der Wüste Sahara einführt? Drei Jahre lang geschieht nichts, dann aber kommt es zu einem Engpaß bei den Sandlieferungen.« Der Sachverhalt ist hier aber etwas komplizierter. Im Jahre 1988 lag die gesamte Fischproduktion der Insel bei annähernd 1100000 Tonnen, aber nur ein winziger Teil dieses Schatzes blieb auf Sachalin – alles andere mußte dem Festland abgeliefert werden. Der Proporz war schon immer so oder so ähnlich gewesen, und es hatte auch immer schon Veteranen gegeben, die bevorzugt worden waren. Wenn mehr übrigblieb, konnte mehr gekauft werden. Der einzige Unterschied zu früheren Zeiten war, daß die Produktions- und Auslieferungszahlen dank Glasnost unverfälscht an die Öffentlichkeit gelangten.

Alles, was in den achtziger und neunziger Jahren mit dem Fisch und anderen Meeresprodukten auf Sachalin geschah, könnte als Modell für die Krise der sowjetischen Ökonomie, des Staatswesens und der Gesellschaft dienen sowie für Versuche, diese zu reformieren, und für das Scheitern dieser Versuche. Außerdem enthält das Thema sämtliche historischen, politischen und sozialen Aspekte der Um-

---

71 Das sicher nicht, und zwar nicht nur, weil Tschechow einen scharfen Sinn für Absurditäten besaß, sondern weil er wußte, daß der Fisch auf den Märkten der Insel vom Kertsch, aus Astrachan und sogar vom Baltikum kam. Die Katorga ernährte ihre Sträflinge mit Lachs aus dem Amurgebiet. Die freien Bauern im Süden kauften sogar sachalinensischen Fisch bei den Japanern. Die Ursache dieser Merkwürdigkeiten lag im chronischen Mangel an Salz, was die Konservierung erheblich erschwerte – die Niwchen umgingen das Problem, indem sie den Fisch räucherten.

wälzung und hat mit der Identität und mit der Möglichkeit einer Traditionsbildung auf der Insel zu tun.

Die »Putina«, die Fischfangsaison, war in jedem Jahr auf Sachalin die Zeit großer Erwartungen und panischer Ängste. Die Wanderung der Tiere in den Gewässern war immer unberechenbar. Ob innerhalb weniger Tage 3500 oder nur 900 Zentner Lachs in die Netze einer Fischereikolchose oder einer kleinen privaten Firma geriet, war eine Frage von Glück und Unglück. Paradox bei der Entwicklung der sowjetischen Fischerei war der immer häufiger eintretende Umstand, daß die Produktionsstätte außerstande war, eine Rekordmenge zu verarbeiten. Da der Fischzug insgesamt nur einige Tage dauerte, mußte zu dieser Zeit alles bereit stehen: Die großen Schiffe, welche die wandernden Lachsschwärme auf dem offenen Meer abfingen, damit diese nicht gleich zum Laichen in den kleinen Flüssen verschwanden, die Betriebe, welche die Beute sortieren und den Kaviar absondern mußten, Konservenfabriken und Kühlhäuser mit ausfallsicherer Stromversorgung und nicht zuletzt Transportmittel, welche die frische Ware schnell und ohne Verlust aufnehmen konnten. Jede Station dieses Systems war empfindlich, und im Falle des Versagens drohte dem gesamten Produktionsprozeß der Kollaps.

Die ökonomischen Reformen führten dazu, daß nun ein Drittel des Fischfangs auf der Insel bleiben durfte, aber die Lizenzen für die Fischerei mußten nach wie vor in Moskau genehmigt werden. Im Chaos der Gründung verschiedener Kooperativen, Mischbetriebe, Konsortien und Aktiengesellschaften entglitt der Fischfang der lokalen Kontrolle. Dazu kam noch ein lang anhaltender Kampf gegen die internationale Fischwilderei, die in den letzten Jahrzehnten dramatische Formen angenommen hatte.

Schwarzfischerei hatte es immer schon gegeben, selbst unter Sachalins bleicher Sonne war sie kein neues Phänomen. Tschechow berichtet: »Während das Gefängnis und die Kolonisten am Oberlauf des Tym den abgemagerten, halbtoten Fisch fingen, holten ihn sich die Japaner auf Piratenweise an der Mündung, wobei sie den Fluß durch einen Staketenzaun abgesperrt hatten. »(...) Indessen konkurrierten mit den Kolonisten die Japaner, die Fischerei als Piraten oder gegen Gebühren betreiben...«, und auch so manches sowjetische Schiff wurde in lateinamerikanischen Gewässern gesichtet. In den siebziger Jahren verlor jedoch die UdSSR ihre relative technische Überlegenheit, vor allem bei der Ausrüstung ihrer Fischereiflotte. So konnte es geschehen, daß 10000 japanische Fischerboote und Schiffe jährlich 1,5 Millionen Tonnen Fisch und andere Meeresfrüchte »auf den nördlichen Gewässern« (die, wie bekannt, Japan teilweise für sich beansprucht) fangen konnten, während gleichzeitig südkoreanische Supertrawler mit einem einzigen Fischzug einen bis anderthalb Zentner des Fisches »Mintai« erbeuteten. Zwar existierten die international anerkannte Zweihundertmeilenzone, das Fischereiabkommen mit Japan von 1956 und die Konvention zwischen Sowjetunion, USA und Kanada zum Schutz der aussterbenden Bärenrobben und Biber (1957), doch Lachs, Hering, Steinbutt, Flunder, Barsch und Dorsch verschwanden tonnenweise vor der Nase der russischen Fischer.

In den achtziger Jahren arbeiteten die sowjetischen Schutzschiffe mit Ortungsgeräten aus den fünfziger Jahren, die kaum fähig waren, Signale über eine Distanz von 500 Meilen zu senden, während die japanischen Schoner 3–4 Jahre alt waren, eine Geschwindigkeit von 14–15 Knoten erreichten und über Funk einander die Entfernung der sowjetischen Kontrolleure meldeten. In den neunziger Jahren erschienen im Ochotskischen Meer außer den japanischen und koreanischen Schiffen auch noch solche unter polnischer und bulgarischer Flagge.

Auf Jelzins Initiative hin startete die russische Flotte zwei große Aktionen, um die Schwarzfischerei zurückzudrängen. An dieser beinahe seekriegsähnlichen Operation nahmen der Russische Bundesgrenzschutz, die Militärflotte, das Seeministerium, das Komitee für Fischerei, das Umweltschutzministerium, das Innenministerium, der

Bundessicherheitsdienst (Nachfolgeorganisation des KGB) und die Zollkommandantur teil. In den zwei Großaktionen »Putina '94« und »Putina '95« gelang es einer Flotte von 350 Grenzschutzbooten, 40 Fischereischutzbooten und sechs Militärschiffen, insgesamt 800 000 Dollar Geldstrafe einzutreiben, technische Einrichtungen und gefangenen Fisch im Wert von 400 Milliarden Rubel zu konfiszieren sowie 21 ausländische und 158 russische »Piratenschiffe« aufzubringen.

Hier müssen wir die Siegesmeldung abbrechen. Die ungewöhnlich hohe Zahl der auf frischer Tat ertappten illegalen russischen Fischfänger weist darauf hin, daß das Problem zunächst in Rußland gelöst werden muß. Diese Einsicht brachte im März 1996 den Kapitänsrat des Ochotskischen Meeres dazu, im Namen von 400 russischen Fischern einen Brief an Präsident Jelzin zu schreiben, in dem sie vorschlugen, statt grandioser Flottendemonstrationen die Kontrolle der Lizenzen und Quoten den lokalen Behörden zu überlassen und solche an ausländische Schiffe erst nach Befriedigung der russischen Ansprüche zu verteilen. »Die Anarchie bei der Ausbeutung des Fischbestandes des Ochotskischen Meeres und das Fehlen der Unterstützung durch die Regierung kann dazu führen, daß die Fischereiflotte jenes Gewässers verlustig geht, das die Hälfte der russischen Fischproduktion stellt.«

Obwohl die Annahme der Fischer von Sachalin, den Kurilen und des Amurgebiets, daß der Fisch auch in diesem Falle vom Kopf her stinkt, zweifellos richtig ist, besteht trotzdem die Gefahr, daß eine radikale Lösung nicht zu einer positiven Wende führen wird. Viele Indizien sprechen dafür, daß auch die russischen Fischer ihre Beute nicht auf dem inländischen Markt verkaufen, sondern an zahlungsfähige und vor allem schnell zahlende ausländische Zwischenhändler und sich dadurch der Kontrolle der russischen Zoll- und Steuerbehörden entziehen.

Die empörten Bürger, die im Oktober 1988 die gerechte Verteilung von Fisch und Kaviar forderten, hatten es mit einer geschwächten

Macht zu tun, deren Autorität von Tag zu Tag schwand. Bereits im April desselben Jahres dankte der KP-Chef der Insel, Pjotr Tretjakow, unter dem Druck einer Massenkundgebung vor dem Tschechow-Theater von Juschno-Sachalinsk ab. Der Leiter der Administration, Iwan Kuropatko, blieb zwar noch eine Zeitlang im Amt, wurde jedoch zur Zielscheibe der allgemeinen Unzufriedenheit und verließ, offensichtlich seelisch gebrochen, im Mai 1990 Sachalin.[72]

Der Reformgeschichte Sachalins und der Sowjetunion war die fatale Tatsache gemeinsam, daß die beiden großen Projekte »Glasnost« und »Perestroika« nicht koordiniert werden konnten. Genauer gesagt: Während die Zensur allmählich fast vollständig aufgehoben war, unternahm die immer noch mächtige Parteispitze keinerlei Anstrengungen, um wirkliche Veränderungen im Leben zu bewerkstelligen. So verlor sie aufgrund ihrer Untätigkeit jedes Vertrauen bei der Bevölkerung, während sie gleichzeitig durch ihre »demokratische« Rhetorik den eigenen Apparat immer mehr lahmlegte. Öffentliche Kritik wirkte mehr und mehr zerstörerisch[73] und trug, statt die notwendigen Veränderungen voranzutreiben, nur zum Zusammenbruch des Staatssystems bei. Protagonistin dieses Prozesses war und blieb die alte Parteielite und ein enger Kreis von Intellektuellen.

Sachalin hatte jedoch mit der Perestroika eine spezielle Hoffnung verknüpft. Unter den zahlreichen Halbplänen und Halbutopien der

---

72 Seine Abberufung war in vorsichtiger Weise als Urlaub getarnt. Im Dezember 1990 starb Kuropatko in Moskau. Über die Art des Todes schweigen sich seine Biographen bis heute ahnungsvoll aus. Nach einer Version »konnte er die gemeinen Verleumdungen nicht mehr aushalten, wurde krank und schied aus dem Leben«, nach einer anderen war »der begabte Führungsmann (Leader) von den unendlichen Rügen seiner Arbeit und Person, die unbegründet und unobjektiv waren, tief verletzt und ging faktisch zugrunde (...) so trat das tragische Finale ein«. In der ritualisierten sowjetischen Sprachregelung deuteten solche Formulierungen auf Freitod.

73 Nach einem Aphorismus, der damals die Runde machte: »Die Obduktion hat gezeigt, daß die Ursache des Todes die Obduktion war.«

Übergangszeit ragte das Projekt der gleichzeitigen Schaffung von zwei »freien Wirtschaftszonen« besonders strahlend heraus – eine in Kaliningrad und eine auf Sachalin. Sicherlich inspiriert durch die erfolgreiche chinesische Erfahrung, wollte man sowohl die durch die baltische Unabhängigkeit entstandene Enklave als auch die Insel Sachalin zu einer Art Reformlaboratorium entwickeln. Während die »Glorreichen Sieben« in London dem Präsidenten der demolierten Sowjetunion, Michail Gorbatschow, praktisch einen Korb gaben, schickte im Sommer 1991 Reagans ehemaliger Berater Robert C. McFarlane einen Brief gleichzeitig an den Präsidenten der Russischen Föderation, Boris Jelzin, und an den Gouverneur Sachalins, Wladimir Fjodorow. Der Brief enthielt unterschiedliche Vorschläge (Hilfe, Kredite, private Investitionen), um eine Gesundung des Wirtschaftslebens auf der Insel zu erreichen. Allerdings knüpfte McFarlane alle diese Projekte an eine erhebliche russische Beteiligung und Mitverantwortung.

Der Lebemann, Weltreisende, Ökonom, Publizist und gelegentliche Lyriker[74] Fjodorow, von April 1990 an erster frei gewählter Leiter der Administration und später Gouverneur der Insel[75], war damals noch Mitglied der KP und ein Anhänger der Überführung staatlichen Eigentums in den Besitz der Produktionseinheiten. Diese sollten dann in Zusammenarbeit mit amerikanischen Firmen »die Amortisation beschleunigen« und moderne Maschinen kaufen.

---

74 Eine Kostprobe: »Ich, der Gouverneur ließ auf Sachalin ein Restaurant ›Doktor Schiwago‹ nennen ...«

75 Genauer gesagt, hat er bei der Stichwahl der »Volksdeputierten der Russischen Sozialistischen Föderativen Sowjetrepublik« im Frühjahr 1990 seinen Kontrahenten, den Sachalin-Koreaner Bok Si Kou, mit 47,78% gegen dessen 39,07% von Stimmen geschlagen. Bok Si Kou (Michail Iwanowitsch Bok) meint, er habe aufgrund seiner nationalen Abstammung die Wahl verloren. Ohne dies als mögliches Motiv von vornherein auszuschließen, wage ich die Annahme, daß Fjodorows Durchbruch eher der Hoffnung zu verdanken war, dieser würde über seine internationalen Beziehungen Auslandskapital nach Sachalin locken können.

»Formen, Firmen, Farmen« oder »die drei F« war einer der medienträchtigen Slogans von Fjodorow. Böse Zungen nannten seinen Namen als »viertes F«.

Das Projekt scheiterte einerseits an Moskaus Angst vor dem Risiko, allzu viel in den entferntesten Landkreis der Föderation zu investieren, andererseits an dem rasanten, unkontrollierbaren Tempo derselben »Amortisation« und »Erneuerung der Produktionsfonds«, welche die versuchsweise zu errichtende »freie Wirtschaftszone« allmählich und vorsichtig durchführen sollte.

Statt dessen erfolgte eine völlig unüberlegte Privatisierung, eine Hyperinflation, die Stillegung ganzer Produktionszweige vom Bergbau über die Papierherstellung bis hin zur Viehwirtschaft, die mit einer Reihe ausländischer Investitionen einhergingen, welche bis heute für die Insel kaum sichtbare Fortschritte mit sich gebracht haben. In letzter Zeit knüpfen sich viele Hoffnungen an die gemeinsame amerikanisch-russische Erdölproduktion (hauptsächlich in Ocha). Es steht allerdings zu befürchten, daß die Gesellschaft, die einst von der Idee des freien Unternehmens begeistert war, die günstige Wende ihres Schicksals nicht mehr abwarten kann. Besonders beängstigend sind die demographischen Daten.

Die stetige Verringerung der Bevölkerungszahl (1992: 719 200, 2000: 601 000) ergibt sich einerseits aus Abwanderungen, andererseits aus der sinkenden Geburtenrate. Die Migration betrifft vor allem die Altersgruppe zwischen 25 und 39 Jahren. In den letzten zehn Jahren sank die Lebenserwartung rapide, besonders bei Männern (1990: 62,2, 1998: 59,0), und die absolute Zahl der Morde (1990: 116, 1998: 203) wuchs wesentlich schneller als die der Selbstmorde (1990: 253, 1998: 241). Die Zahl der offiziell registrierten Arbeitslosen betrug am 1. Januar 2000 12 300. Zweifelsohne ist der Tiefpunkt des Jahres 1993 überwunden, als gut die Hälfte der Bevölkerung unterhalb des Existenzminimums dahinvegetierte. Aber von einer spürbaren, dauerhaften Verbesserung der Lebensbedingungen kann keine Rede sein.

ZWEITER TEIL

Dreizehn Tage

Unterwegs

Eines ist sicher: So wie Anton Tschechow – so leicht oder so schwer – kommt man heutzutage nicht mehr auf die Insel Sachalin. Beispielsweise hatten meine Reisegefährtin und ich nicht die Möglichkeit, mit einem Schiff wie der »Bajkal« von Nikolajewsk am Amur nach Fort Alexandrowsk zu fahren. Alexandrowsk hat keinen Hafen mehr. Der einzig mögliche Wasserweg wäre gewesen, mit der Fähre von Wladiwostok oder Wanino nach Cholmsk an der Westküste zu fahren: von Wladiwostok beträgt die Entfernung 1000 Kilometer, von Wanino 250. Keines der unzähligen russischen Reisebüros in Deutschland wußte Genaues über die Route. Sie hätten außer den von Touristen üblicherweise besuchten russischen Großstädten höchstens einen Flug bis Chabarowsk oder Wladiwostok buchen können, aber alles Weitere stand in den Sternen. Tickets für die Fähre könne man, so die Auskunft, nur an Ort und Stelle besorgen.

Später, bereits auf der Insel, hörte ich, daß dies eine endlose Geschichte ist: Die Leute warten, auf ihren Koffern schlafend, tagelang in Wanino vor einem Seebahnhof, wo ab 24 Uhr alles einschließlich der Toiletten abgeschlossen wird. Und die Kajüten auf der Fähre scheinen sich nicht gerade dadurch hervorzutun, daß sie ein Muster an Hygiene wären.

Ja, vieles liegt ohne Frage auch an meiner europäischen Bequemlichkeit. Ich schätze genaue Ankunfts- und Abfahrtstermine, relativ komfortable Hotels und ein gesichertes Programm, besonders wegen des ständigen Termindrucks. Zeitdruck war Tschechow völlig unbekannt, eine Eurocard hatte er auch nicht, und er mußte nicht vor der Abreise eine E-Mail an den Kommandanten General Kononowitsch schicken, ob dieser ihn tatsächlich auf die Insel lassen würde – Tschechow hatte gänzlich andere Schwierigkeiten.

Was die Zulassung für die Insel betrifft, so wurde ich darüber bis kurz vor Reiseantritt, ähnlich wie Tschechow, im Unklaren gelassen. Auf die Frage, ob der visafreie Verkehr zwischen Ungarn und Rußland, ein Überbleibsel der real existierenden Vergangenheit, noch Bestand habe, erhielt ich von der russischen Botschaft in Budapest und Berlin gleichermaßen höfliche, aber unbedingt gegensätzliche Antworten. Für alle Fälle wollte ich mir ein solches Dokument beschaffen. Dazu gehört eine offiziell beglaubigte Einladung aus Rußland, in diesem Fall von der Insel Sachalin, mit der sich der potentielle Gastgeber verpflichtet, für alle Kosten des Aufenthalts aufzukommen. Selbstverständlich kann eine Erklärung dieser Art nur fiktiv sein, aber dennoch – wie sollte ich plötzlich auf einer Insel am Ende der Welt einen Bekannten haben? Meine einzige Möglichkeit war, über einen befreundeten Journalisten in Moskau mit einem anderen Journalisten auf Sachalin Kontakt aufzunehmen.

»Njet problem«, beruhigten mich die russischen Reisebüros in Deutschland, die spielend imstande sind, gegen eine entsprechende Gebühr Visa und die dazugehörigen Einladungen zu beschaffen – wenn es sein muß, innerhalb von vierundzwanzig Stunden. Notabene stieß ich beim Studieren der Annoncen in einer russischen Zeitung auf ein Sonderangebot: Für 10 000 Dollar hätte ich einen US-Reisepaß erwerben können. Anstatt für die fragwürdige amerikanische Staatsbürgerschaft entschied ich mich am Ende für ein deutsches Reisebüro, bei dem ich – auch nicht ohne Komplikationen – die Flüge Berlin–Moskau sowie Moskau–Juschno-Sachalinsk und zurück bestellte.

Bevor die Frage der Notwendigkeit eines Visums geklärt war, teilte man uns von der Insel aus mit, es gäbe dort keinen Individualtourismus, und falls wir recherchieren wollten, bräuchten wir ohnehin die offizielle Einladung einer Institution. Diese wurde uns mit dem Anfangsdatum 28. Juli für dreißig Tage ausgestellt. So landeten wir, sozusagen als fiktive Staatsgäste, am 27. Juli in Moskau. Aufgrund der langen Wartezeit zwischen den beiden Flügen und der großen Entfernung zwischen den Flughäfen Scheremetjewo und Domodedowo hatten wir eine Übernachtung im Hotel Tsaritsino am Rande der Stadt. Es befand sich in einem ehemaligen elfstöckigen Wohnhaus, in dem zum Teil Dauergäste wohnten, vor allem japanische Geschäftsleute. Das Hotel und sein Parkplatz waren von der Umgebung streng abgeriegelt und mit Überwachungskameras sowie bewaffnetem Wachpersonal ausgestattet. Im Hotel-TV konnte man russische, deutsche, amerikanische und japanische Sender empfangen.

Den riesengroßen öden Flughafen Domodedowo hatte ich bereits vor sechs Jahren anläßlich einer Reise nach Chabarowsk gesehen. Damals standen alle Zeichen auf Untergang: Die Reisenden mußten samt Handgepäck in der kühlen Nacht, unter den Flügeln von stehenden Flugzeugen der Aserbajdschan- oder Turkmenistan-Airlines, zu Fuß ihren »Samoljot« erreichen. Jetzt herrschte Ordnung, und es gab eine mir bis dahin völlig unbekannte Dienstleistung: Für 40 Rubel (anderthalb Dollar) wurde auf Wunsch jedes Gepäckstück gesondert in PVC-Hüllen verpackt und mit einem breiten Band zugeklebt. Diese Verpackung war nicht obligatorisch. Trotzdem stand eine lange Schlange vor dem entsprechenden Schalter, was in mir den westeuropäischen Verdacht hochkommen ließ, daß die Reisenden vielleicht auf diese Weise ihren Besitz vor Diebstahl beim Verladen und Entladen sichern wollten. Auf meine taktvolle Frage, ob die zusätzliche Verpackung tatsächlich notwendig sei, antwortete eine Frau bei der Annahme: »U nass nje kradut« (bei uns wird nicht gestohlen). Ich faßte Vertrauen und gab das Gepäck unverhüllt auf – wenn auch mit kleinen harmlosen Schlössern versehen.

Zeit sollte ich noch mehr als genug haben. Angesichts der Tatsache, daß über der 13 000 Kilometer weit entfernten Insel Sachalin Nebel lag, flog die Maschine erst mit einer Verspätung von vier Stunden ab. Bis heute kann ich mir nicht erklären, woher die Entscheidungsträger so genau wußten, was der Nebel zum Zeitpunkt der Ankunft mit uns treiben würde. Sonst kann ich über die achtstündige Reise nur das Beste vermelden. Auf dem Hinweg wurde ein sowjetischer Kultfilm der siebziger Jahre gezeigt, »Die weiße Sonne der Wüste«, mit der Musik des Barden Bulat Okudschawa. Angesichts des infernalischen Lärms im Flugzeug verwandelte sich das Kunstwerk praktisch in einen Stummfilm.

Irgendwo über Jakutien begann man mit der Vorführung einer ebenfalls populären alten Trickfilmserie, in der ein verzweifelter Wolf endlos einem Hasen hinterherläuft und ihn manchmal sogar in die Pfoten kriegt. Aber der Verfolgte hat im letzten Augenblick immer noch schnell eine Idee, die nicht nur ihn rettet, sondern auch die nächste Folge garantiert. Der ausbleibende Ton störte nicht weiter, denn den einzigen Satz, der auch der Serie den Titel gibt, brüllt hier der Wolf: »Na warte, Hase!«

Bevor wir die IL-96 zur Ortszeit gegen zehn Uhr morgens verließen, bat uns die Stewardeß freundlich, einige Sekunden zu warten. Dann gab sie nach unten hin ein Zeichen. Ich dachte schon, die Empfangsdelegation sei nun vorgewarnt worden, damit sie sich mitsamt Blumenstrauß richtig in Positur bringen konnte. Auf der Treppe begrüßten uns drei Männer in Zivil, und einer von ihnen zeigte den Ausweis des Föderalen Sicherheitsdienstes FSB. Sie ließen sich unsere Pässe zeigen und trugen unsere Angaben gewissenhaft in ein Heft ein. Entweder waren wir die einzigen Ausländer auf diesem Binnenflug, oder sie wollten uns durch die Kontrolle ihre Präsenz in der Grenzregion vorführen. Die Prozedur verlief äußerst taktvoll und dauerte nur einige Minuten, aber sie weckte in mir das Gefühl, daß wir auf Sachalin in den nächsten zwei Wochen niemals ganz allein sein würden.

Wenn jemand über »Dichtung und Wahrheit im Fremdenverkehr« eine Studie schreiben will, dann empfehle ich ihm das Studium der deutschen Hotelangebote und anschließend den lebendigen Vergleich mit den real existierenden Möglichkeiten von Juschno-Sachalinsk. Ursprünglich hatten wir folgende Wahl:

Hotel Santa, mit allem, was Auge, Mund und Magen will + Sauna und Fitneß, Doppelzimmer, USD 214,

Hotel Sachalin Sapporo, im Stadtzentrum, Zimmer mit Dusche, WC, TV, Restaurant im Erdgeschoß, Doppelzimmer, USD 206, inkl. Frühstück,

Hotel Gagarin, im Stadtzentrum, Zimmer mit Dusche, WC, TV, kein Restaurant, Doppelzimmer, USD 166, inkl. Frühstück,

Hotel Jevrasia, im Stadtzentrum, mit Dusche, WC, TV, kein Restaurant, Doppelzimmer, USD 114, ohne Frühstück.

Auf die beiden nobelsten Unterkünfte verzichteten wir freiwillig und nahmen auf Anraten unserer direkten Kontaktpersonen, die wir mit Hilfe des befreundeten Moskauer Journalisten inzwischen tatsächlich gefunden hatten, ein kleines Hotel im Stadtzentrum mit WC, TV, Dusche und ohne Restaurant (USD 56), aber mit Frühstück auf dem Zimmer, das wir zusätzlich bezahlen mußten. Das Hotel Gagarin fanden wir überhaupt nicht, und das Hotel Jevrasia, ein ramponiertes Gebäude gleich neben dem Hauptbahnhof, sonderte bereits von weitem einen dermaßen penetranten Gestank von Fett und Reinigungsmitteln ab, daß ich mir Dusche und WC lieber gar nicht erst vorstellen wollte.

Zeitverschiebungen

Wahrscheinlich trug auch der Jetlag dazu bei, daß ich mich bei dem ersten Spaziergang in Juschno-Sachalinsk am Samstag Nachmittag in einen Zustand der Zeitlosigkeit versetzt fühlte. Der Journalist Wladimir Arnautow, der uns vom Flughafen ins Hotel Jakor (Anker) an der Amur-Straße begleitete, mußte schnellstens wieder arbeiten gehen, weil an diesem Nachmittag ein wichtiges politisches Ereignis auf ihn wartete. Er vertraute uns deshalb einem befreundeten jungen Ehepaar an, Jelena, einer Literaturdozentin, und Wolodja, einem Angestellten im Bürgermeisteramt. Diese holten uns am frühen Abend vom Hotel ab und hielten uns für die ganze Zeit unserer Anwesenheit die Treue.

Eigentlich meine ich gar nicht ein Gefühl der Zeitlosigkeit, sondern eher eine Verdoppelung der Zeit und des Ortes. Zweifellos bewegte ich mich in einer sowjetischen Stadt: Von der Amur-Straße kam ich nach einigen Sekunden auf den Kommunistischen Prospekt, von dem nach rechts die Lenin-Straße abbog. Auf der linken Seite sah ich das Gebäude des Hauptpostamts, den Leninplatz mit dem monumentalen Denkmal des Führers der Oktoberrevolution, rechts schließlich einen Lebensmittelladen mit den wohlbekannten Aufschriften »Milchprodukte«, »Fleisch«, »Fisch«, »Brotwaren« sowie »Obst und Gemüse«. Später entdeckte ich die Karl-Marx-, Thälmann-, und Dzierżińskystraße, die übrigens parallel zur Tschechowstraße verläuft, den Friedensprospekt, den Platz des Sieges, den Sitz des ehemaligen Parteikomitees, des Stadtsowjets, des Staatssicherheitsdienstes, des weiteren das Theater, den Pionierpalast, das Kino – alles, was zu Architektur und Ausstattung einer mittleren Landkreishauptstadt[1] der ehemaligen UdSSR gehört.

---

1 Landkreis (Gouvernement, früher Oblastj) – die höchste Verwaltungseinheit in Rußland, sogenanntes »Subjekt der Föderation«, die innerhalb ihres Bereiches

Gleichzeitig wimmelte es von Ladenschildern wie »Amadeus«, »Duncan«, »Stimul«, »Eurostil«, »Lady Business Club«, »Heureka«, »Drive«, »Remake« – und ausgerechnet auf der Dzierżińskystraße protzte ein Computerladen namens »Orbita«. Außerdem boten die Bankfilialen ihre Dienstleistungen an. Jede Westwährung wird gern genommen, aber Dollar und Yen sind zweifellos am populärsten. Während meines Aufenthaltes kostete ein Dollar 27 Rubel.

Abgesehen von Auffälligkeiten dieser Art bezeugten auch andere Merkmale den Wandel der Zeiten: Auf dem Kommunistischen Prospekt stand eine 20 Meter lange und 5 Meter breite, mit durchsichtigem Kunststoff bedeckte Blumenhalle, in der fast ausnahmslos koreanische Verkäuferinnen angewelkte Tulpen, Gerbera, Gladiolen und weitere in durchsichtige Folie gehüllte Blumensträuße made in Holland anboten. Wenn man von der Blumenhalle aus den Kommunistischen Prospekt in Richtung Bahnhof hinunterging, fand man eine Reihe von Kiosken, in denen Zigaretten, Getränke – unter anderem acht westliche Biersorten – und Süßigkeiten angeboten wurden, deren Sortiment vor zehn Jahren höchstens aus Westfilmen bekannt gewesen sein dürfte.

Diese Duplizität läßt sich in jeder größeren Siedlung der GUS feststellen, und doch paßt sie in Zentren mit vorsowjetischer Tradition wie Lwow oder Chabarowsk mehr ins Stadtbild. Auf Sachalin

---

zumindest theoretisch über eine gewisse Autonomie verfügt. Unabhängig davon, in welchem Maße diese praktikabel ist. Bei größerer territorialer Ausdehnung (etwa in Sibirien oder Südrußland) heißt sie »Kraj«, und manchmal erhält sie das Pronomen »national« – so im Jüdischen Autonomen Landkreis mit dem Sitz Birobidschan, wo es heute fast keine Juden mehr gibt. Bei meinem Besuch dort im Frühjahr 1994 legte man mir nahe, wenn ich wissen wolle, ob eine Stadt in Rußland tatsächlich diesen Rang besäße, müsse ich nur die Frage stellen, ob sie eine eigene Philharmonie oder ein Dramatisches Theater habe. In Juschno-Sachalinsk entdeckte ich diese beiden Institutionen unmißverständlich, obwohl sie in der Sommersaison geschlossen waren. Jeder Landkreis verfügt über Bezirke (Rayons) und Bezirkshauptstädte – auf Sachalin über 17.

hingegen muten die Kioske ebenso wie die kleinen Lebensmittelläden provisorisch an – als hätte ein schillernder Wanderkapitalismus vorübergehend seine Zelte hier aufgeschlagen. Je farbiger sich diese Schokoladenwelt zeigt, desto eintöniger wirken die monumentalen öffentlichen Gebäude oder die maroden Plattenbauten der siebziger Jahre. Zwei Spiegelländer treffen sich hier: Die Buden von Bounty, Snickers und Mars, die so tun, als versprächen sie eine lichte Zukunft, und die Architektur sowjetischer Provenienz, welche die Gewißheit vortäuscht, die Stabilität der Vergangenheit sei noch da, und man könne daraus Hoffnung schöpfen. Dies alles ist ein Trugbild – vielleicht bis auf die holländischen Blumen, die von den Koreanerinnen gegenüber dem Lenin-Denkmal angeboten werden: Sie sind in Zellophan verpackt, und jeder weiß, daß sie nach kürzester Zeit verwelkt sind.

Eine der verkommenen Straßen, die Sachalinskaja, wurde gerade neu asphaltiert; eine Dampfwalze der Marke Rimex fuhr langsam auf der rechten Straßenseite, mit einer offenen Gasflamme in der Nähe des Kotflügels. Ich ging auf der linken Straßenseite und war damit beschäftigt, nicht ständig über Risse und Schlaglöcher zu stolpern und gleichzeitig die kleineren und größeren Müllhaufen zu meiden. Schließlich kam ich zu dem Bach Rogatka, über den ein Architekt von offensichtlich gutem Geschmack eine schlanke Brükke gebaut hat, als handle es sich um die Newa. Vielleicht hatte er von der urbanen Landschaft des »nördlichen Venedigs« geträumt, zumal die grünen Hügel vulkanischen Ursprungs (in Sibirien werden sie »ssopki« genannt) oberhalb der Stadt in sichtbarer Nähe sind. Doch mein Blick streifte nur ein halb vertrocknetes Bachbett, in dem sich ein wilder Autofriedhof befand, bestückt mit mehrheitlich japanischen Autoleichen.

Sowohl der legale als auch der illegale Handel mit japanischen Gebrauchtwagen der Marken Mazda, Mitsubishi, Daihatsu und anderen begann Ende der achtziger Jahre, als die Sachalinenser noch hübsche Beträge auf ihren Sparbüchern hatten und die Japaner gern ihre alten Autos loswerden wollten. Auch der Omnibuspark des öffentlichen Nahverkehrs verfügt außer über ausgediente sowjetische »Kamas« über eine Reihe gebrauchter japanischer Kleinbusse.

Daß der Handel in weiten Teilen immer noch schwarz läuft, läßt sich aus dem großen Angebot von Fahrzeugscheinen für bereits vorhandene und möglicherweise verschrottete Pkw schließen. Die ältesten annoncierten Modelle stammen aus den Jahren 1983 oder 1984, und es wird jederzeit nach Ersatzteilen für die veralteten Marken gesucht.

Nachdem ich die sterbliche Technik in dem vertrockneten Bachbett hinter mir gelassen hatte, befand ich mich mitten im Gagarin-Park, der immerhin 90 Hektar groß ist. Die Wege dorthin führen bereits durch ein Waldstück und waren sehr bevölkert – hauptsächlich Jugendliche strömten in das Stadion, wo es an diesem Tag ein Rockkonzert geben sollte. Der Park selbst, den in den zwanziger Jahren ein japanischer Großunternehmer für Toyohara (so der Name der Stadt in der japanischen Kolonialzeit) anlegen ließ, verrät in seinen Konturen die Herkunft. Es gibt kleine Hügel, versteckte Pfade, Bächlein, die Ruine eines japanischen Teehauses, das Fundament eines ehemaligen shintoistischen Tempels und einen einsamen steinernen Löwen. Auch spätere Bauschichten sind erkennbar und ein paar Bänke; auf einer gaben sich ein Mann und eine Frau zur Zeit meines Spaziergangs ihrer durchaus irdischen Liebe hin. Überhaupt konnte es hier, auch zu sowjetischen Zeiten, intim und gemütlich zugehen. Den allgegenwärtigen Asphalt auf den Wegen fand ich jedoch fehl am Platz, und auch hier im Grünen störte der Müll.

Hinter dem Park liegt die Wenskaja ulica, die Wiener Straße mit dem Luxushotel »Santa«, Sauna und Golfplatz inklusive, eigentlich ein Stück naher Westen im Fernen Osten. Eine Übernachtung kostet etwa 180 Dollar oder 1296 Rubel – das sind 30 Rubel weniger als das offizielle monatliche Existenzminimum auf der Insel, welches zu erreichen wiederum für 36 Prozent der Bevölkerung ein ersehntes Ziel ist.

Der Gouverneur und der Bürgermeister

Von Wolodja erfahre ich Näheres über das politische Ereignis, das unseren Mentor, den Journalisten Arnautow, daran hinderte, sich persönlich um uns zu kümmern. Im Konzertsaal Capriccio sollte sich an diesem Nachmittag die Elite des Landkreises versammeln – allerdings nicht, um gemeinsam Musik zu machen, und wenn doch, dann würde es sich um die Gründung eines Orchesters mit sehr unterschiedlichen Instrumenten und Stimmlagen handeln. Die »politische und gesellschaftliche Bewegung«, die auf den Namen »Unsere Inseln« hört – der Plural deshalb, weil auch die Kurilen gemeint sind – wollte bei den Wahlen im Oktober den Gouverneur Igor Farchutdinow abwählen, dem Unfähigkeit und Vetternwirtschaft vorgeworfen wurden. Eine breite Koalition fand die Idee hervorragend: Die Kommunisten, der liberale Block »Jabloko«, der »Bund rechter Kräfte«, außerdem Frauen-, Rentner-, und Veteranenverbände suchten nach einem gemeinsamen Kandidaten, wobei fast alle wußten, daß niemand außer dem Bürgermeister Fjodor Sidorenko imstande sein würde, dem mächtigen Inselvorsteher die Stirn zu bieten.

Zwischen Farchutdinow und Sidorenko geht es seit Jahren ähnlich zu wie zwischen Wolf und Hase im erwähnten Trickfilm. Der jetzige Gouverneur war Anfang der neunziger Jahre Bürgermeister der Gouvernementshauptstadt, und als er zum Chef der Administration ernannt wurde, war Sidorenko eine Zeitlang sogar sein Stellvertreter. Sie konnten nicht zusammenarbeiten, und als der abgedankte Vizegouverneur 1997 für das Bürgermeisteramt der Stadt Juschno-Sachalinsk kandidierte, setzte sein Kontrahent angeblich alles in Bewegung, um seine Wahl zu verhindern – ohne Erfolg. Seitdem wütet regelrecht ein Kalter Krieg zwischen den Kontrahenten, und ungeachtet dessen, daß das Bürgermeisteramt und der Gouverneurssitz nur fünf Minuten Fußweg voneinander entfernt sind, gehören Begegnungen der beiden Politiker nicht zu den häufigsten auf der Insel.

Obwohl die Koalition von Parteien, die ansonsten ebenfalls Wölfe und Hasen füreinander sind, schon ein eindrucksvolles Phänomen darstellte, konnte Wladimir die tatsächlichen Chancen für »Unsere Inseln« nicht vorhersagen. Seit es auf Sachalin freie Wahlen gibt, verringert sich bei jedem neuen Urnengang der Wunsch der Bevölkerung, von ihren demokratischen Rechten Gebrauch zu machen. Selbst im euphorischen Jahr 1990 entschieden zwischen den beiden Kandidaten (Walentin Fjodorow und Bok Si Kou) nur 66% der Wahlbürger. 1996 gaben 33,7 Prozent der Wahlberechtigten ihre Stimme ab, und Farchutdinow siegte mit einem Anteil von 39,5 Prozent dieser Stimmen. Offensichtlich erwarten die Sachalinenser zu wenig von ihren Stimmzetteln, und selbst grundverschiedene politische Credos werden kaum mit den Namen lokaler Politiker identifiziert. Insgesamt ziehen sie der Politik das Thema Wetter vor, das sich hierzulande nicht für small-talk eignet, sondern eine Existenzfrage ist.

Das Sonntagsprogramm

Auf Sachalin erlebte ich für dortige Verhältnisse eine Hitzewelle: Die Tagestemperatur sank nie unter 20 Grad, und selbst im Norden erreichte sie Höchstwerte bis 32 Grad. Die Temperatur des Ochotskischen Meeres lag im Norden bei 19, an der Ostküste bei 18 Grad. Trotzdem wußte ich nie, wann ich was anziehen sollte. Wenn ich eine Jacke trug, war mir zu heiß, mit Hemd und T-Shirt und Pullover zu kalt. Den Regenschirm meinte ich täglich mehrmals zu brauchen, obwohl es dann doch nie zu einem Schauer kam. Am sinnvollsten erschien mir im Nachhinein die Entscheidung, extra für diese Reise wasserdichte Schuhe mit dicken Kreppsohlen zu kaufen. Die einzige Konstante blieb die hohe Luftfeuchtigkeit, die mal zu Schweißausbrüchen, mal zum Frösteln führte, aber immer ermüdend wirkte. Ich hatte den Eindruck, daß ich mich nie an diese Witterung gewöhnen könnte, und bewunderte spontan die Inselbewohner, die sie sichtbar stoisch ertrugen.

Am Vormittag besuchte ich zwei Museen. Die Regionalgeschichte wurde in einem ehemaligen japanischen Palast präsentiert, welcher bereits vor dem Krieg als Museum gedient hatte. Im Garten stand ein Denkmal des Ethnologen Bronislaw Piłsudski sowie eine Kanone vom Kreuzer »Nowik«, den die Russen während des Krieges 1904 versenken ließen, damit er nicht in die Hand der Japaner geriete. In der Ausstellung war die Volkskunde am umfassendsten vertreten, und am wenigsten war über die neuere Geschichte zu erfahren. Toyohara und die japanische Kolonialzeit fehlten gänzlich, die sowjetische Zeit wurde durchgängig unkritisch betrachtet, die Perestroika kaum dokumentiert, und bei der Darstellung des aktuellen Lebens dominierten bunte japanische Werbematerialien – übrigens ohne russische Übersetzungen der Texte – und Dokumente über Städte- und Bezirkspartnerschaften. Vor allem mangelte es an Originalexponaten, die atmosphärisch etwas Authentisches hätten vermitteln können.

Im Kunstmuseum hingegen ließ sich in erstaunlicher Weise ein versunkenes Atlantis rekonstruieren. Die Graphiken und Aquarelle des 1999 verstorbenen Künstlers Venjamin Riedel, vornehmlich Städtebilder aus den sechziger Jahren, bezeugten, daß damals noch zahlreiche Gebäude aus der Kolonialzeit existiert hatten und auch benutzbar waren. Später, während der Leonowschen Goldenen Ära, waren sie abgerissen worden. Die schönen Bilder paßten in die

Umgebung, in der sie ausgestellt waren: Das Gebäude hatte früher der japanischen Bank in Toyohara gehört, und im ersten Stock bat mich das Personal, Pantoffeln anzuziehen, um das erhalten gebliebene Parkett zu schonen.

In der Woche vor meiner Ankunft hatte ein Zyklon das Ochotskische Meer heimgesucht. Er blieb zunächst über dem Wasser hängen und zog anschließend, nachdem er auf vier Bezirke der Insel eine förmliche Sintflut losgelassen hatte, weiter nach Kamtschatka. Im Bezirk Cholmsk standen mehr als hundert Häuser unter Wasser, Brücken wurden weggespült, Kabelverbindungen zum Festland beschädigt und Gärten zerstört. Aufgrund von mehr als zwanzig Erdrutschen war einige Tage lang der Eisenbahnverkehr an der Westküste lahmgelegt.

Vierzig, fünfzig Kilometer vom Ort der Katastrophe entfernt saß ich in einer Zweizimmerwohnung im Studentenheim, in einer Chruschtschowka[2], und feierte den Geburtstag unserer Begleiterin Jelena. Etwa drei Stunden verbrachte ich in der Wohnung, während sich draußen Sonnenschein und Regen ständig abwechselten. Die Anwesenden waren Verwandte und Bekannte des uns begleitenden Ehepaars – mit mir und Andrea ungefähr vierzehn Personen, die kaum alle in dem größeren Raum der Wohnung Platz fanden. Teller, Teetassen und Weingläser waren eng zusammengestellt, während in der Mitte des länglichen Eßtisches, umrahmt von Wodka-, Sekt- und Weinflaschen, eine riesige Salatschüssel stand. Alles, was es sonst noch gab – Massen von Fisch, Fleisch, Kartoffeln und schließ-

2 »Chruschtschowka« – volkstümliche Bezeichnung für die Plattenbauten der Ära Chruschtschow (1953–1964), bösen Zungen zufolge ein mutiger technischer Versuch, den Boden mit der Decke zu vereinigen. Die spätere Version hieß »Breschnewka« (Ära Breschnew – 1964–1982). Ihre Räumlichkeiten waren etwas großzügiger bemessen, und Rohre und Leitungen waren nur selten unter Putz verlegt. Die exportfähigen Ausführungen dieser Bauart waren im gesamten Ostblock verbreitet.

lich als Dessert die unvermeidliche Schokoladentorte – weckte in mir als einem zur Diät verdammten Menschen recht gemischte Gefühle, zumal ich weiß, daß bei einer russischen Geselligkeit Zurückhaltung fehl am Platz ist und in jedem Fall als unhöflich gilt. Heimlich zählte ich unentwegt Kalorien, Fette und Kohlenhydrate. Außerdem setzte ich gewisse Hoffnungen in Andrea und schmuggelte so manches Stück des ansonsten nicht zu verachtenden Bukkellachses auf ihren Teller. Irgendwann erklärte ich öffentlich, ich sei nun satt, und alle weiteren Verpflichtungen müßten nun von Andrea wahrgenommen werden. Noch Tage später hielt sie mir diese Verlautbarung als typisch männlichen Gewaltakt vor.

Damals ahnte ich nicht, daß dieses Gelage nur das erste in einer langen Kette von ähnlichen lukullischen Ereignissen sein sollte. In den knapp zwei Wochen unseres Aufenthaltes wurden wir zu einem weiteren Geburtstag, einem Hochzeitstag und zwei fröhlichen Geselligkeiten ohne besonderen Anlaß eingeladen – es hätten aber auch mehr werden können. Keine von diesen war einer Party ähnlich, sondern typisch russische familiäre Ereignisse, bei denen der geladene Gast gleichberechtigt an einem grundsätzlich endlosen Gespräch teilnehmen kann.

Angesichts der sichtbaren Veränderungen der Wetterlage hinter dem Fenster kam einer der Gäste, der Ichthyologe Igor, auf die Frage, ob und wann in diesem Jahr der Fischzug zu erwarten sei. Daß es bald soweit sein würde, zeige sich an der wachsenden Unruhe der Bären, welche aus der Taiga immer häufiger zu den Flußufern kämen, um von der Wanderung der Fische zu profitieren. Wenn die Beute allzu lange auf sich warten ließe, treibe der Hunger die Bären manchmal bis zum Stadtrand. Ausflugsgruppen wurden in Zeitungen und Rundfunksendungen gewarnt, bei etwaigen unangenehmen Begegnungen vor allem Ruhe zu bewahren und keinesfalls die Flucht zu ergreifen, weil dies bei den Tieren leicht Jagdreflexe auslösen könne. Ich nahm mir fest vor, die Wirksamkeit der empfohlenen ruhigen Haltung bei der nächsten sich ergebenden Gelegenheit auszuprobieren. Meine Begegnung mit einem Bären erfolgte eine Woche später, als mir bei einem Gartenfest in Pervaja Padj (Bezirk Korsakow) Bärenfleisch angeboten wurde. Ich bewahrte also Ruhe und verkostete den exotischen Leckerbissen. Obwohl ich darauf sofort einen Schnaps trinken mußte, sah ich ein, daß es besser ist, wenn ich den Bären fresse als umgekehrt.

Im Anschluß an die Geburtstagsfeier machte sich Tante Walja, eine charmante und überhaupt nicht tantenhafte Fünfzigerin, die bei der Finanzverwaltung des Gouvernements arbeitete, auf den Weg, um, wie sie es nannte, »die Lage vorzubereiten«, das heißt, noch am selben Tag ein ähnliches Küchenfest zu organisieren – zu Ehren der Gäste aus dem fernen Berlin. Zur Erholung besichtigten alle anderen die Umgebung der Stadt. Ich verfolgte dabei das Ziel, mit Hilfe einer vollständigen Liste der von Tschechow erwähnten Ortschaften die entsprechenden Spuren aufzufinden. Die natürlichen Grenzen dieser Idee wurden schon bald sichtbar. Die meisten Dörfer von damals sind mittlerweile längst der Stadt Juschno-Sachalinsk (ehemals Siedlung Wladimirowka) angegliedert. Wenn Tschechow etwa von der Siedlung Mikulka behauptete, dort habe es anno 1890 genau 17 Kühe, 13 Pferde und 64 Hühner gegeben, dann sah ich als Fortsetzung der damaligen Tierhaltung ein einziges Schild: »Vorsicht! Bissige Gänse!« Und wenn der Dichter über das Dorf Listwennitschnoje vermerkt, daß dort unter den 15 Einwohnern keine einzige Frau lebte, so konnte meine Wahrnehmung einer jungen Bäuerin, die wir auch sofort fotografierten, bestenfalls einen stilisierten Zusammenhang mit der Vergangenheit herstellen. Die Kontinuität wurde allein vertreten vom »Tschornaja Retschka« (Schwarzen Fluß), dem bereits Tschechow auf den Grund zu blicken versucht hatte – man konnte sich nur fragen, ob er inzwischen nicht noch schwärzer geworden ist.

Trotzdem erwies sich der Rundgang als nützlich, ja unentbehrlich, um sich physisch und seelisch auf das nächste Festessen vorbereiten zu können.

Dieses fand in einer »Breschnewka« statt, ebenfalls kein Prachtbau, aber die Wohnung mit Bildern, Bücherregalen, Teppichen und nicht zuletzt mit Tante Waljas Ikebanakunst ausgestattet. Das Essen wurde in der Einbauküche serviert, ebenso reich wie einige Stunden zuvor. Diesmal setzte ich mich angesichts des Überflusses von vornherein zur Wehr, aber Tante Walja winkte ab und sagte, daß jeder nach Belieben essen und trinken solle. Allerdings wurde im Fünfminutentakt immer etwas Neues angeboten, so daß praktisch kein Entrinnen möglich war.

Hier lernte ich noch einen Sammler kennen, dessen Leidenschaft aber nicht den Blumen, sondern einzig und allein dem Russisch-Japanischen Krieg 1904–1905 galt. Meine Bemerkung, die russische Militärführung habe seinerzeit die Vorbereitungen vernachlässigt, die nötig gewesen wären, um den japanischen Angriff abzuwehren, wies er wie eine persönliche Beleidigung zurück. Er beteiligte sich seit Jahren an Expeditionen vor Ort mit dem ausdrücklichen Ziel, derartige Verleumdungen zu widerlegen. Das ganze Fiasko damals sei eine einzige Kette von tragischen Zufällen gewesen, sagte er, und erklärte die Geschichte in der einzigen Form, in welcher sie niemals existiert, nämlich im Konjunktiv: Wenn der General Soundso nicht in jener, sondern in der nächsten Stunde und nicht hier, sondern dort den Angriff begonnen hätte, dann wäre für Rußland und die Welt alles anders gekommen. Als Ermunterung zur Wahrheitssuche schenkte er mir eine Patronenhülse aus jener Zeit, die in der Waffenfabrik Tula produziert worden war.

Mitten in unserem Streit über Port Arthur erschien ein neuer Gast, ein Koreaner mittleren Alters samt russischer Ehefrau und Kleinkind. Es stellte sich heraus, daß er der Leiter des Jugendclubs seines Nationalverbandes war, worauf sich mein Interesse vom Russisch-Japanischen Krieg auf die Gegenwart verlagerte. Ich fragte ihn nach Lebensweise und Tätigkeiten der Koreaner, von denen ich bisher nur lächelnde Blumenverkäuferinnen gesehen hatte. Man könne wohl darüber sprechen, antwortete der Koreaner, allerdings wäre es gut, wenn ich meine Fragen zuerst schriftlich formulieren würde. Obwohl er mich später mit seinem Auto zum Hotel brachte, hatte ich wenig Lust zu einem solchen Interview sowjetischen Stils.

Beim Bürgermeister

Fjodor Sidorenko empfing mich in seinem Kabinett in der dritten Etage der »Merija« (Rathaus) von Juschno-Sachalinsk. Er hatte wenig Zeit und antwortete auf meine gezielten Fragen mit eingeübt wirkenden Statements.

Er schilderte das Problem der Insel und ihrer Hauptstadt. Der »Moskauer Onkel«, wie er sagte, »beobachtet alles und will alles haben, hauptsächlich Erdöl und Gas, die direkt nach Komsomolsk am Amur fließen. Die Braunkohle bleibt als Energiequelle übrig, aber die Produktion ist zu teuer. Wir mußten elf Gruben schließen, eine ist übriggeblieben.« Außerdem sei Fisch ein idealer Handelsartikel – schade nur, daß Moskau und Sachalin in dieser Frage Rivalen seien und außerdem der Gouverneur den Fischfang der städtischen Unternehmer limitiere (Juschno-Sachalinsk liegt 40 Kilometer von der Ostküste des Ochotskischen Meeres entfernt).

Der Spielraum der Stadt sei von vornherein durch das Gouvernement und die Duma, das Parlament des Gouvernements, eingeengt: Während Juschno-Sachalinsk 52 Prozent seiner Fischproduktion an Moskau abgebe, erhalte die Stadt nur 25 Prozent aus dem Budget des Gouvernements, und damit lasse sich nicht viel anfangen. Er suche nach anderen Einkommensquellen. Den Tourismus könne man entwickeln, doch gehörten sicherlich Hotelbauten dazu. In der letzten Zeit habe es zwei Hoffnungsschimmer gegeben: Die Chinesen aus der Volksrepublik wollten in die Stromindustrie investieren, und eine Firma aus Alaska habe Interesse geäußert, sich am Ausbau der feinmechanischen Industrie zu beteiligen.

Der fünfzigjährige, westlich gekleidete, leise sprechende Bürgermeister machte auf mich den Eindruck, daß er etwa die Hälfte des Weges vom früheren Parteifunktionär zum Berufspolitiker hinter sich hatte. Sein Auftritt hatte nichts Militantes, und er wollte in keiner Weise mehr Macht ausstrahlen, als er tatsächlich besaß. Selbst der offene Konflikt mit dem Gouverneur, jedenfalls so wie er ihn schilderte, schien weniger einem Duell als einem Schachspiel zu ähneln.

Während des Gesprächs machte sein Assistent Polaroidaufnahmen, die er mir einige Tage später auf einer Diskette zukommen ließ. Scharf gestochene Bilder waren entstanden, anders als die Eindrücke, welche das Gespräch hinterlassen hatte. Grundlegende Daten – die Zahl der Arbeitslosen, der Stand der Investitionen, die Situation der Minderheiten – blieben ungenannt.

Wer ist arm in der Stadt?

Auf der Sachalinstraße befindet sich in einem reparaturbedürftigen einstöckigen Haus, das früher der Armee gehörte, das Sozialamt oder, wie es hier heißt, das »Büro für die soziale Versorgung der Bevölkerung«. Man hatte mich an den zahlreichen Antragstellern vorbeigeführt, und nun saß ich bei Herrn Sergej Sabolotnij, der heißes Wasser und Teebeutel anbot. Eine Journalistin aus dem Pressezentrum gesellte sich dazu, und ich hatte den Eindruck, daß sie mehr Interesse an meinen Fragen als an den Antworten des zuständigen Beamten zeigte.

Die Armut in Juschno-Sachalinsk ist grau, beinahe unauffällig, und auch der Reichtum versteckt sich hinter den vergitterten Häusern der Neureichen oder, wie man sie hierzulande nennt, der »Neuen Russen«. Man sieht auf der Straße zwar arm aussehende, schlecht gekleidete Leute, aber es gibt keine herzzerreißenden Szenen wie in Moskau, wo vor einigen Jahren aggressiv bettelnde Kinder Touristenbusse gestürmt haben , oder wie im ukrainischen Tschernowitz, wo Universitätsdozenten direkt vor der alma mater mit Gebrauchtwaren handeln. Die Tatsache, daß 36 Prozent der Bevölkerung unter dem monatlichen Existenzminimum (1324 Rubel) leben, wirkt ebenso abstrakt wie die Streuung des durchschnittlichen Monatseinkommens zwischen 1846 und 2832 Rubel. Die Geschäfte sind voller Kunden, und zumindest im Stadtzentrum dominiert eine relativ wohlhabende Schicht der Bevölkerung. Allerdings ist jede Hauptstadt, auch Juschno-Sachalinsk, eher ein Schaufenster.

Trotzdem verfügt das Sozialamt mit seinen fünfzehn fest angestellten und fünfunddreißig freien Mitarbeitern über eine Klientel von 11 000 Personen – in einer Stadt, die 180 000 Einwohner hat. Direkte finanzielle Zuschüsse beziehen vor allem die früher privilegierten Personengruppen – Veteranen des Großen Vaterländischen Krieges, Invaliden der Feldzüge nach Afghanistan und Tschetschenien – sowie alleinstehende Mütter und Familien mit vielen Kindern, wo das Monatseinkommen 950 Rubel nicht übersteigt. Zu den Armen in Rußland zählt man diejenigen, deren Einkommen unter das offizielle Existenzminimum rutscht.

Auf Sachalin werden bargeldlose Formen der Sozialhilfe eindeutig präferiert: In vier »Restaurants« des Typus »stolowaja« (mit Selbstbedienung) erhalten 8000 Kostgänger täglich eine warme Mahlzeit für einen Talon im Wert von 15 Rubel, und an etwa 300 Alte, Kranke und Körperbehinderte wird das Essen nach Hause geliefert. Manche Leute bekommen Heizmaterial oder Mehl aus amerikanischen Lebensmittelpaketen. Jede Hilfe muß beantragt werden und ist mit Kontrollen verbunden – ob zum Beispiel die potentiellen Klienten nicht einen Garten besitzen, der als Quelle der Selbstversorgung dienen kann. Die beim Gesundheitsamt registrierten chronischen Alkoholiker[3] sind grundsätzlich von staatlichen Wohltaten ausgeschlossen. Schließlich bietet das Sozialamt Unterstützung bei Todesfällen an, da bereits die billigste Bestattung 2000 bis 3000 Rubel kostet.

Die Prognosen, gibt Herr Sabolotnij zu, sind nicht gerade rosig. Infolge der Migration auf der Insel wächst die Bevölkerung der Stadt und damit die Anzahl der Arbeits- und Obdachlosen. Dazu kommen die von der staatlichen Unterstützung ausgegrenzten Trinker, außerdem einige hundert Drogensüchtige. Viele Hilfsbedürftige lassen sich entweder aus Schamgefühl – da sie einmal zu den »besseren Leuten« gehörten – oder aus sowjetisch geprägter Unmündigkeit und Angst vor jeder Behörde gar nicht erst registrieren.

Ohnehin bin ich der Meinung, daß es unter den klimatischen und sozialen Verhältnissen der Insel – selbst bei einer stabilen Wirtschaft – immer eine große Anzahl von Menschen geben wird, die nicht selbst für sich sorgen können. So war Trunksucht selbst in der blühenden Sowjetzeit, als die Stromversorgung noch halbwegs gesichert war, gleichzeitig eine Krankheit und ein Hilfsmittel gegen die auch klimatisch und geographisch bedingte Inseldepression. Allein aus dieser Sicht erscheint mir plausibel, daß die Reform Gorbatschows, deren erster Schritt eine radikale Einschränkung des Alkoholkonsums war, gerade auf der Insel Sachalin von vornherein zum Scheitern verurteilt war. Aber unabhängig davon sind alle Lebensbedingungen auf der Insel langfristig gesundheitsschädlich, und die Existenz hier verkürzt automatisch die Lebenserwar-

---

3 Ihre Zahl im ganzen Gouvernement wird für das Jahr 1998 mit 17335 angegeben, während im selben Zeitraum 158 Personen (199 Männer und 39 Frauen) an Alkoholvergiftung starben. Es besteht der Verdacht einer äußerst hohen Dunkelziffer, besonders, wenn man bedenkt, daß im Jahre 1995 bei einer ähnlich großen Anzahl von Alkoholkranken die Trunksucht 511 Opfer forderte (400 Männer und 111 Frauen). Außerdem läßt die dramatisch sinkende Lebenserwartung darauf schließen, daß beides zusammenhängt.

tung. Deshalb sollte staatliche Unterstützung hier nicht die Ausnahme, sondern die Regel sein.

Dies war bereits zu Tschechows Zeiten der Fall, als der Artikel 402 des »Statuts« der Strafkolonie dem jeweiligen Generalgouverneur des Amurgebiets erlaubte, »auf Staatskosten jene Sachaliner Siedler zu verpflegen, die nach Befund der örtlichen Behörden keine eigenen Mittel dazu besitzen«. – »Heute«, schreibt Tschechow anno 1890 , »werden die meisten Sachaliner Siedler nach ihrer Entlassung aus der Katorga zwei oder seltener drei Jahre lang vom Fiskus mit Kleidung und Nahrung in Höhe der gewöhnlichen Sträflingsration versorgt. Den Siedlern eine solche Hilfe zu erweisen, veranlaßt die Verwaltung zu Erwägungen humanitärer und praktischer Art.« Die Botschaft ist eindeutig: Freie Bürger dürfen nicht schlechter leben als Gefangene, sonst weinen sie der Sklaverei nach.

Zwei Zukunftsbilder und ein Ultimatum

Der Gouverneur Igor Farchutdinow kehrte Ende Juli von einer Dienstreise auf dem Festland zurück und hatte gleich eine sensationelle Neuigkeit mitzuteilen: Er habe gemeinsam mit Anatolij Tschubajs, dem Präsidenten der Aktiengesellschaft »JES Rossija« (Einheitliches Energiesystem Rußland), ein Protokoll unterschrieben. Dementsprechend solle auf Sachalin ein Elektrizitätswerk von 4500 Megawatt Kapazität gebaut werden. Über ein 2000 Kilometer langes Kabel könne man entlang der Meerenge Laperouse unter Umgehung des Festlandes 4000 Megawatt Strom an Japan liefern und mit dem Rest die Energiesorgen der Insel lösen. Die Energiebrücke werde ungefähr 10 Milliarden Dollar kosten und im Jahre 2015 in Betrieb gehen. Dabei denke man auch an die Fischer, denen eine Milliarde Kompensation für ihre durch den Bau verlorengehenden Fischgründe zur Verfügung gestellt würden. Tschubajs denke, daß bei diesem grandiosen Vorhaben das einzige Minus in seiner zeitlichen Länge bestehe, ansonsten sei das Projekt »ein Kranich, den man nicht wegfliegen lassen darf. (...) Sachalin wird dadurch zum energetischen Zentrum der gesamten Region.« Allerdings hatte der AG-Chef gestanden, daß es »keine hundertprozentige Garantie« gebe, daß alles »auch so geschieht«. Gouverneur Farchutdinow gab sich jedoch bereits mit der Existenz des schriftlichen Abkommens zufrieden: »Allein die Gespräche über das Projekt steigern die Anziehungskraft des Gouvernements.«

Der Zeitpunkt der geplanten Inbetriebnahme des Kraftwerks, wenn es überhaupt jemals gebaut werden sollte, fällt in das Jahr, für welches die Statistiker nichts Gutes voraussagen. Laut Prognose verliert die Insel aufgrund von Abwanderung und niedriger Geburtenrate bis zum Jahre 2016 weitere 134000 Einwohner, und nur 48 Prozent der Bevölkerung werden arbeitsfähig sein. Der Kranich fliegt also zu hoch. Außerdem sollte der geplanten monströsen Energiequelle das Erdöl- und Gasvorkommen der Insel als Rohstoff dienen, was zumindest eine Koordination mit den bereits genutzten Vorkommen voraussetzt. So lautet die Kritik der Fachleute. Gleichzeitig wird in Sibirien ein ähnliches Projekt auf zwei Jahre befristet, was natürlich ebenfalls völlig unrealistisch ist. Die Tatsache, daß von der erträumten Summe von zehn Milliarden Dollar bereits jetzt eine Milliarde »für die Entschädigung der Fischer« vorgesehen ist, läßt die ökologischen Folgen des Vorhabens erahnen.

Die Normalbürger stellen die Frage anders: Warum liegt Japans Energie im Jahre 2015 den hohen Herren mehr am Herzen als Sachalins Licht und Wärme im kommenden Herbst und Winter?

Die Stromausfälle in Sibirien und auf Sachalin werden nur selten durch das Toben der Elemente verursacht. Mitten im Sommer starb in der Klinik von Wladiwostok ein Säugling, weil das Beatmungsgerät plötzlich keinen Strom mehr hatte. Dies konnte und kann auch durch den schlechten technischen Zustand des Netzes zustandekommen. Chronisch wird das Problem infolge einer unglücklichen Konstellation: Die Stromgebühren entrichtet die Bevölkerung, ebenso wie die großen öffentlichen Abnehmer, an die Stadtwerke. Diese sind verpflichtet, die Einzahlungen an den Stromproduzenten weiterzuleiten. Auf Sachalin kamen sie im Jahre 2000 dieser Pflicht nicht rechtzeitig und nur teilweise nach – allerdings waren die Normalbürger nur für 10 Prozent der insgesamt 800 Millionen Rubel Schulden der Stadtwerke verantwortlich, alles andere ging zu Lasten von Betrieben und Amtsgebäuden. Der Chef des Stromproduzenten »Sachalinenergo« drohte trotzdem mit Kollektivbestrafung. In einer öffentlichen Botschaft »an die Leiter der Institutionen, Unternehmer und die Bevölkerung des Landkreises Sachalin« verkündete er:

»Die Praxis hat gezeigt, daß die Überzeugungsmethode bei notorischen Nichtzahlern keine Wirkung erzielt. Das einzig wirkungsvolle Instrument ist (...) die Einschränkung oder Abschaltung der elektrischen Energie und Wärme. (...) Wenn wir heute dieses Problem nicht lösen, dann muß es nach dem Einbruch des Winters unter viel komplizierteren Bedingungen gelöst werden. Wir wollen nicht, daß Eure Familien wegen gewissenloser Verbraucher im Dunkeln frieren und Eure Kinder in ungeheizten Räumlichkeiten lernen müssen.«

Um so schlimmer sind die Beschwichtigungsversuche der staatlichen Stellen. Wenn Präsident Putin zum Beispiel auf einer Konferenz im sibirischen Blagowestschensk im Sommer 2000 behauptete, daß »Sachalin im Sinne der stabilen Energieversorgung unter den benachbarten Landkreisen herausragt«, dann gibt diese Behauptung einfach nur den gewöhnlichen Informationsstand der jeweiligen russischen Machthaber wieder. Wenn jedoch lokale Beamte wie Pjotr Petrow »Licht und Wärme für den bevorstehenden Winter« versprechen, dann kann man nur von gezieltem Betrug reden.

Dieses Schauspiel wiederholt sich seit Jahren, als hätten es sowohl die Verantwortlichen als auch die Leidtragenden auswendig gelernt. Rußlands Regierungen haben seit 1991 verschiedenen Arten von Druck nachgegeben, aber offensichtlich befürchten sie hier keinen wirklichen Ausbruch des Volkszorns. Die traditionelle Duldsamkeit des Muschik sorgt für den unheimlichen Frieden. Die Leute zaubern aus ihrem Keller den altbewährten Eisenofen »Burschujka« hervor, kaufen Kohle auf dem Schwarzmarkt und hoffen auf bessere Zeiten.

Erst nach dem Verlassen der Insel begann ich mich aufgrund der Hiobsbotschaften im Internet mit der Frage zu beschäftigen: Womit werden eigentlich die Reservate der Diplomaten, Geschäftsleute, VIP-Gäste und Neureichen geheizt? Auf meine diesbezüglichen E-Mail-Anfragen erhielt ich bis Ende März 2001 keine Antwort – immerhin sind elektrische Geräte wegen Stromausfalls oft außer Betrieb. Kürzlich teilte mir eine Mitarbeiterin des Stadtarchivs mit, sie habe ausländische Bekannte aus einem der wenigen noblen Hotels abgeholt und auch dort keine besondere Wärme empfunden. Sie hatte vor allem Heizstrahler gesehen. Ich vermute, daß auch Öl- und Gasöfen als provisorische Wärmequellen dienen.

Nicht von Brot allein

Auch die Literatur hat sich aufs Überwintern eingerichtet. Die 1967 gegründete Organisation Sachalinensischer Schriftsteller erhielt gewissermaßen Asyl in einem kleinen Zimmer des Hauses an der Komsomol-Straße, in dem sich auch der Literaturverlag samt Druckerei befindet. In diesem Zimmer sitze ich unter einem großen Bild von Anton Tschechow mit dem Verlagsleiter Alexandr Smirnow, den Lyrikern Nikolaj Tarassow und Roman He; später gesellt sich noch die Dichterin Jelena Maschukowa hinzu. Ursprünglich war ein anderer Ort für diese Begegnung vorgesehen, und zwar das Restaurant »Meister und Margarita« (russische Abkürzung MIM) auf der Lenin-Straße, ein beliebter Treffpunkt der hiesigen Literaturszene. Es liegt ganz in der Nähe meines Hotels, und angeblich soll man dort gut essen können. Doch ich hatte Pech – der Club macht in der Sommersaison offensichtlich Pause.

Sachalins Literatur- und Verlagswesen leidet unter denselben Schwierigkeiten wie überall in Rußland und in den früheren Staaten des real existierenden Sozialismus. Die Bücher sind zu billig, um die Produktionskosten zu decken, und zu teuer, um massenweise gekauft zu werden. Außerdem ist das eigentliche Leserinteresse schwer zu ermitteln. Die letzte sowjetische Ausgabe von Tschechows Sachalin-Buch, die 1980 auf der Insel erschien, hatte eine Auflage von 70 000 Exemplaren und ist so gut wie vergriffen. Eine neuere Ausgabe, erschienen als Reprint zum Centenarium der Erstausgabe, ist nirgends zu bekommen. Die Auflagenhöhe des Reprints wird nicht mitgeteilt, sondern nur die Tatsache, daß die teure Ausgabe mit Hilfe der Abteilung für Kultur und Tourismus sowie des Stadtarchivs zustandegekommen ist. Wäre diese Rarität etwa Mitte der achtziger Jahre auf den Markt gekommen, dann hätten sich vor den damals acht Buchhandlungen der Stadt Juschno-Sachalinsk – heute sind es noch vier – Riesenschlangen gebildet. Die Auflagenhöhen der lokalen Belletristik, so viel ist sicher, sind rapide gesunken. Der Vertrieb trägt offensichtlich informellen, wenn nicht privaten Charakter.

Der früher jährlich erscheinende Literaturalmanach »Sachalin« hatte 1987 noch eine Auflage von 5000 Exemplaren, die letzte Ausgabe 1998 nur noch 700. Der Roman von Oleg Kusnjetsow »Sie haben ihr Schicksal nicht gewählt«, ein erster Versuch, »hundert Jahre Einsamkeit« der Insel literarisch aufzuarbeiten, erzielte mit seinen 2000 Exemplaren 1996 eine Rekordhöhe. Der außerhalb der Insel bekannteste Prosaist Anatolij Toboljak konnte 1994 seinen erotischen Schelmenroman »Man kann nicht aufhören« noch in 3000 Exemplaren herausbringen, sein Krimi »Eine Geldgeschichte« (1996) hatte gerade noch 500 Exemplare. Und schließlich: Lyrikhefte von jungen Autorinnen und Autoren in einer geschmackvoll gestalteten Reihe haben eine Auflage von je 200. Jede dieser Ausgaben trägt auf ihrer Titelseite die Sprachdenkmäler der Inflation: »Preis frei« oder »Preis nach Vereinbarung«.

Sogar diese bescheidenen Auflagenhöhen sind nach Aussage von Smirnow nur durch Förderung öffentlicher oder – eher selten – privater Sponsoren möglich. Außerdem verdiene der Verlag durch Aufträge von städtischen Institutionen und Privatfirmen, unter anderem auch japanischen – er produziert Hochglanzprospekte und Werbematerialien, um von dem so entstandenen minimalen Gewinn die Kontinuität der literarischen Veröffentlichungen abzusichern. Wenn ich mir nach der Lektüre einiger Kostproben eine Verallgemeinerung erlauben darf, so verdient Sachalins Literatur durchaus diese Sisyphusarbeit Smirnows und seiner Mitarbeiter. Sie hätte sogar noch viel mehr verdient.

Unabhängig von den Kaprizen des geographischen wie auch des historischen Klimas wird das Handwerk des Autors sehr solide betrieben. Der Dichter Roman He veröffentlicht in seinem Band »Auf der Elsterbrücke« außer eigener Poesie Übersetzungen altkoreanischer Lyrik – wahrlich ein Wagnis. Die russischen Leserinnen und Leser haben diese Gedichte bereits einmal in einer Übertragung von Anna Achmatowa kennengelernt – zu Zeiten ihres Publikationsverbots versuchte sie sich mit Aufträgen solcher Art durchzuschlagen. Sie arbeitete mit Rohübersetzungen und verlieh den Texten russischen Rhythmus und russische Melodie, während He aus seiner Muttersprache übersetzt und die östliche Knappheit und Lapidarität des Originals bewahrt.

Daß diese Leistung eine beinahe private Sensation bleibt, scheint den schweigsamen Mann mit dem in sich gekehrten Blick kaum zu stören. Die Metapher, die seinem Buch den Titel gibt, entstammt einem alten koreanischen Märchen, in dem die Elstern in der Nacht auf den 7. Juli zwei voneinander getrennte Sterne mit einer Brücke verbinden.

Die Lyrikerin Jelena Maschukowa flüchtet vor dem Regen in die kleine Redaktionsstube, läßt den geöffneten Regenschirm im Flur stehen, sitzt eine Viertelstunde lang da und geht wieder, ohne die Sonne abzuwarten. »Ich Frau von Sachalin / Nicht von Tahiti, / Doch Bewohnerin der Insel, / der Insel! / Jede Bewegung – Wind und Welle: / Versuch mal / Vorbeizugehen / Und nichts zu merken. / Schneehäutig auf dünnen Fersen, / Ich kenne nicht – ich fühle. / Ich bin teuer! / Weder Münze noch Gold, / Dafür Licht und Gedächtnis / Sonnenuntergang / nehme ich an.« Variation auf das Thema Marktwirtschaft. Neben Roman He sitzt Nikolaj Tarassow, einer aus der Generation, die Sachalins Geschichte und Literatur seit Jahrzehnten miterlebt haben und der Älteste in der Runde. Daher seine trockene, sanfte Ironie, mit der er die Gegenwart betrachtet:

In besseren Zeiten hätten wir
Bis Mitternacht zusammen gesessen
Getrunken bis zur Besoffenheit,
Lärm gemacht, wie wir nur können

In schlechteren Zeiten hätten wir
Anderswo zusammen gesessen,
Hinter dem Rücken die Wand,
Von der selten Nachrichten kommen.

Also, nimm geduldig hin den Verlust
Und auch das mangelnde Essen.
Denn die Zeit, in der du lebst, mein Freund,
Ist die beste aller Zeiten.

Ein wahrer Verlust für Tarassow, aber auch für die gesamte Literatur der Insel war Anatolij Toboljaks Auswanderung. Dieser verzweifelte und witzige Geist, der einst vom Festland kam und in der literarischen Öffentlichkeit als »Sapadnik« (Westler), als Salinger von

Sachalin galt, verließ die Insel 1999 und lebt seitdem schwerkrank in Haifa. Seine beiden letzten Bücher habe ich gelesen. Sie schildern die schwierige Wendezeit auf der Insel und hätten auf dem westlichen Buchmarkt erfolgreich sein können. So beschreibt er in seinem Krimi »Eine Geldgeschichte« mit grimmigem Humor den Konflikt von zwei ehemaligen Schulkameraden, dem vom Dissidenten zum bettelarmen Journalisten gewordenen Kumirow und dem lokalen Krösus Jachnin. Das Buch endet mit der geradezu subversiven Ermordung des letzteren.

Tschechow und (noch einmal) die Tradition

Der wohltuende Geist des Autors der »Insel Sachalin« schwebt über dem hiesigen Kulturleben. Das Tschechow-Museum veranstaltet in jedem Herbst »Tschechowsche Lesungen«, an denen Vertreter der »Tschechowedenije« (Tschechowkunde) vom Festland und aus allen möglichen Ländern beteiligt sind. Die Institution, ähnlich wie das Tschechow-Museum in Alexandrowsk, verfügt über viel weniger Originalgegenstände und Manuskripte als die einschlägigen Museen in Moskau und Jalta, beides Wohnorte des Autors. Doch die Leiter der Museen, in Juschno-Sachalinsk Inga Zupenkowa und in Alexandrowsk Temur Miromanow, versuchen die Sammlung allmählich zu erweitern, und in einem Punkt sind sie dem Festland potentiell voraus: Gegenständliche Denkmäler der Katorga sind auf Sachalin immer noch zu finden, und die wenigen Nachfahren der Zuchthäusler und Verbannten von einst können, wenn überhaupt, dann auf der Insel befragt werden. Allerdings ist es höchste Zeit für oral history, denn die Erinnerungen werden mit jeder Generation blasser.

Dem Gründer des Tschechow-Museums in Juschno-Sachalinsk, Georgij Miromanow, war es noch gelungen, aufgrund von Archivforschungen den Stammbaum einer Familie von Katorschniki zu rekonstruieren. So fand er in Tschechows Kartei, deren Originalexemplar sich im Moskauer Museum befindet, unter der Nummer 5560 die Familie des Zuchthäuslers Wassilij Wichljajew aus der Stadt Derbinsk (Tymowsk), und er ahnte gleich, daß dieser nicht eben häufige Name einen Zusammenhang mit dem Spitzensportler Wiktor Wichljajew vermuten ließ. Die entsprechende Mitteilung aus dem Jahr 1986 machte diesen nicht gerade glücklich, was damit erklärt werden könnte, daß Wichljajew nicht sonderlich stolz auf seine kriminellen Ahnen war. Solche nachträglichen Schamgefühle waren auch in Australien nicht selten, angesichts des weit verbreiteten Vorurteils, Kriminalität sei erblich.

Wichljajews Zurückhaltung hing jedoch mit einer viel späteren »kompromittierenden« Tatsache zusammen. Sein Vater Wassilij, ein Seemann, der freiwillig auf der Insel arbeitete, wurde 1938 als »Volksfeind« in der Nähe von Alexandrowsk erschossen, und seinen Onkel Dmitrij ereilte »wegen japanfreundlicher und antisowjetischer Agitation« am selben Tag und Ort dasselbe Schicksal. Vom Großvater wissen wir nur, daß er 1933 in Derbinsk verhaftet und erst 1989 rehabilitiert wurde. Kein Wunder, daß sich die Nachfahren der ehemaligen Katorschniki bei Interviews so zurückhaltend gaben.

Um so wertvoller war für mich die Offenheit, mit der Tatjana Schumilowa, Stellvertretende Rektorin für Philologie an der Universität Juschno-Sachalinsk, die Vergangenheit ihrer Familie schilderte:

»Mein Großvater war als Kind in die Katorga gekommen. Das heißt, sein Vater war Zuchthäusler. Warum mein Urgroßvater verurteilt wurde, weiß ich nicht. Er kam über Sibirien, auf dem gleichen Weg wie später Tschechow. Laut Tschechows Kartei war mein Großvater im Jahre 1890 16 Jahre alt. Ich nehme an, daß mein Urgroßvater mit großer Wahrscheinlichkeit 1875 auf die Insel kam. Seine Frau und seine Geschwister (sic!) folgten ihm per Schiff.

Meine Großmutter mütterlicherseits kam auf ähnlichem Weg aus Odessa, über Indien. Sie hatte ein Erinnerungsbild aus ihrem fünften Lebensjahr – eine junge, in Weiß gekleidete dunkelhäutige Frau, die auf dem Kopf einen Korb mit Früchten trug.

Mein Großvater war kein Zwangsarbeiter, er gehörte zu den freien Bauern. Er heiratete, hatte eine große Familie, zwölf Kinder, drei von ihnen Jungen, und alle waren Christen. Für die damalige Zeit lebten sie nicht schlecht, sie besaßen einen Samowar, ein Grammophon und konnten sich Festtagskleider leisten. Nach der Revolution wurde mein Großvater vorübergehend zum Kolchosnik. Nach Stalins Aufsatz zu den Übergriffen[4] trat er aus dem Kolchos aus. 1938 wurde er verhaftet und in der Nähe von Alexandrowsk hingerichtet[5], auch mein Onkel, der damals 27 Jahre alt war.

Niemand kann genau sagen, wie alt mein Großvater zur Zeit von Tschechows Sachalinreise war. Seinen Dokumenten zufolge hätte er 16 gewesen sein müssen, aber es kann sein, daß er einige Jahre jünger gewesen ist. Nichtsdestoweniger erinnere ich mich gerne an jene Familienlegende, derzufolge mein Großvater Tschechow persönlich kennengelernt haben soll. Er soll den Schriftsteller in Rykowskoje sogar begleitet haben. Die von Tschechows Hand geschriebenen Karteien belegen eindeutig die Tatsache, daß Tschechow meinen Großvater kannte. In ›Insel Sachalin‹ steht ein Satz: ›Einige Siedler, geführt von ihrer Langeweile, begleiteten mich durch das Dorf.‹ Es kann durchaus sein, daß ein 16jähriger Junge, wie mein Großvater es war, über mehr Freizeit verfügte als ein Bauer. Er führte ihn zur Brücke über den Tym, zur Kirche, zur neuen Brücke. Diese Legende hat das Leben meiner Familie beglei-

4 Gemeint ist Stalins Leitartikel in der »Prawda« (»Wem der Erfolg in den Kopf gestiegen ist«, April 1930), in welchem der Diktator angesichts des drohenden Bauernaufstands gegen die Zwangskollektivierung die Verantwortung für den Terror auf die lokalen Kader abzuwälzen versuchte.

5 Nach dem »Buch des Gedächtnisses« (Juschno-Sachalinsk, 1996) wurde Jakow Schumilow am 16. März 1938 »wegen konterrevolutionärer Agitation« zum Tode verurteilt und am 16. April desselben Jahres »43 Kilometer von Alexandrowsk entfernt« erschossen; rehabilitiert am 15. Dezember 1956.

tet und das traurige Schicksal meiner Vorfahren beschönigt. Das Schicksal des Katorschniks wird ansonsten immer von der Zwangsarbeit bestimmt. Meine Großmutter war Analphabetin, konnte aber wunderbar Geschichten erzählen – keine Märchen, sondern Episoden aus dem eigenen Leben. Mit drei bis fünf Jahren hörte ich schon Geschichten über Tschechow und die Katorschniki. Meine Mutter erzählte mir später, daß mein Großvater sich im fortgeschrittenen Alter in die Nachbarin verliebt habe, sich einen Bart wachsen ließ und eine Frisur, wie sie seinerzeit Anton Tschechow getragen hat. Legende oder Wahrheit: die Geschichte von Tschechow und meinem Großvater ist immer von uns bewahrt worden.«

Die Mitvergangenheit

Als ich während meiner Moskauer Studentenzeit zum ersten Mal in einem Archiv war, hatte dies nichts mit einem Forschungsvorhaben zu tun. Man wollte uns offensichtlich nach dem fünften Studienjahr nicht als Historiker von dannen ziehen lassen, ohne daß wir zumindest einmal Gelegenheit gehabt hatten, Originaldokumente zu sehen. Eine halbe Minute lang hielt ich sogar einen Aktenvermerk aus dem Apparat des ZK der KPdSU von Anfang der zwanziger Jahre in der Hand, der zum Inhalt hatte, das Talent des damals jungen Dmitrij Schostakowitsch müsse unbedingt gefördert werden. Dieses Erlebnis kam mir wieder in den Sinn, als ich im Zentralarchiv Juschno-Sachalinsk Geburtsregister einsehen durfte, mit denen schon Tschechow während seines Aufenthalts auf der Insel zu tun hatte.

Archive in der Sowjetunion und im Ostblock waren von einer Aura des Geheimnisvollen umgeben, und alle zentralen Bibliotheken verfügten über eine geschlossene Abteilung.

Die Öffnung dieser historischen Kühlschränke förderte eine Menge unbekannter Materialien ans Tageslicht und führte auch auf der Insel Sachalin zu einer Blütezeit der historischen Forschung. Zahllose Dokumente wurden veröffentlicht und kommentiert, es entstanden die ersten wissenschaftlichen Arbeiten über die »weißen Flecken« der Geschichte. Im Ansatz können wir sogar von der Entstehung einer »historischen Schule« sprechen.

Bok Si Kou, Galina Dudaretz, Ii Dwo Ran (mit russischem Namen P. Koschewnikow), Alexandr Kostanow, Anatolij Kusin, Oleg Kusnetzow, Wladislaw Latyschew, Alexandr Mandrik, W. Podpetschnikow, Boris Polewoj, Jelena Sarembo, Michail Wyssokow und andere trugen durch ihre Publikationen zu einem neuen Geschichtsbewußtsein bei. Es soll keineswegs als Unterschätzung ihrer Leistung verstanden werden, wenn ich anmerke, daß dieser Prozeß nicht viel weiter als knapp über die Erschließungsphase hinausgekommen ist. Die Niederungen und Erhebungen der Vergangenheit sind bereits sichtbar geworden, aber die tieferen Schichten von Sachalins Historie warten noch auf ihre Geologen.

Dies ist kein lokales Problem, sondern ein grundsätzliches der modernen Geschichtsschreibung. Jeder Historiker, der die Zeit erforscht, in der er selbst eine gesellschaftliche Rolle spielt oder gespielt hat, sägt den Ast ab, auf dem er sitzt, und zwar unabhängig davon, ob er eine Ära pauschal ablehnen oder ebenso pauschal rechtfertigen will. Zudem geistern bei der Recherche nicht nur die Chimären der Vergangenheit herum, sondern auch die eifersüchtige Muse der Politik möchte auf ihre Kosten kommen. Die unausgesprochenen Ängste der Chronisten der Sowjetzeit hat der russische Literaturhistoriker Weinberg zum Ausdruck gebracht, als er in einer Veröffentlichung[6] die Doppelsicht (Ambivalenz) als Ordnungsprinzip der Forschung vorschlug.

Auf Sachalin braucht man diese Methode gar nicht erst einzufüh-

6 »M. Gorkij: Neisdannaja perepiska« (»Maxim Gorkijs unveröffentlichte Korrespondenz mit Lenin, Sinowjew, Kamenew, Bucharin und Stalin«), Moskau, 2000.

ren, weil sie ohnehin dominiert. In den neueren Publikationen werden hohe Kennziffern der Produktion einerseits, Massenhinrichtungen der Ära Stalin andererseits mechanisch nebeneinandergestellt, in der Ära Breschnew sind es kulturelle Erfolge versus Menschenrechtsverletzungen. Die Bilanz der Zeit seit dem Zerfall der Sowjetunion hingegen ist durchweg negativ. Problematisch finde ich dabei nicht die einzelnen Wertungen, sondern die Ausblendung des Zusammenhangs zwischen beiden Epochen, die mangelhafte Analyse des Untergangs der UdSSR und vor allem das Fehlen jeglicher Diskussion über diese Themen.

Die sowjetischen Historiker erwiesen sich als unerbittlich, selbst gegenüber Tschechow, der ohne die geringste Ahnung von der Staatsraison späterer Zeiten sein Buch mit der leichtfertigen Fußnote versah: »Es steht außer Zweifel, daß das Recht der ersten Erforschung den Japanern zukommt und die Japaner zuerst Südsachalin besetzten.« Er erwähnt namentlich den japanischen Landvermesser Mamia Rinso, der 1808 auf der Insel erschienen war.

Außerdem wagt er die Behauptung, daß die Urbevölkerung sowohl unter den Russen als auch unter den Japanern gelitten habe. Zwei hochkarätige Wissenschaftler fühlten sich daraufhin herausgefordert, in einem »marxistischen Vorwort« zu Tschechows Buch solch unpatriotische Äußerungen zurückzuweisen, um anschließend prinzipiell zu erklären: »Sachalin und die Kurileninseln gehören zu unserer Heimat nach dem Recht der Erstentdecker, Ersterforscher, Erstbesiedler und Ersteingliederer.« Dieses Argument wirkt besonders zutreffend, wenn man außer von Mamia Rinso auch noch von der fast ausgerotteten Urbevölkerung der Insel – ähnlich wie von den Indianern in Nordamerika – abstrahiert.

Inzwischen hat der Diskurs diese platte ideologische Ebene weit hinter sich gelassen. Der Sibirienforscher Boris Polewoj, dessen Vater als Geologe zur Erschließung der Insel maßgeblich beigetragen hat, vertritt die Position: »Alle Hinweise unserer Historiker darauf, daß die Russen sich die Kurilen früher als die Japaner angeeignet hätten, können bei der Lösung des territorialen Streits um die Südkurilen nicht helfen. Sie heizen nur die politischen Leidenschaften auf.« Ebenso lehnt er die »historischen« Ansprüche Japans auf die »nördlichen Gebiete« ab.

In Wirklichkeit ist der Besitz der Kurilen weder für Rußland noch für Japan eine Lebensnotwendigkeit, aber für die Innenpolitik beider Staaten eine heilige Kuh. Das Kaiserreich verzichtete auf die Kurilen bei der bedingungslosen Kapitulation 1945 und auch im Friedensvertrag mit den USA 1951, und damit gab es sich mit den diesbezüglichen Entscheidungen von Jalta und Potsdam scheinbar zufrieden. Doch schon bald begann Tokio, in Hoffnung auf die Konfrontation zwischen Moskau und Washington, damit zu argumentieren, daß vier der von den Sowjets besetzten Inseln – Iturup, Kunaschir, Schikotan und Habojama – geographisch gar nicht zu den Kurilen gehörten.

Andererseits kokettierten die sowjetischen Partei- und russischen Staatschefs immer wieder mit territorialen Zugeständnissen an den östlichen Nachbarn. Bereits Stalin dachte darüber nach, wie er Spannungen in die ohnehin nuklear belastete Freundschaft zwischen Japan und den USA bringen könnte. Als Chruschtschows offene Initiative von 1956, Schikotan und Habojama gegen einen Friedensvertrag »zurückzugeben« oder »zu überlassen«, in Tokio auf Kompromißbereitschaft stieß, drohte angeblich der US-Außenminister John Foster Dulles damit, den amerikanischen Stützpunkt Okinawa zurückzuhalten. Später erstarrten die Fronten, Japan wollte wieder alle Inseln, und die Sowjets waren auf das Thema nicht mehr ansprechbar.

Erst mit Gorbatschows Machtantritt entstand die pikante Situation, da die russischen Staatschefs ab und zu die Bereitschaft signalisierten, die Inseln teilweise zurückzugeben, und zwar im Gegenzug für eine rettende Finanzspritze aus Tokio. Jedesmal, wenn ein hoher Gast aus Moskau die japanische Hauptstadt besucht, machen

Gerüchte die Runde: Jetzt, jetzt passiert es endlich. Zudem zeigt der Zustand der vier bewohnten Kurileninseln allen Schilderungen zufolge, daß das Festland an ihrer ökonomischen Stabilisierung kaum interessiert ist. Produktionsrückgang und Bevölkerungsverlust betrafen Kunaschir und Iturup ebenso schwer wie die Bezirksstädte im Norden Sachalins. Die kleinen Inseln litten unter derselben chronischen Isolierung und Abhängigkeit vom Festland wie Sachalin.

»Für Kunaschir«, schreibt Walentin Fjodorow, Gouverneur von Sachalin 1991 bis 1993, »wird die Bürokratie von der unmittelbar weisungsbefugten Zentrale in Juschno-Sachalinsk verkörpert. (...) Aus der allwissenden Zentrale kommen immer wieder Rundbriefe darüber, in welchen Seequadrätchen man Fischerei betreiben und in welchen man keine Fischerei betreiben sollte. (...) Von dort kommen die Instruktionen. Sagen wir: Soundso viele Touristen zu empfangen, obwohl für diesen Zweck kein Geld zur Verfügung gestellt wird und Kunaschir an den Touristen so gut wie nichts gewinnt. (...) Touristen kommen und gehen, während die eigenen Leute, ohne es zu wollen, zum Tourismus übergehen – die Migration ist sehr hoch. Dafür gibt es wichtige Gründe – die mangelhaften und unbequemen Wohnverhältnisse.«

Diese Zeilen sind im glücklichen Jahr 1990 zu Papier gebracht worden, als Kunaschir noch 7000 Einwohner hatte. Halbwegs aktuelle Daten über die Bevölkerung der anderen Kurileninseln ließen sich nicht ermitteln.

Währenddessen sieht die japanische Öffentlichkeit immer mehr die Notwendigkeit, einen Schlußstrich unter die tragische Geschichte der Vertreibung zu setzen. Japan hat bei der Umsiedlung von 5000 Sachalin-Koreanern in ihr Geburtsland geholfen, und bei der gemeinsamen russisch-koreanischen Trauerfeier zum zehnten Jahrestag des Abschusses der südkoreanischen Boeing vor Cholmsk 1983 waren auch japanische Gäste anwesend. Humanitäre Hilfe, vor allem bei Naturkatastrophen, kommt meist aus Japan. Die Gouvernements Hokkaido und Sachalin befinden sich in regem Kontakt, und ehemalige Bürger Karafutos kommen zu Besuch auf die Insel. Unter ihnen war Toshikatsu Kamiyama, der Bürgermeister der Stadt Horonobe, der vor Schülern des Dorfes Trojtsi in der Nähe von Juschno-Sachalinsk sprach. Zu diesem Anlaß gelang es uns, mit ihm zu sprechen. Dolmetscher war der alte Koreaner Tak Tschan Cha, der noch eine japanische Schule besucht hat.

»Japan hat den Krieg verloren, und ich mußte mit meiner Familie im Mai 1948 Südsachalin verlassen. In der japanischen Zeit hieß dieses Dorf Naimikawa. Damals war ich Bauer und lebte mit meiner Familie hier. Ich konnte zum ersten Mal 1990 wiederkommen. An der Stelle, wo unser Haus gestanden hatte, sah ich einen Fluß. Ich wußte, daß es hier im Jahre 1983 eine große Überschwemmung gegeben hatte. Deshalb fand ich unser Haus und den Gemüsegarten nicht mehr wieder. Die Erinnerungen kamen gleich hoch, ich habe die Berge gesehen, wo ich als junger Mann immer Ski gefahren bin. Ich hatte das Gefühl, in meine Heimat zurückgekehrt zu sein.

Ich erinnere mich an den 15. August 1945, den Tag der Kapitulation. Juschno-Sachalinsk, Cholmsk und die nördlichen Grenzgebiete wurden bombardiert. Es tut mir bis zum heutigen Tag weh, daß hier selbst nach dem 15. August noch so vieles zerstört wurde. Viele starben in jenen Tagen. Und es entstand ein Gefühl des Hasses. Aber ich hasse nur den Krieg. Der Krieg ist an allem schuld, nicht das Volk. Wir haben immer noch Vereine von Sachalin-Japanern. Jeder Ort, auch Naimikawa/Trojtsi, hatte in Japan eine Landsmannschaft.

Leider gibt es keinen Friedhof mehr dort. Deshalb haben wir ein Denkmal errichtet zu Ehren der Landsleute, die in dieser Erde ruhen. Wir kommen jedes Jahr hierher und erinnern uns an unsere Vorfahren. 400 000 Japaner sind von hier weggegangen – einfache Bürger, keine Militärs. Ungefähr 500 (sic) von ihnen sind noch am Leben.«

Index der Freiheit oder kleine sachalinensische Presseschau

Während unseres Aufenthalts veröffentlichte die Wochenschrift »Sowerschenno werno« (= Ganz richtig) in Juschno-Sachalinsk die Ergebnisse einer wissenschaftlichen Studie aus Moskau, deren Autoren behaupteten, sie könnten einen »Index der Pressefreiheit« erstellen. Zu den Kriterien gehörte die Mediengesetzgebung, die Geschwindigkeit, mit der die zuständigen Behörden auf kritische Veröffentlichungen reagierten, der Zugang der Zeitungen zu Drukkereien und ihre Vertriebsmöglichkeiten. Demgemäß liegt Moskaus Index bei 63,1 Prozent, und Sachalin nimmt mit 41,2 Prozent den Ehrenplatz in der gesamten fernöstlichen Region ein. Manche berechtigten Zweifel über diese Methoden konnte auch das zitierte Blatt nicht verschweigen. Es stellte beispielsweise die Frage, ob die Ermordung von Journalisten, die vor allem Finanzskandale der Oligarchen aufdecken wollten, nicht an den Moskauer 63,1 Prozent rüttelten.

Ohne die Ernsthaftigkeit solcher Studien pauschal zu bezweifeln, läßt sich behaupten, daß die Insel zumindest über einen hübschen Blätterwald verfügt mit ziemlich unterschiedlichen Bäumen und auch einigem Unterholz. Man beschäftigt sich jedoch fast nur mit lokalen Themen. Ab und zu gibt es regionale oder Moskauer, ganz selten internationale Nachrichten.

Die größte Tageszeitung ist das frühere, 1925 gegründete Parteiorgan »Sowjetskij Sachalin« – es erscheint in 19 000 Exemplaren, und im Ton ähnelt es den liberalen Blättern in Moskau. Die zweitgrößte ist die »Gubernskije Wedomosti« (= Gouvernement-Nachrichten, Auflage 13 400), ein eher offiziöses Blatt mit den jeweiligen amtlichen Mitteilungen der Administration des Landkreises. Von den Wochenschriften sind zwei politischer Art: »Swobodnyj Sachalin« (= Freies Sachalin, Auflage 14 700) wird von den Intellektuellen gelesen und verfügt über die kirchliche Beilage

»Auferstehung«. »Juschno-Sachalinsk« mit 4800 Exemplaren ist eine Stadtzeitung, in welcher der Bürgermeister Sidorenko regelmäßig zu Wort kommt. Von den zwei Boulevardzeitungen bietet die bereits erwähnte »Sowerschenno werno« (25 000 Ex.) mehr Text und die »Sachalinskaja Schischnj« (= Sachalins Leben, Auflage 4800) dicke Schlagzeilen und viel Farbe an, ein wenig der Bildzeitung ähnlich. Vielfarbig sind auch die Werbezeitungen »Kommertscheskij Westnik« (Kommerzieller Kurier, Auflage 10 000) und »Kapital-Express« (Auflage 4500). Technisch etwas hilflos hingegen wirken die Wochenblätter »Rybak Sachalina« (Sachalins Fischer, 15 000 Ex.) und die Gewerkschaftszeitung »Positsia« (2000 Ex.). Es gibt das Jugendblatt »Molodaja Gwardija« (= Junge Garde, 2000 Ex.) und eine Kinderzeitung (Schatzinsel, 2500 Ex.). Es sei noch die koreanische Zeitung »Se Korjo Sinmun« erwähnt, die mit einem russischsprachigen Teil in 2000 Exemplaren erscheint.

Die Presse außerhalb der Hauptstadt besteht im Norden aus Mitteilungsblättern im Kleinformat und erscheint wöchentlich zweimal: In Alexandrowsk die »Krasnoje Snajma« (Rote Fahne, 800 Ex.), in Tymowsk die »Tymowsker Westnik«, während im Süden ziemlich kritische Zeitungen erscheinen, so »Visit« (Cholmsk, 13 500 Ex.), »Sachalinskij Morjak« (Seemann von Sachalin, Cholmsk, 4800 Ex.), »Woschod« (Osten, Korsakow) oder »Dolinskaja Prawda« (Dolinsk, 1797 Ex.).

Diese langweilige Auflistung soll einerseits beweisen, wieviel Presse es auf Sachalin gibt, andererseits möchte ich die Leser jetzt sich selbst überlassen und einen kleinen kommentarlosen Ausschnitt aus meiner Zeitungssammlung von Ende Juli/Anfang August 2000 anbieten.

»So geht es nicht weiter«, erklärte entschieden und unumkehrbar die sachalinensische Opposition, als sie am vorigen Samstag die politische und gesellschaftliche Bewegung »Unsere Inseln« gründete. Die Bezeichnung ist durchaus kämpferisch, als wäre sie aus Büchern über die Revolution entnommen. Erinnern Sie sich noch: Jedesmal, wenn die »Roten« irgendein Städtchen, wie zum Beispiel Jekaterinodar, im Sturm genommen hatten, schickten sie gleich eine Depesche an die revolutionären Oberbefehlshaber: »Die Stadt gehört uns.« (...) So ist es dazu gekommen, daß bereits zwei Monate vor den Gouverneurswahlen eine revolutionäre Situation auf Sachalin entstand. Und der jetzt amtierende Gouverneur Igor Farchutdinow denkt nicht daran, seine Position kampflos aufzugeben, so daß man mit den armen Wählern nur mitfühlen kann: Es ist keine leichte Aufgabe, unter allen Übeln das kleinste zu wählen.

Kommentar aus »Sachalinskaja Schischnj«

Nach dem Wahlgesetz werden Wahlen als gültig betrachtet, wenn nicht weniger als 25% der registrierten Wähler an die Urne gehen. (...) Bei einer solchen Wahl mit einem Wahlgang wird derjenige zum Sieger gekürt, der die größte Zahl von Stimmen einsammelt. (...) Traurig ist aber etwas anderes: Bei den bevorstehenden Wahlen siegt nicht der Stärkere, sondern der Schlauere. Der, dessen Amt höher ist, der mehr Geld und eine lautere Stimme hat. (...) Die jetzige Landkreisduma ist gegenüber der Administration loyal, da die Mehrheit der Abgeordneten Unternehmer von höherer Größenordnung sind und von der Exekutive abhängen. Zumindest diejenigen, die sich solide Kredite unter maximal günstigen Bedingungen aus der Schatzkammer des Landkreises erhoffen. Und deshalb möchten sie dem amtierenden Gouverneur einen Gefallen tun.

Kommentar aus »Juschno-Sachalinsk«

Vergleichende Statistik über das Lebensniveau auf Sachalin

Landkreis oder Region	Einnahmen pro Kopf der Bevölkerung (Rubel)	Existenzminimum in Rubel	Differenz der niedrigsten und höchsten Einkommen (%)
Rußland	1563	1582	13,9
Sachalin	**1846**	**1324**	**7,3**
Region Küstenland	1304	976	7,4
Region Chabarowsk	1529	985	7,3
Region Amur	1192	1037	4,8
Kamtschatka	2451	1585	9,5
Magadan	2404	2053	5,8
Jakutien	2806	1756	9,5
Jüdischer Autonomer Landkreis	978	927	6,8

»Gubernskije Wedomosti«

Rezepte
Für mehrere Gäste

Erdbeerwaffeln mit Sahne – zwanzig Portionen
Zutaten: 800 Gramm Erdbeeren, 2 Päckchen Vanillezucker, 8 ml Orangenlikör, 300 ml Sahne, 4 Eier, 125 Gramm Mehl, ein Teelöffel Paniermehl, 50 Gramm Stärke, 100 Gramm geröstete Sonnenblumenkerne, 1 Zitrone und 50 Gramm geschmolzene Butter. Zubereitungszeit: 70 Minuten.

»Dolinskaja Prawda«

Für Kinder

Fischauflauf
100–150 Gramm Fisch 5 Minuten lang in heißem Wasser kochen, in kaltes Wasser tauchen, auf ein Sieb stellen, in Stücke schneiden, die Gräten entfernen. Machen Sie weiße Sauce dazu: 1 Tasse Butter schmelzen, 1 Tasse Mehl daraufstreuen,

das Ganze erwärmen (ohne das Mehl unterzumischen), eine halbe Tasse Milch dazugeben und 20 Minuten lang kochen, die ganze Zeit rühren. Die fertige Sauce mit dem Fisch vermischen. In ein feuerfestes, mit Butter gefettetes Gefäß geben. Geriebenen Käse und Paniermehl daraufstreuen und für 15 Minuten in die vorgeheizte Backröhre stellen.

Fisch mit Tomaten
Filet aus dem Fisch schneiden, auf einem Tuch trocknen. In Stücke schneiden, in Mehl wenden und in eine gebutterte Pfanne geben. Auf jedes Stück Fisch ein Stück Tomate und ein Butterflöckchen legen. Das Ganze salzen, Pfanne mit einem gefetteten Papier abdecken und für 20–30 Minuten in die vorgeheizte Backröhre stellen.

»Tymowskij Westnik«

Kontaktanzeigen

Er
Richtiger Mann, 45 J./183/75 kg, selbstsicher, interessant, Hochschulbildung. Im Beruf erfolgreich, sparsam, gutmütig, provoziere keinen Streit, bin taktvoll und zärtlich. Für das Lächeln der geliebten Frau bereit, Berge zu versetzen. Ich nähe, wasche und putze selbst, lasse Frau nicht in die Küche. Ich träume von Familie mit Zusammenhalt. Hoffe auf eine normale Frau bis 53. Lebensjahr. Figur egal – wenn Kinder, erziehen wir sie gemeinsam.

Zärtlicher, sanfter, sauberer junger Mann (25 J./175/78 kg) mit angenehmem Äußeren. Zwecks intimer Begegnungen gegen finanzielle Unterstützung möchte ich eine materiell gesicherte Dame ohne Wohnungsprobleme bis 50 kennenlernen.

»Alter Russe«, 50 J./175/72 kg, keine Schönheit, kein Sponsor. Habe keinen eigenen Wohnraum. Ich brauche keinen Alkohol, rauch aber. Ich möchte eine anständige, unverheiratete und nicht frigide Frau zwischen 40 und 47 aus Juschno-Sachalinsk kennenlernen, die nicht zur Fülle neigt und keine Wohnungsprobleme hat.

Interessanter junger Mann, 30/191, athletischer Körperbau, schön, sportlich, versorgt, erotisch, sucht zwecks nicht häufiger intimer Begegnungen aufgrund gegenseitiger Sympathie beständige, schlanke, charmante, weibliche, wirklich schöne Frau zwischen 20 und 25, nicht größer als 175 cm. Finanzielle Unterstützung garantiert. Professionelle bitte ich mich zu verschonen.

Sie
Junge Frau, groß gewachsen und schlank. Für freundschaftliche Beziehung und nicht nur... suche ich einen charmanten, klugen Mann, der Liebe geben kann, finanziell abgesichert ist – aber keinen Sponsor.

Junges, sympathisches Mädchen. Ich möchte einen Mann kennenlernen zwecks nicht häufiger intimer Begegnungen gegen finanzielle Unterstützung.

Ich bin 51, 152, schlank, Aussehen normal. Ich mag das Land, den Wald, habe mein eigenes Haus. Möchte einen Mann, Aussehen normal, zwischen 65 und 75 kennenlernen. Sexuell Perverse bitte ich mich zu verschonen. Wenn keine Wohnung vorhanden, kein Hindernis.

Junges Mädchen sucht zum Kennenlernen eine lustige, ungehemmte, für Abenteuer und ungewöhnliche Gefühle offene Frau zwischen 25 und 40 zwecks intimer und freundschaftlicher Begegnungen. Wenn Ihnen die Vielfalt im sexuellen Leben fehlt, schreiben Sie.

Die Kontaktagentur »Galina« teilt mit, daß wir lebensfrohe und wohlhabende Gentlemen zwischen 35–60 Jahren aus Kanada zu Gast haben. Jede von euch kann glücklich werden. Die Sprachbarriere ist kein Problem.

Koreanische Firma lädt zur Auslandsarbeit attraktive Mädchen zwischen 18 und 27 Jahren ein.

»Swobodnyj Sachalin«

Kurioses

Wladimir Putin arbeitet als Heizungstechniker im Spital der Stadt Uglegorsk. (...) Er sieht jeden Tag die Nachrichten und beobachtet seinen Namensvetter aufmerksam. Übrigens hat er mehr Respekt für die Kommunisten: »Ich bin an sie gewöhnt wie an eine alte Ehefrau. Sie anzuschauen ist zum Kotzen, aber es ist auch zu spät, sich scheiden zu lassen!« Den Brief jedoch, den er nach Moskau schreiben will, adressiert er trotzdem nicht an Sjuganow, sondern direkt an den Präsidenten. Er möchte in diesem Brief ungeschminkt – Putin zu Putin – über das schwierige Leben in Uglegorsk erzählen. Er möchte ihn bitten, bei der Reparatur der Heizung im Krankenhaus behilflich zu sein und möchte gleichzeitig klären, ob sie nicht zufällig verwandt sind.

»Sachalinskaja Schisnj«

In Burjatien entflammte eine heiße Diskussion um die medizinische Tätigkeit der Schamanen. Die Beamten sind der Meinung, daß alle, die sich mit traditionellen Heilmethoden beschäftigen, eine entsprechende medizinische Bildung und Genehmigung der Behörden haben müssen. Die Schamanen (...) sind der Ansicht, daß die Anwendung der Volkstradition nicht zur Medizin gehört. So kann man zum Beispiel mit Hilfe von Haut und Eingeweiden des Schafes dessen Lebenskraft auf den Menschen übertragen. Das ist keine ärztliche Behandlung, denn der Mensch erhält eine geistige Kraft. Zwar ist ein Gesetz über die Schamanen nach Meinung der Juristen notwendig, aber es wird nie angenommen. Niemand von den Abgeordneten des Volkshurals (burjatisch-mongolisches Parlament, G. D.) möchte mit den Wunderheilern in Berührung kommen, denn sie haben Angst: Es kann allerhand passieren.

»Rybak Sachalina«

Was nun den eingangs erwähnten »Index der Pressefreiheit« (Sachalin 41,2 Prozent) betrifft, so erlebte ich während meines Besuchs tatsächlich einen Erfolg der Kritik durch die Medien. Mitten in der Fischereisaison versuchten Moskauer und lokale Beamte, absurde Beschränkungen einzuführen. Die ohnehin strengen Instruktionen der Staatlichen Kommission für Fischerei wurden durch das Verbot ergänzt, die Netze weiter als 2 Kilometer vor der Küste auszulegen, was unter Umständen – je nach den Wanderwegen der Buckellachse – mit der Aufhebung des Gewerbes gleichbedeutend sein konnte. Die Presse reagierte empört, die Zeitung Woschod (Korsakow) titelte in ihrem Leitartikel: »Kann man Max Webers Ansichten mit dem Gesichtspunkt der Fischereibeamten von Sachalin verbinden?« Ich glaube nicht, daß die Zuständigen ausgerechnet vom Namen des deutschen Wissenschaftlers beeindruckt waren, aber sie zogen am 3. August ihre Instruktion zurück.

Sorgen und Schuldgefühle

Unsere Mentoren machten sich zunehmend Sorgen, vor allem wegen Andreas Betriebsamkeit und ihrer Sonderwege. Mal verabredete sie sich mit einem amerikanischen Geschäftsmann im Handelszentrum »Sachinzentr«, mal mit einem japanischen Journalisten im Hotel »Sapporo«, und eines Nachmittags verließ sie sogar das Stadtgebiet, um in der Siedlung Trojtsy mit einem ehemaligen Karafuto-Japaner zu sprechen. Merkwürdigerweise erfuhren unsere Begleiter fast zeitgleich von ihrem nicht offiziell autorisierten Tourismus, und es entstand eine gewisse, wenn auch durch gegenseitige Höflichkeiten verhüllte Spannung zwischen uns. Als sich dann herausstellte, daß wir ohne Begleitung in den Norden fahren wollten, machte uns Arnautow Vorwürfe: Wir seien verantwortungslos und hielten uns nicht an »die Vereinbarung«.

Eine Vereinbarung hatten wir niemals getroffen – trotzdem wußte ich, was er meinte. Er war es gewesen, der gegenüber der Stadt durchgesetzt hatte, daß wir eine offizielle Einladung bekamen, und somit waren wir keine »individuellen« Reisenden, sondern eine Art offizieller »Delegatsija«. Ich als Mann, völlig im Einklang mit der Natur, war der Chef der Delegation, und Andrea war einfaches Mitglied. So war es für unsere Freunde selbstverständlich, uns bei der Abreise zu verabschieden und bei der Rückkehr wieder vom Bahnhof abzuholen.

Sie befanden auch darüber, welcher Teil der geplanten Reise »machbar« war und auf welchen verzichtet werden mußte. So kamen wir nicht bis zum nördlichsten Punkt der Insel, der Ölstadt Ocha, und ebensowenig in die Siedlung Nogliki, in der Sanggi, der Nationaldichter der Niwchen, lebt. Diese Programmpunkte hätten nämlich »organisiert« werden müssen: In jedem Ort sollte uns eine verantwortliche Person abholen, den offiziellen Empfang im Bürgermeisteramt vorbereiten, uns ein Auto mit Chauffeur zur Verfügung stellen und hinterher den Vorgesetzten entsprechend Bericht erstatten. Obwohl hier auch konkrete Ängste wegen mangelnder öffentlicher Sicherheit eine Rolle spielen mochten, schwebte über dem ganzen Unternehmen das sowjetische Delegatsija-System. Unsere mit eigenem Geld bezahlte Bahnkarte war eine »bronirowannaja«, d.h. eine von einer Behörde bestellte – als Privatpersonen und Ausländer hätten wir sie sonst nicht kaufen können.

Da ich fünf Jahre meines Lebens, nämlich die Studentenzeit, in der Sowjetunion verbracht habe, war ich spontan geneigt, die Bedenken unserer Gastgeber nachzuvollziehen, während Andrea, eine andere Generation, diese überhaupt nicht akzeptieren wollte. Als besonders empfindlicher Punkt erwies sich der Umstand, daß sie Fotos machte und außer lächelnden Gruppen und schönen Landschaften auch Kinder in ziemlich desolatem Zustand oder verfallene Häuser fotografierte. Das war unseren neuen Bekannten sichtlich unangenehm, und ich muß gestehen, daß mich darob ein merkwürdiges Schamgefühl überkam. Wie komme ich dazu, fühlte ich mehr als daß ich es dachte, diese fremde Armut vor eine westliche Kamera zu zerren? Als ich später das Fotoalbum des sachalinensischen Künstlers Jewgenij Wassin »Einfach das Leben« sah, waren es gerade diese Vorbehalte – Reflexe des in mir lebenden homo sovieticus – deretwegen ich mich schämte. Auf diesen Fotos werden die Greuel des Alltags zu allen Jahreszeiten sichtbar, wie sie kompromißloser nicht dargestellt werden könnten.

Unterwegs in den Norden

Der Nachtzug Juschno-Sachalinsk–Nogliki war sauber und die Reise gemütlich, mit dem üblichen Tee und langen Gesprächen. Die Gesellschaft im Abteil bestand aus einer jungen Frau mit ihrem siebenjährigen Sohn. Tamara, eine in der Kreishauptstadt arbeitende Journalistin, stammte ursprünglich aus Tymowsk und hatte dort eine Wohnung, die sie jetzt an Freunde vermietete, um damit zum Teil ihre Untermiete in Juschno-Sachalinsk bezahlen zu können. Sie war in den Süden gezogen, nachdem sie in Tymowsk ihren Job verloren hatte. In Smirnych, einer Kreisstadt mit 9000 Einwohnern, lebte ihre Mutter, und der Junge verbrachte dort die Sommerferien. Eine sich wiederholende Konstellation: Wohnung im Norden – Arbeit im Süden – Eltern dazwischen.

Nach dem Frühstück aus Mitgebrachtem stand ich lange im

Gang und schaute aus dem Fenster: Auf Smirnych folgten Pobedino, Chondasa-Süd und Chondasa-Nord – leblose kleine Bahnhöfe mit vielen Autowracks und verrosteten Traktoren. Zwischen den Siedlungen fielen mir merkwürdige graue Massive auf – Spuren von Waldbränden. Diese Art der Katastrophe ist in den letzten Jahren sprunghaft angewachsen: 1995 registrierte man 30, 1997 schon 60, 1998 bereits 350 Fälle. Stalin hätte sicher sofort an Sabotage von Konterrevolutionären und Trotzkisten gedacht, die Niwchen eher an den Haarausfall des großen wilden Tieres Sachalin.

Tymowsk, wo wir gegen halb elf ankamen, wirkte lebendig. Ich wußte von Tamara, daß an diesem Tag die neue orthodoxe Kirche eingeweiht werden sollte. Der »Batjuschka«, der Geistliche, war einer ihrer ehemaligen Schulkameraden. Meine Begleiterin und ich sollten sie auf dem Rückweg unbedingt besuchen und bei dieser Gelegenheit ihren Geburtstag mitfeiern. Wir nahmen die Einladung an und verabschiedeten uns sofort: Auf dem Bahnsteig erwartete uns Temur Miromanow, der Direktor des Tschechow-Museums von Alexandrowsk. Die 60 Kilometer Entfernung, die sich als unüberwindliche Hürde für Sachalins Eisenbahngeschichte erwiesen hatten, sollten wir nun in einem Jeep bewältigen.

Wir fahren in einem Wirbel von Staub auf unebenen, engen Straßen, von einem Sandhaufen zum anderen. Temur sitzt neben dem Fahrer und erklärt, uns halb zugewandt, die zunächst spärlichen Sehenswürdigkeiten. Er war ehemals Seemann, hat ein markantes, fast südländisches Gesicht, trägt eine Mütze gegen die Sonne und liegt damit ebenso richtig wie mit dem weißen Hemd, den dünnen Hosen und Sandalen. Wir sind in einen echten Sommer hineingeraten – es ist 30 Grad warm.

Den ersten Halt machen wir in Werchnij Armudan vor einem breiten Tal – im Hintergrund, wie überall auf der Insel, eine Hügellandschaft. Unter den Bäumen und im Dickicht sind die Konturen ehemaliger Wohnhäuser und Wirtschaftsgebäude erkennbar. Die Ortschaft, die bei Tschechow noch »178 Einwohner: 123 Männer und 55 Frauen« hatte, ist heute unbewohnt. Unbewohnt, aber bedeutungsschwer: Das bescheidene Kreuz auf einem Hügel verkündet, daß in dieser Gegend die Massenerschießungen des Jahres 1938 stattgefunden haben, die zwei Prozent der Bevölkerung das Leben kosteten. Aus dieser Landschaft der Toten ragt allein ein riesiger Funkturm heraus: Der ehemalige Störsender, dessen kostspielige Ausstattung Sachalins Bewohner vor der antisowjetischen Propaganda der Voice of America schützen sollte.

Dann machen wir in der Siedlung Arkowo einen kurzen Zwischenhalt, wieder Tschechow zuliebe. Er beschreibt, wie ein lokaler Gefängnisbeamter den Generalgouverneur des Amurgebiets, Baron von Korf, bei dessen Inspektionsreise mit dem Satz beruhigen will: »In der Siedlung Arkowo ist alles in Ordnung.« Daraufhin zeigt der allmächtige Natschalnik vom Festland auf die Winter- und Sommersaat und spricht: »Es ist alles in Ordnung – abgesehen davon, daß es in Arkowo kein Brot gibt.«

Hundertzehn Jahre später widmete die Moskauer Wochenschrift »Kultura« im Januar 2000 dem Verfasser der »Insel Sachalin« eine ganze Seite und illustrierte die zitierten Sätze mit einem aktuellen Foto, auf dem Leute im Schneefall vor einem Brotladen Schlange stehen. Eine beeindruckende Aufnahme, aber die Wirklichkeit ist komplizierter. Als wir nämlich den Laden betreten und Brot kaufen wollen, teilt die Verkäuferin uns mit, daß dies in Arkowo nicht mehr möglich sei, und zwar aufgrund der mangelnden Nachfrage. Die Bewohner der Siedlung kaufen in der benachbarten Kreisstadt Alexandrowsk ein.

Alexandrowsk – ein Plädoyer

Wir kommen gegen ein Uhr am Mittag an, lassen unsere Sachen im Hotel »Drei Brüder« und fahren mit dem Jeep sofort weiter zur Firma »Avtotransport«, aber nicht, um industrielle Erfahrungen zu sammeln, sondern um unseren Bärenhunger zu stillen. Das einzige Restaurant der Stadt, »Sewer«, ist vor einigen Jahren einer fehlgesteuerten Privatisierung (die Russen nennen das spöttisch »Prichwatisatsija« = An-sich-Reißen) zum Opfer gefallen, und so gibt es warmes Essen nur in der Kantine des Omnibuswerkes am Rande der Stadt. Die Frauen dort sind jedoch so nett und das Essen (Kohlsuppe, Rinderbraten, russischer Palatschinken und Tee) schmeckt mir nach langer Entbehrung so vorzüglich, daß ich – obwohl in der Küche kein einziges Messer vorhanden ist – meine verwöhnte westliche Skepsis gegenüber Alexandrowsk von nun an suspendiere und im Grunde alles für großartig halte. Erst einige Monate später stieß ich beim Lesen irgendwo auf die Behauptung, daß in dieser Stadt während der japanischen Besetzung für wenige tausend Einwohner 60 Kneipen zur Verfügung standen, von denen einige, wie die kommunistischen Historiker kopfschüttelnd anmerkten, »nicht den besten Ruf« hatten. Wie schön wäre es, wenn zumindest ein paar weniger verrufene erhalten geblieben wären.

Die Zufriedenheit über Alexandrowsk teilt offensichtlich der Moskauer KP-Führer Gennadij Sjuganow mit mir, dessen lächelndes Portrait das Schaufenster des Hotels »Drei Brüder« schmückt und der nach privaten Hochrechnungen hier mehr als 50 Prozent der Bevölkerung hinter sich hat. Mein Wohlgefühl hebt auch Igor Farchutdinow, dessen verfrühtes Wahlflugblatt mit der Aufschrift »Der reichen Insel einen ehrlichen Gouverneur« die Wände mehrerer Institutionen ziert. Ich schaue aus dem Fenster des Hotelzimmers und sehe fasziniert den Reichen dieser Insel zu, wie sie im Bewußtsein, einen ehrlichen Gouverneur zu haben, unentwegt auf dem Platz des 15. Mai, benannt nach dem Gründungstag der Sowjetmacht auf der Insel, also auf dem zu Tschechows Zeiten »Platz der Fußfesseln« genannten Hauptplatz, flanieren. Noch um Mitternacht kaufen Jugendliche Wein, Bier und Zigaretten in den kleinen postsowjetischen Buden, sitzen auf der Bank, schauen dem bronzenen Tschechow in die Augen und gehen dann zum Meer, dessen Luft die ganze Stadt füllt. Weder im portugiesischen Faro noch im spanischen Marbella habe ich eine derart elementare Freude am Sommer erlebt. Fürwahr, wie Nikita Michalkows Filmtitel sagt: »Die Sonne, die uns täuscht«. Es ist, als wollten die Menschen die ganze Wärme dieser paar Wochen in Körper und Seele für schlimmere Zeiten aufbewahren.

Dabei scheint das Leben der 20 000 Einwohner schwieriger und isolierter als das in der südlichen Metropole. Hierher strömen keine japanischen oder amerikanischen Geschäftsleute, und das Handelsleben vertreten kleine Läden mit exotisch gemeinten Namen wie »Farmer 1«, »Erigona«, »Merkur« oder poetisch-russischen wie »Trojka«, »Alla«, »Olga«, »Nadeschda«, und nur noch ein »Magasin« trägt die sowjetisch verkürzte Bezeichnung »Promtowary« (ungefähr Induwar, d.h. Industriewaren). Auf dem Zentralmarkt verkaufen Koreaner schwarze Johannisbeeren, Tomaten, Gurken, Sonnenblumenkerne und Knoblauch aus Eigenproduktion, während einige Chinesen Kunststoffkleider und schwarz kopierte Videokassetten – vor allem amerikanische und japanische Actionfilme – anbieten. Angeblich sind 40 Prozent der Haushalte mit Videogeräten ausgestattet. Die unverbesserlichen Kinofans müssen sich mit gelegentlichen Vorstellungen der »Retros«, alten sowjetischen Filmen, im Kulturhaus begnügen – denn auch das »Filmtheater Majak« (Leuchtturm), ein ehemaliges katholisches Kirchengebäude, ist offensichtlich privatisiert oder »prichwatjisiert« worden. Alte Kinostühle entdecke ich hingegen auf dem Korridor des Bürgermeisteramtes.

Zwischen dem Rathausgebäude, dem ehemaligen Sitz des Stadtkomitees der KP, und der Schule, wo früher das Zentralgefängnis stand, steht die fast fertig gebaute orthodoxe Kirche des Bistums Sachalin und Kurilen – eines der vielen Gotteshäuser, welche die religiöse Renaissance auf den Inseln verbreiten. Neben der orthodoxen werben auch andere christliche Kirchen um die Seele der Inselbewohner – so sehe ich im Heimatmuseum von Alexandrowsk eine kleine katholische Ausstellung. Den jetzigen Missionaren, dem Pater Jakob (Wan Ju Sol aus Südkorea) und Pater Jerzy Masur (ein Pole aus Jakutsk), ist es gelungen, eine Gemeinschaft von ungefähr 100 Gläubigen zu organisieren. Außerdem gibt es die baptistische Gemeinde (die einzige, die auf Sachalin kontinuierlich geheim tätig war), und ein Teil der koreanischen Bevölkerung steht den Methodisten nahe. Kruzifix und Ikone sieht man selbst in Amtsräumen – oft anstelle der früheren Bilder Lenins. Über die Kirchen wird humanitäre und soziale Hilfe vermittelt, welche Stadt und Land im Norden dringend brauchen.

Nadeschda Gretschannikowa, die stellvertretende Bürgermeisterin, schildert in knappen Worten die Situation des Bezirks, zu dem außer Alexandrowsk noch 14 bewohnte Siedlungen gehören:

»Wir haben in der Stadt eine medizinische Fachschule, die aus Moskauer Geldern finanziert wird. Wenn diese nicht eintreffen, dann kann die Fachschule den verbrauchten Strom nicht bezahlen. Ebensowenig können die Bergleute den Elektrizitätswerken Gebühren zahlen. In den Dörfern hat man keine Zentralheizung, sondern Kohle. Wir haben 400 Arbeitslose, aber es gibt inzwischen neue Firmen, und auch die Stadt bietet kommunale Arbeitsplätze an. Vor allem Arbeitslosen, Rentnern und Kindern versuchen wir durch kostenlose Versicherungen zu helfen. In den letzten Jahren ist die Fluktuation nach Süden etwas geringer geworden.

Wir haben hier mehr Frauen als Männer. Frauen sind in erster Linie in den Bereichen Ausbildung und Gesundheit beschäftigt. Sie arbeiten aber auch in der Legislative: Im Stadtparlament sitzen unter den neun Abgeordneten drei Frauen.

Gaststätten haben wir keine, aber im Café ›Ujut‹ (= Gemütlichkeit, ein Büfett am Omnibusbahnhof, geöffnet zwischen 12 und 16 Uhr, G. D.) können die Bedürftigen kostenlos essen. Wir haben ein Bezirkskrankenhaus mit 114 Betten. Veteranen und Invaliden zahlen für Medikamente nichts. Außerdem verfügen wir über einen Hubschrauber, mit dem die Feldscher die schwer erreichbaren Dörfer besuchen können. Wir tun alles, solange unsere Kräfte ausreichen.«

Nach dieser vorsichtigen Umschreibung der bitteren Armut in der Stadt übergibt mir Frau Gretschannikowa eine Statistik der Abwanderung der letzten Jahre:

Jahr	*von 1000 Personen*
1993	8,9
1994	9,9
1995	7,9
1996	6,6
1997	6,3

Mit anderen Worten: In den neunziger Jahren verließen etwa 5000 Einwohner die Stadt. Trotzdem zeigen die offiziellen Daten eine Tendenz des Wachstums auf: 1959: 22 206, 1967: 20 500, 1992: 19 400, 1999: 23 400. Der Zuwachs ist dadurch erklärbar, daß sich immer mehr kleine benachbarte Siedlungen, wie Küken unter die Flügel der Henne, in die Obhut der Kreisstadt begeben.

Wir sitzen wieder im Jeep oder, wie die Russen es nennen, »Wesdjechod«, Überallfahrzeug. »Überall« heißt jetzt: Unterwegs über eine nicht mehr genutzte, teilweise zugewachsene Straße, die zum Kap Jonkheer und dem Leuchtturm führt. Oben angekommen, blicken wir auf das Ochotskische Meer, links die Felsengruppe »Drei Brüder« und rechts die weniger bekannten »Drei Schwestern«. Über dem Wasser kreist ein Schwarm von Möwen. Hier stand Anfang August 1890 Anton Tschechow, umgeben von den Motiven seiner späteren Bühnenstücke. Allerdings fehlt der Kirschgarten in dieser Landschaft. Der Leuchtturm ist längst verfallen. Wegen der Bodenerosion sieht er fast so aus, als könne er genausogut in Pisa stehen. Alles, was ich hier sehe, ist verwildert, zerrüttet und vor allem wehrlos – Stadt und Land, Kultur und Natur. Genau so, wie die Sachalinenser in einem Sprichwort ihre Insel beschreiben: »Meer ringsumher – Kummer mitten drin.«

Auch der Hafen gibt kein Lebenszeichen von sich, als wir an den riesigen Wasserspiegel ganz dicht herangehen. Die Trümmer der Docks, der Werft und der verlassenen Bürogebäude wirken wie ein monumentales Heimatmuseum der sozialistischen Industrialisierung. Auf einer Brandmauer leuchtet die ungewollt ironische Losung: »Gruß an die Werktätigen des Meeres!« Der Aufruf enthält etwas überwältigend Poetisches, denn er ist direkt Victor Hugo entlehnt, dessen »Travailleures du Mer« zur Lieblingslektüre ganzer Generationen sowjetischer Leser gehörte.

Grund und Umstände der Schließung des Hafens lassen sich nicht ermitteln. In der offiziösen, auf Hochglanzpapier gedruckten Biographie der Stadt lesen wir unter den Daten der Zeittafel: »1993: Eröffnung eines Zollamtes in Alexandrowsk«. Auch ein »Atlas of Sakhalin Region« aus dem Jahre 1994 rühmt sich mit der Tatsache: »Das heutige Alexandrowsk Sachalinskij ist ein Industriezentrum und Seehafen.« Wir wissen jedoch, daß das darauffolgende tiefste Krisenjahr, 1995, viele ähnliche Mitteilungen ihrer Aktualität beraubt hatte und daß auf den neueren Landkarten unter der Bezeichnung der Siedlungen immer häufiger die Abkürzung »njeschil« (njeschiloj, unbewohnt) vorkommt.

Dies könnte bald auch für den Stadtteil Due gelten, nachdem dort der Bergbau eingestellt wurde. Groteske, wenn nicht tragikomische Plakate erinnern an die ehemalige Produktionsstätte: »Sorgen wir für zuverlässige Arbeit!« Die Bergleute, die dadurch zu höheren Leistungen angespornt werden sollten, gibt es hier nicht mehr. Alles sieht haargenau so aus, wie Tschechow verlassene Ortschaften auf der Insel beschrieben hat: »Nun ist die Hälfte der Häuser von ihren Bewohnern verlassen, halb zerstört, und die dunklen Fenster ohne Rahmen sind wie Augenhöhlen im Schädel…«

Dennoch strahlt Alexandrowsk etwas Unverwechselbares, Organisches aus. Wenn man auf der Sowjetskaja-Straße spazieren geht und hört, daß sie früher Nikolajewskaja hieß, also mit ihrem Namen auf die nächste Stadt des Festlandes verwies, dann steht eine Geschichte dahinter, in der die japanische Bezeichnung »Bisen-Matchi« zwischen 1920 und 1925 nur eine Fußnote war. Ebenso wissen wir, daß die Dzierżińsky-Straße bereits fünfzig Jahre lang als »Alexandrowskaja« existierte, bevor ihr der Name des Tschekistenchefs – ebenso wie früher die Bezeichnung »Suwo-Matchi« – aufgezwungen wurde. Es gab Straßen, die bereits vor 1917 ihren Namen geändert hatten – so die Arkowo, die später stolz-bescheiden auf »Malaja pervaja (= Kleine Erste) Alexandrowskaja« umgetauft wurde, oder die Tonjelnaja, die an das Malheur mit dem Tunnelbau in Due erinnerte.

Als Mittelpunkt dieser Tradition gilt mir das schöne Holzhaus in der Tschechow-Straße, in dem der Schriftsteller bei dem ehemaligen Katorschnik und späteren Geschäftsmann Landberg ein Zimmer gemietet hatte. Heute befindet sich sein Museum hier, Andrea und ich sind zum Frühstück und Abendessen Gäste des Direktors Temur Miromanow. Kurz vor der Abreise kommt er mit zu einem Picknick am Meer. Wir essen Brot, Käse, Aufschnitt und trinken dazu den inseleigenen Wodka »Katorschanka«. Und da kommen wir auf das Thema der merkwürdigen steinernen Geschwister zurück. Zum Abschied erzählt Temur diese Legende der Niwchen:

»Vor langer, langer Zeit lebte am Ufer des Meeres der wunderbare Stamm der Niwchen. Sie waren fröhlich, reich und großartig. Die Mädchen versetzten die ganze Küste mit ihrer Schönheit in Staunen. Die Männer waren barmherzig und mutig. Weit über die Grenzen ihres Stammes hinaus waren sie bekannt und wurden geliebt. Ihr wichtigster Charakterzug war jedoch die Gastfreundschaft. Eines Tages erblickten sie an jener Stelle, wo sie jeden Tag in der Frühe zum Fischfang zu gehen pflegten, ein weißes Schiff.

In Erwartung der Gäste öffneten sie ihr schönstes Zimmer und bereiteten ein köstliches Mahl zu. Die schönsten Mädchen tanzten und sangen. Die mutigsten jungen Männer führten ihre Jagdkünste vor.

Der älteste der Gäste war ein Mann mit flammendem roten Bart. Er befreundete sich schnell mit den Führern des Stammes. Er erklärte dem Schamanen die Treue und brachte wundersame Geschenke, darunter ein Messer, das Tierhäute so leicht wie Papier durchtrennen konnte. Aber das schönste Geschenk war das fröhliche Wasser. Die Niwchen tranken viel von dem fröhlichen Wasser, tanzten und sangen. Alles wäre sehr gut gegangen, wenn sie nicht zu viel fröhliches Wasser getrunken hätten.

Als sie am nächsten Tag früh erwachten, erblickten sie Schreckliches. Die Alten, die jungen Männer und die Kinder lagen neben ihren Zelten auf dem Boden. Und alle schönen Mädchen des Niwchenstammes waren verschwunden. Die Männer rannten zum Ufer und sahen ein Schiff mit weißem Segel davonfahren. Sofort begriffen sie, daß man sie mit dem fröhlichen Wasser hereingelegt hatte, um ihnen die schönsten Mädchen wegzunehmen.

Das Stammesoberhaupt hatte drei Söhne: den ältesten, den mittleren und den jüngsten. Die drei nahmen sich vor, den Betrug des Rotbärtigen zu rächen. Der älteste Sohn sprang zuerst in das Boot und folgte dem weißen Schiff. Fast hatte er es schon erreicht, da warf der Rotbärtige einen Blitz auf ihn, so daß er ins Wasser stürzte und die Wellen über ihm zusammenschlugen. Dann machte sich der mittlere auf den Weg und versuchte, das weiße Schiff zu erreichen. Der Rotbärtige schleuderte auch auf ihn einen Blitz. Der mittlere Sohn fiel ins Wasser, und die Wellen schlugen über ihm zusammen. Nun war der jüngste Sohn an der Reihe. Auch er wollte das weiße Schiff erreichen. Fast war er schon so weit, da warf der Rotbärtige seinen Blitz. Auch er fiel ins Wasser, und die Wellen schlugen über ihm zusammen.

Die Götter hatten jedoch das Gebet des Jüngsten erhört, und als die Wellen über ihm zusammengeschlagen waren, erhob sich ein schreckliches Gewitter. Es blitzte, und der Himmel war sehr laut. Ein gewaltiger Wind kam auf, und aus der Tiefe des Meeres tauchten drei Felsen empor: ein großer, ein mittlerer und ein kleiner. Das waren der älteste, der mittlere und der jüngste Sohn. Die stürmischen Wellen warfen das weiße Schiff auf die Felsen. Das Schiff zerbrach und sank. Aber die Niwchenmädchen waren gerettet, und es gelang ihnen, das Ufer zu erreichen.«

Tymowsk oder die Trostlosigkeit

Nicht Anton Tschechow, sondern Iwan Gontscharow war der erste russische Schriftsteller, der seinen Fuß auf den Boden Sachalins setzte, und zwar bereits im Sommer 1854 – einer der möglichen Gründe dafür, daß Tschechow in seinen Briefen an Suworin über seinen Kollegen mit kaum verhüllter Antipathie sprach. Anders als Tschechow war Gontscharow ein VIP-Reisender, er begleitete den Fürsten Putjatin bei einer diplomatischen Mission nach Japan auf der Fregatte »Pallada«. Sachalin schien ihn wenig zu interessieren. Über die »halbwilden Ureinwohner« sprach er mit der spöttelnden Herablassung des Europäers. Er war so überaus stark vom Heimweh geplagt, daß er in seinem Tagebuch Goethes Worte »Dahin! Dahin!« im deutschen Original zitierte. Dennoch ist heute ein Kap an der Ostküste nach ihm benannt, und auch die Tymowsker Pension, in der meine Begleiterin und ich übernachten wollten, trug den stolzen Namen »Hotel Fregatte«.

Die Pensionswirtin saß in einer kleinen Stube, deren Tür von einem großformatigen Kalender mit dem Foto des lächelnden, selbstsicheren Wladimir Schirinowskij geschmückt wurde. Sie verlangte neben dem normalen Preis der Übernachtung einen »Ausländerzuschlag«. Ich nenne die Höhe des lächerlichen Betrages nicht, denn die Frechheit bestand in der Gegenleistung: ein schäbiges Zimmer mit Waschbecken, das seit vierzig Jahren keine Farbe und höchst selten einen Putzlappen gesehen hatte, Klo[7] und Dusche auf dem Gang, zwei Eisenbetten mit Drahtmatratze aus der Zeit von Katharina der Großen, ein Schwarzweißfernseher mit sehr kapriziösen Qualitäten – man konnte zwischen lateinamerikanischen Seifenopern und Interviews mit alten sowjetischen Schauspielern wählen. Zum Angebot gehörten noch die Kakerlaken, die sich entlang der Fußleisten Wettrennen lieferten, und der hygienische Zustand der Dusche ließ in mir für die von Tschechow registrierte Abneigung der Niwchen gegenüber jedem Bad ein gewisses Verständnis aufkommen.

Ich hätte nicht behaupten können, ähnlich wie seinerzeit der Autor des »Oblomow« von einer Sehnsucht nach Ländern, in denen die Zitronen blühen, ergriffen worden zu sein. Allerdings reagierte ich hier gereizt auf die Armut und die Häßlichkeit des Ambientes,

---

7 Bis auf einige lobenswerte Ausnahmen fand ich auf der Insel keine WCs, die tatsächlich hygienisch wirkten – und vor allem gab es in keiner Siedlung öffentliche Toiletten. Tschechow schrieb über diese heikle Frage: »Hier will ich einige Worte über die Latrinen sagen. Wie bekannt, wird dieser Komfort von der überwiegenden Mehrzahl der Russen völlig mißachtet.« Allerdings entnahm ich den lokalen Zeitungen, daß inzwischen auf Sachalin eine öffentliche Debatte über die öffentlichen Klos (so auf den zentralen Plätzen der Hauptstadt des Gouvernements, aber auch in Korsakowsk) beginnt. Vorerst sind die Inselbewohner gezwungen, ihre Notdurft ausschließlich an Hauswänden oder in den Gebüschen der Ssopkas am Stadtrand zu verrichten.

die mich in Alexandrowsk überhaupt nicht gestört hatte. Die längliche Siedlung Tymowsk löste bei mir spontan Abneigung aus. Kaum angekommen, erinnerte ich mich nostalgisch an die ehemalige Kreishauptstadt und vermißte außerdem das Meer, was für einen Ungarn eigentlich ein natürlicher Zustand ist.

Dabei empfing uns die Journalistin Tamara in ihrer ehemaligen Wohnung nicht, wie versprochen, mit nur einem »Batjuschka«, sondern mit gleich drei orthodoxen Geistlichen. Am Tisch saßen gut ein Dutzend Gäste. Die Geburtstagsfeier war in vollem Gange, man kochte koreanisches Essen und begoß es reichlich mit Wodka. Ein Trinkspruch folgte dem anderen, und die geistlichen Herren waren immer weniger von den weltlichen zu unterscheiden. Zudem trugen alle drei Batjuschkas T-Shirts, denn die neu eröffnete Parochie verfügte nur über einen einzigen Priesterrock, den man offensichtlich ungern zu einem solch profanen Anlaß tragen wollte. Auch waren sie noch unterwegs von ihrem zivilen Dasein zur Existenz als Priester – einer von ihnen war übrigens Anwärter auf eine Stelle in der neuen orthodoxen Kirche von Alexandrowsk.

Sie empfingen uns begeistert, und auch die Antwort auf ihre Frage nach meinem Christentum schien sie nicht vor den Kopf zu stoßen: Jüdische Abstammung sei absolut kein Hindernis bei der Verbrüderung. Viel Alkohol mußte noch fließen, bis ein junger Mann mir vertraulich zuflüsterte, Rußlands Tragödie hänge mit der Wühltätigkeit internationaler jüdischer Freimaurer zusammen, zu denen er mich selbstverständlich auf keinen Fall rechne. Ich diskutierte nicht mit ihm.

Da Tamara bereits mit dem Nachtzug nach Juschno-Sachalinsk zurückreisen mußte, verabschiedeten wir uns und zogen brüderlich über die Kirow-Straße bis zur neuen orthodoxen Kapelle – der zweiten, die hier gebaut wird. Wir sangen im Chor die »Moskauer Abende«, »Katjuscha« und russische Volkslieder – und wenn man von den T-Shirts der drei Batjuschkas absah, hätten wir eine ahnungslose Truppe von Komsomolzen der siebziger Jahre sein können – mir als dem erkennbar Ältesten wäre dann die Rolle des erfahrenen Instrukteurs der örtlichen Parteiorganisation zugefallen.

Ich hatte von Beginn an, seit wir zu diesem Ausflug in den Norden aufgebrochen waren, nicht den geringsten Zweifel, Zeuge einer Agonie zu sein. Die ausgebrannten Wälder, die verlassenen Sowchosen und Kolchosen mit den verrosteten Traktoren und Lastwagen, die zerstörten oder nicht mehr fertig gebauten Häuser bieten ein Bild des endgültigen Untergangs. Dabei ist dieser Norden, wie bereits Tschechow bemerkte, überhaupt nicht der Norden, sondern nur die Mitte der Insel – noch nördlicher gab es zu seiner Zeit nur ein paar verarmte Niwchensiedlungen.

Frau Tomaschuk, eine pensionierte Mitarbeiterin des Heimatmuseums von Tymowsk, die uns in einem Jeep in diesen Tagen begleitete und unseren Eindrücken besondere Aufmerksamkeit widmete, erklärte das düstere Bild eindeutig mit der Zerstörung der Sowjetmacht durch die »Demokraten«. Diese Ansicht schien eine gewisse Allgemeingültigkeit zu haben und keineswegs als illoyal gegenüber der »demokratischen« Zentralmacht betrachtet zu werden. Selbst der Bürgermeister Jewgenij Russkich (er hat eine Ikone an der Wand seines Amtszimmers) machte mich darauf aufmerksam, daß sowjetische Verhältnisse hierzulande nicht der Vergangenheit angehörten, denn die Mentalität einer Gesellschaft lasse sich, wie er sagte, »nicht in 500 Tagen« ändern – eine Anspielung auf das ökonomische Reformprogramm des Regierungschefs der frühen Ära Jelzin, Jegor Gajdar. Zwar liege die Notwendigkeit einer radikalen Änderung der Wirtschaftsstruktur auf der Hand, doch man könne trotzdem den Verlierern schlecht erklären, daß sie eigentlich Gewinner seien. Und die Verlierer seien eben nicht ein paar versprengte Genossen aus dem Apparat – die fänden sich schon zurecht – sondern vor allem die kleinen Leute.

Frau Tomaschuk lebt seit 1948 auf der Insel. Auf meine Frage, was für ein Wind sie hierher getrieben habe, gab sie mir eine kuriose

Antwort. Sie hat früher mit ihrem Mann in Weißrußland gelebt, und ihr Erstgeborener war ein notorischer Bettnässer. Auf ärztlichen Rat hin beschlossen sie, statt der Windeln die Zeitzonen zu wechseln. Sie zogen also an einen Ort, wo die Sonne exakt in der Stunde aufgeht, wenn sie in Weißrußland das Firmament verläßt. Auf diese schlaue Weise hatten sie die böse Natur an der Nase herumgeführt. Der Sohn – inzwischen selbst Familienvater – sei gleich nach der Ankunft auf Sachalin »stubenrein« geworden. Eine wunderschöne Legende – wenn ich den Niwchen davon erzähle, werden sie bestimmt gelb vor Neid.

Ich habe mich – wie die Russen es ausdrücken – »gnadenlos geirrt«. Es gibt keine Niwchen mehr, mit denen ich Legenden austauschen könnte, genauer gesagt, es gibt die Abstammung, aber nicht mehr den Stamm. Sie haben noch den greisen Nationaldichter Sanggi in der Stadt Nogliki, der uns wegen eines Trauerfalls in seiner Familie nicht empfangen kann. So fahren wir in die Niwchensiedlung Tschir Unwd im Kreis Tymowsk. Tschir Unwd bedeutet russisch »Neues Leben«, ich befürchte, eine interlineare Übersetzung des entsprechenden sowjetischen Plastikslogans der zwanziger Jahre, erfunden von Idealisten aus dem Leningrader Institut der Völker des Nordens, bevor diese im Gulag landeten. »Neues Leben« mit den dazugehörigen Kennziffern für die erzwungene Getreideproduktion konnte für die Niwchen mit ihren animalistischen Vorstellungen von Leben und Tod, Mensch und Tier als gleichberechtigte Agenten der ewigen Natur kaum etwas bedeuten. Die Sowjets waren für sie eine Variante der russischen Pelztierjäger, die sie nun entweder als Kulaken in die Gefängnisse oder ihre Kinder in Schulen und Hochschulen einsperren ließen.

Also – Tschir Unwd, das Musterdorf der sowjetischen Ära, ist leer, arm, zerstört und gottverlassen. Im Zentrum ragt das Betongerüst eines nie erbauten Kulturpalastes empor – zu welchem Jahrestag der

Oktoberrevolution hatte es eingeweiht werden sollen? Durch seine blinden Fensteröffnungen weht ein zeitloser Wind. Aus dem geöffneten Fenster eines Hauses vom Typ »Breschnewka« beugt sich ein junger blonder Russe, er raucht. Aus seinem Fenster wird die ganze Straße mit Technomusik beschallt. Auf der anderen Straßenseite stehen, mit dem Rücken an den geöffneten Torflügel gelehnt, drei Mädchen mit schwarzen Haaren und Schlitzaugen. Sie betrachten uns mit unverhüllter Neugier. Eine von ihnen trägt eine gelbe Joggingjacke mit dem Aufdruck »Borussia«. Ihre Lippen sind knallrot geschminkt, das Haar zu einem Knoten gebunden, aber sie ist klein und dünn, sieht höchstens aus wie vierzehn. Ich begrüße sie und frage auf russisch:

»Sprecht ihr eure Muttersprache?«

»Nein, wir sprechen gar keine Sprache. Es gibt niemanden, mit dem wir sprechen könnten.«

»Und in der Schule?«

»Was für eine Schule? Wir gehen nicht mehr zur Schule.«

»Wieso? Wie alt bist du denn?«

»Zwanzig.«

»Und was macht ihr?« Inzwischen habe ich gemerkt, daß die beiden anderen, obwohl von gleicher Statur, auch keine ausgesprochenen Kindergesichter mehr haben.

»Nichts«, das andere Mädchen zuckt mit den Achseln, »es gibt keine Arbeit.«

»Wir helfen zu Hause«, fügt das dritte hinzu.

»Nicht einmal tanzen gehen kann man«, sagt die Zwanzigjährige und zeigt in Richtung des toten Betonkolosses, »man hat ihn nicht fertig gebaut.«

»Und was gibt es hier sonst Interessantes?« frage ich, nur um den Faden zu halten.

»Na, den Friedhof!« Sie zeigt zum Ende der Straße. »Die Toten werden dort verbrannt.«

Vom Friedhof sehen wir kaum etwas – nicht nur, weil die ganze Fläche von Unkraut zugewuchert ist, sondern auch, weil die ewige Ruhe der Niwchen von einer Armee von Stechmücken bewacht wird. Sie sind groß, aggressiv und lassen sich nicht verscheuchen. Einige Minuten lang schauen wir dann aber doch die Gräber an. Es gibt richtige umzäunte Niwchenhügel mit Gebrauchsgegenständen – Mützen, Stöcke, alte Schuhe und anderes –, aber die meisten Grabstätten sind modern. Über einigen zeigen die kleinen Obelisken mit dem roten Stern an der Spitze, daß der Verstorbene am Großen Vaterländischen Krieg beteiligt war.

Später im Gemeindeamt hören wir von einer russischen Beamtin die exakten Zahlen: Die Gemeinde Tschir Unwd hat 279 Einwohner, von denen 205 den Volksgruppen des Nordens angehören. Die älteste Bürgerin ist Frau Olga Asmun, 1913 geboren. 38 Kinder besuchen die Haupt- und 34 die Mittelschule.

Unterwegs begegnen wir einer Kinderschar, geführt von einer jungen und schönen Niwchen-Lehrerin. Die Kinder sind zwischen 4 und 10 Jahre alt und auf sehr unterschiedliche Weise viel zu warm angezogen, für das Wetter völlig ungeeignet. Einige tragen dicke Strumpfhosen, andere sowjetische Schuluniformen – schwarzen Sarafan mit weißem Hemdkragen. Manche Mädchen haben selbstgenähte bunte Röcke an und tragen eine Schleife im Haar. Jungen gibt es unter ihnen kaum. Sie kommen vom Fluß Tym und sind auf dem Weg in die Schule, wo auch wir erwartet werden.

Dann führen wir ein Zaungespräch an der Oktjabrskaja-Straße mit zwei Niwchinnen – Antonina Skalischina und ihrer Tochter Nadeschda. Die Alte kennt noch die Sprache der Ahnen und erinnert sich aus ihrer Kindheit an die japanischen Besatzer, die sehr darum bemüht waren, das Wort »Sdrawswujtje« richtig auszusprechen. Das Thema gefällt Frau Tomaschuk offenbar überhaupt nicht, und sie drängt uns, möglichst schnell in die Schule zu gehen. Nachdem die Alte uns versichert hat, sie komme später nach, folgen wir gehorsam unserer Begleiterin.

Kinderkrippe, Kindergarten und Schule sind hier unter einem Dach vereint und erstaunlich gut ausgestattet – die Kleinsten schlafen in einem schönen, sauberen Zimmer mit Knüpfteppichen chinesischer Herkunft. Im Folklore-Kabinett gibt es je ein CD-, Tonband- und Videogerät sowie einen Schrank voller Volkstrachten. Während wir im Speiseraum für 10 Rubel Krautsuppe und Reisfleisch essen – nicht so gut wie in Alexandrowsk –, bereiten sich die Kinder auf eine kleine Darbietung vor.

Frau Skalischina und ihre Tochter bauen auf dem Schulhof mit Hilfe zweier Böcke eine Holzstange auf und beginnen, darauf einen Rhythmus zu schlagen. Beide sind in bunter Volkstracht und singen nicht, sondern sagen einen rhythmischen Text auf. Zwei kleine Jungen tanzen nach diesem Rhythmus. Nach mehreren Jahrzehnten sind sie die erste Generation von Niwchen-Kindern, die im Rahmen des allgemeinen Schulprogramms auch etwas von der eigenen Kultur mitbekommen.

Die Texte wirken wie rituelle oder spielerische Sprüche:

Wir sind freie Leute,
Wir sind gute Leute.
Freunde empfangen wir wie Brüder
Und möchten keine Feinde haben.

Oder:

Ein Haselhuhn sitzt auf dem Baum
Blickt runter auf die Menschen.
Pam-pam, es sitzt da auf dem Baum
und lacht über die Menschen.

Frau Skalischina berichtet, wie sie und ihre Tochter die Niwchen-Folklore weitergeben:

»Unsere Gruppe besteht seit zwanzig Jahren. Ich selbst beschäftige mich seit meinem zwanzigsten Lebensjahr mit Niwchen-

Volksmusik. In unserer Gruppe sind 15 Kinder und vier Erwachsene. Wir unterhalten uns in unserer Sprache, aber die Kinder können kein Wort davon. Manchmal ist es so, daß wir selbst plötzlich zu Russisch übergehen, und dann kommen wir wieder zu der eigenen Sprache. In der Sowjetzeit hat man uns nicht erlaubt, Niwchisch zu sprechen. Heute gibt es kaum noch Menschen, die ihre Sprache fehlerlos sprechen können.«

Frau Tomaschuk ist unzufrieden mit uns. Als ich mir auf dem Rückweg die Bemerkung erlaube, das Volk der Niwchen werde womöglich bald aussterben, ist sie plötzlich aus dem Häuschen. »Wieso denn?!« fragt sie empört, »die haben es hier immer noch am besten! Sie werden nach Wladiwostok gebracht, zu Gastspielen und Sommerferien. Sie bekommen alles! Warum muß man alles so dunkel sehen und so dick auftragen? Was wollen Sie mit dieser Krittelei (›kritikanstwo‹) überhaupt? Wollen Sie das alles dort veröffentlichen?« In diesem »dort« hallen sämtliche politischen Kampagnen gegen »das Ausland« wieder – als hätte sich mitten durch den Jeep ein Eiserner Vorhang niedergesenkt.

Dabei sehne ich mich angesichts all dieser Zerstörung nach einem Fünkchen Optimismus in mir selbst. Allerdings finde ich wenig Veranlassung dazu. Sicherlich ist die 85jährige Frau am Rande von Tymowsk rührend. Sie stellt sich als »Baba Warja« vor und ergänzt: »Ich bin hier das lebende Türschloß.« Das heißt: Wenn sie stirbt, wird die Siedlung dichtgemacht. Ihre Kinder wohnen in der Bezirksstadt, besuchen sie an »Brottagen«, wenn der Laden des Dorfes geöffnet ist, und gehen dann für sie einkaufen. Ähnlich sieht es mit dem sterbenden Katorschnik-Enkel aus, den seine Tochter jeden zweiten Tag in seiner baufälligen Hütte besucht, um ihn zu waschen. Er liegt dort fast leblos und sieht sich weder veranlaßt, über seine Vorfahren etwas zu sagen noch überhaupt irgend etwas. Über dem stinkenden Bett und dem Fußboden mit Stücken von Spaghetti sirren die Mücken, und er hat weder den Willen noch die Kraft, sich dagegen zu wehren. Da ist selbst Frau Tomaschuk ratlos. »Dieser Mann«, kommentiert sie den vergeblichen Besuch, »war einst ein hervorragender Traktorist, ein Held der Arbeit.« So vergeht der Ruhm der Welt, hätten die Christen gesagt. Die Niwchen übrigens auch: »Ein Haselhuhn sitzt auf dem Baum, / Blickt runter auf die Menschen. / Pam-pam, auf dem Baum / und lacht über die Menschen.«

Da die Bar der »Fregatte« einseitig auf alkoholische Getränke ausgerichtet ist und es ansonsten in Tymowsk an Speisemöglichkeiten fehlt, müssen wir uns selbst versorgen. In den zahlreichen Lebensmittelläden kaufen wir Wein, Joghurt, Käse, Brot, Gurken, Tomaten und eine Fleischkonserve. Diese lasse ich gleich öffnen, denn mein Dosenöffner liegt in Berlin, und um Ersatz habe ich die Frau hinter der Tür mit dem Schirinowskij-Kalender vergeblich gebeten.

Am Samstag morgen kurz vor 10 Uhr gehen wir vor dem verabredeten Treffen mit Frau Tomaschuk zur Post. Ich möchte nach Juschno-Sachalinsk telefonieren, um unsere Ankunft mit dem Nachtzug anzukündigen. Die Telefonistin empfängt mich jedoch mit der Nachricht, es könne keine Verbindung hergestellt werden. Soeben habe sich ein Erdbeben von acht auf der Richterskala in Uglegorsk ereignet, das womöglich auch den Zugverkehr beeinträchtigen könne. Ich bin nicht gerade entzückt von der Perspektive, das Wochenende in der »Fregatte« zu verbringen. Ich denke an Berlin (siehe Gontscharows »Dahin! Dahin!«), und Andrea würde am liebsten nach Alexandrowsk zurückfahren.

In der Tat hatte das Erdbeben um 8 Uhr 15 stattgefunden – kurz davor hatten sämtliche Hunde von Uglegorsk gebellt und alle Katzen waren spurlos verschwunden, aber die Stärke hatte nicht einmal sechs auf der Richterskala erreicht. Glücklicherweise lag das Epizentrum außerhalb der Stadt, und so hielten sich die Zerstörungen in Grenzen. Die Beteiligten erlitten eher einen psychischen Schock, denn jeder hatte noch die Tragödie von Neftegorsk in Erinnerung, als die Erdölsiedlung in einer Mainacht des Jahres 1995 praktisch vom Erdboden verschwunden war. So schickte das Moskauer Katastrophenministerium an nächsten Tag Ärzte und Psychologen nach Sachalin, um die Bevölkerung zur Rückkehr in ihre Häuser zu bewegen.

An diesem Tag bewegen wir uns von Tymowsk in Richtung Süden. Den ersten Halt machen wir in Selo Beloje (Weißes Dorf), zu Tschechows Zeiten Andreje-Iwanowskoje, das damals 382 Einwohner hatte, unter ihnen Katholiken, Moslems und Lutheraner. Später avancierte das Nest zu einer echten Großsiedlung mit 5000 Einwohnern, von denen heute nur noch 188 hier leben, mehrheitlich Rentner. Auf der Suche nach Häusern, die noch die Verbannten gebaut haben, betreten wir ein relativ neues Holzhaus. Hier wohnt ein altes Ehepaar mit seiner 14jährigen Enkelin – die Eltern verdienen ihr Brot in Juschno-Sachalinsk. Das Mädchen mit dem schönen klaren Blick geht jeden Tag fünf Kilometer weit zur Schule und zurück, zeichnet, malt, liest, manchmal bei Kerzenlicht, wenn die Elektrizitätswerke das Weiße Dorf in Dunkelheit hüllen, und sammelt alte Gegenstände aus der Katorgazeit. Sie zeigt uns einen Löffel mit Loch im Stiel – die Zuchthäusler hatten versucht, alles an ihre Kleider zu binden. Als ich sie frage, ob sie nicht von hier weggehen will, antwortet sie ohne Pathos, daß sie Selo Beloje als ihre Heimat betrachtet. Wir sind bereits beim Abschiednehmen, als sie sich vor uns aufstellt und unvermittelt das patriotische Gedicht des Exillyrikers Igor Severjanin aufsagt:

Ich verdamme den Krieg und verdamme Pogrome,
Und jedes Volk schütze vor jeder Gewalt,
Doch ich liebe die Heimat, mein Rußland, zusammen
Mit all seinem Dreck und mit all seinem Staub...

Nachdem wir »Tschechows Stein« bei Palewo besichtigt haben, auf dem sich der müde gewordene Schriftsteller angeblich niedergesetzt haben soll, fahren wir weiter nach Rykowskoje – heute Kirowskoje nach dem Leningrader Parteichef, dessen Ermordung im Dezember 1934 den Startschuß zum Großen Terror gegeben hat. Dort treffen wir eine Rentnerin, die unbändig stolz darauf ist, daß Tschechow eine Zeitlang in dem Haus gewohnt hat, das heute ihr gehört. Diese Tatsache wird jedoch durch keine Gedenktafel bestätigt – warum nicht? Sie antwortet mit einer matten Handbewegung: »Die kümmern sich nicht mehr um Gedenktafeln, die kümmern sich nicht einmal um das tägliche Brot des Volkes.« Sie war Leiterin der Buchhandlung, solange Kirowskoje noch eine Buchhandlung brauchte (ein Discoklub war immerhin noch da). Ihre schön eingerichtete Wohnung ist voller Bücher, die, seit sie Witwe ist, ihre hauptsächliche Unterhaltung sind. Zum Abschied schenkt sie uns Tomaten und Marmelade aus eigener Produktion.

Wir besichtigen noch den lokalen Friedhof, der auch ein Bestattungsort von Katorschniki gewesen sein soll. Hier dominieren die Gräber der Sowjetzeit, und nur wenige Holzkreuze ganz am Rande erinnern an die Leidtragenden von einst. Plötzlich entdecke ich einen großen und deutlich nicht sowjetischen Grabstein. Hier ruht Butakow, der gefürchtete Gefängniswärter, und seine Gattin – die Opfer hingegen sind anonym.

Ich möchte gern noch weiter südlich fahren, wo die von Tschechow erwähnten Siedlungen Walsa und Longari liegen. Gewissermaßen ist dies ein Auftrag, denn in »Die Insel Sachalin« steht klipp und klar: »Diese zwei Siedlungen zu beschreiben (...) überlasse ich einem Autor, der die Möglichkeit hat, auf einem guten Weg dorthin zu fahren und sie aus der Nähe in Augenschein zu nehmen.«

Ich könnte dieser Autor sein, aber Frau Tomaschuk will nicht nach Longari, denn die Siedlung gehört nicht mehr zum Bezirk Tymowsk, und auch der Fahrer hat keine Lust, weitere 30 Kilometer zu fahren. Walsa existiert ohnehin nicht mehr, und von

Longari weiß ich nur, daß es dort einmal eine Kolchose namens »Pionier« gegeben hat. Trotzdem bin ich ein wenig bedrückt, und das bemerkt auch Frau Tomaschuk. Deshalb überreicht sie mir mit betonter Feierlichkeit vor der »Fregatte« ihr Abschiedsgeschenk – eine Riesenschüssel mit selbstgemachtem russischem Palatschinken. Auf meinen höflichen Einwand, ich sei Diabetiker und die in der Schüssel enthaltenen Kohlehydrate deckten meinen Bedarf für ungefähr sechs Wochen, antwortet sie mit derselben Unerbittlichkeit, die sie in weltanschaulichen Fragen an den Tag gelegt hat: »Tschepucha! (Unsinn!) Ich bin auch zuckerkrank und lebe mit diesen Speisen.«

Mit diesem Akt eines Waffenstillstands endet unsere zweitägige Beziehung.

Auf der Suche nach den verlorenen Völkern

Die Statistik ist eine Wissenschaft mit eindeutigem Hang zum Willkürlich-Kreativen. So erfahren wir aus dem sowjetischen Sammelband »Die Volkswirtschaft des Landkreises Sachalin«, daß es am 1. Januar 1959 auf der Insel 3268 Sowjetbürger jüdischer Nationalität gegeben haben soll. Die offizielle russische Statistik von 1996 hingegen erwähnt diese Minderheit nicht mehr, enthält jedoch den erstaunlichen Hinweis, im Jahre 1989 hätten auf Sachalin 1200 Deutsche gelebt. Offensichtlich sind letztere aus dem statistischen Keller »Sonstiges« erst bei Ausbruch der Glasnost ans Tageslicht befördert worden. Im statistischen Jahrbuch 1999 fehlt dann zur Abwechslung von beiden Volksgruppen jede Spur – es gibt überhaupt keine Statistik der kleinen Nationalitäten darin.

Es gefällt mir nicht, wenn fünftausend Menschen – und sei es auch nur auf dem Papier – spurlos verschwinden. Deshalb versuchte ich mich überall danach zu erkundigen. Von den Deutschen und

Juden sagte mir Nadeschda Lajgun, die für die »nördlichen Volksgruppen« zuständige Mitarbeiterin des Gouverneurs, diese hätten auf dem Höhepunkt der Perestroika versucht, ihre eigenen autonomen Organisationen zu gründen.

Der deutsche Kulturverein soll seinerzeit unter dem Namen »Guten Tag« eingetragen worden sein – seine Mitglieder gehörten zu den Zehntausenden von Wolga-Deutschen, die Stalin 1941, ähnlich wie später die Kalmücken, Tschetschenen und Krimtataren, als potentielle Kollaborateure nach Kasachstan deportieren ließ. Die Flucht weiter nach Sachalin diente offensichtlich dem Zweck, eine neue, saubere Seite in den Kaderakten zu eröffnen. Vieles spricht dafür, daß die Mitgliedschaft im Verein »Guten Tag« ein Mittel war, der Insel so schnell wie möglich »Auf Wiedersehen« sagen zu können und sich als Spätaussiedler irgendwo in Baden-Württemberg oder Hessen niederzulassen. Der Tip, einen gewissen Herrn Scherman anzurufen, der als Deutscher angeblich noch auf Sachalin weilte, zeitigte keinen Erfolg. Das Telefonbuch aus dem Jahr 1987 entpuppte sich ohnehin als Adressenfriedhof.

Die Juden auf der Insel gründeten nach 1989 gleich zwei Vereinigungen – die Gruppen »Jafo« und »Mesuse«. Da diese jedoch durch interne Konflikte aufgerieben wurden und ihre eigentliche Tätigkeit kaum mehr ausüben konnten, wurden sie, ähnlich wie der deutsche Verein, nach einigen Jahren nicht mehr registriert. Sicherlich machte die Alijah-Bewegung auch um die Juden von Sachalin keinen Bogen, und selbst während meines Aufenthalts bot ein »Fond Ewer-Eser« praktische Hilfe für »Personen jüdischer Nationalität bei der Ausreise nach Israel« an.

Nach langem vergeblichem Suchen stieß ich in den letzten Tagen meines Aufenthalts gleich auf mehrere Spuren. Ich fand Herrn Kotman, einen Geschäftsmann, der mir mitteilte, seit anderthalb Jahren gebe es wieder zwei Organisationen für die etwa 1500 Mitglieder starke jüdische Gemeinde. Eine davon heißt »Miloserdije«

(Wohltätigkeit) und versucht, vor allem alte und isoliert lebende Leute zu unterstützen. So erhalten die im nördlichen Ocha lebenden 30 bis 40 Juden über das Hilfswerk Joint, das in Chabarowsk ansässig ist, Zuschüsse zu ihrer Rente. Die andere Institution heißt »Nasledije« (Erbe); sie soll 120 Mitglieder haben und sich vor allem mit Kultur- und Traditionspflege beschäftigen. Über eigene Räumlichkeiten verfügt keine der beiden Gruppen, und so muß zu den hohen Festtagen ein Restaurant gemietet werden.

Fast zur gleichen Zeit lernte ich den jungen Anatolij kennen, der sich als Vorsitzender der Jüdischen Gemeinde versteht und soeben einen Antrag bei der Moskauer Zentrale zur Registrierung einreichen wollte. Leider gibt es wieder Rivalitäten, und ich habe natürlich kein Recht, Position zu beziehen. Dennoch finde ich das, was Anatolij über sich und seine Pläne erzählt hat, menschlich so authentisch, daß ich seine Worte dem Leser nicht vorenthalten möchte:

»Zu den Juden gab es immer ein schlechtes Verhältnis. Deshalb wollten viele ihre Nationalität verändern, also sich assimilieren. Zu diesen gehörte auch meine Familie. Sachalin galt als einer der am weitesten entfernten Bezirke der Sowjetunion (...) Freiwillige Übersiedler wurden gefördert. Es war ziemlich einfach, den Familiennamen und jenen fünften Punkt (Nationalität im russischen Ausweis, G. D.) zu ändern. Im Sinne der Halacha[8] gibt es fast keine jüdischen Familien auf Sachalin, genauer gesagt nur bei der älteren Generation. Die Jüngeren leben fast ausschließlich in Mischehen.

Ich habe lange nach Leuten gesucht, die sich mit den jüdischen Traditionen auskennen. Bis 1989 war ich Leiter einer Rockband. Ich war 27 Jahre alt, als meine Mutter mich sozusagen aufklärte, und ich erfuhr, daß sie eigentlich Rabinowitsch hieß. In Magadan traf ich jemanden, der sich im Judentum sehr gut auskannte. Ich wußte bis dahin nur, daß meine Vorfahren jüdischer Herkunft waren, aber in

8 Wörtlich »Wandel«: der normative, »gesetzgebende« Teil der jüdischen Lehre.

der Familie sprach niemand darüber. Das war meine erste Begegnung mit dem Judentum. Ich begann mich mit verschiedenen religiösen Fragen zu befassen, und langsam kam ich bei meinem Judentum an. Das war bereits im Jahre 1997.

Dann arbeitete ich ein wenig bei Sochnut[9], und im vorigen Jahr führte ich mit Hilfe eines Haggada einen Seder-Abend[10] durch.

Seit etwa einem Jahr versammeln wir uns regelmäßig zum Sabbath. Dies löst tiefe Emotionen bei uns aus, viele weinen. Eine alte Frau singt jüdische Lieder und spielt auf der Balalajka. An dem diesjährigen Purim-Abend hatten wir etwa 120 Leute.

In Nogliki leben ganz wenige Juden, etwa 4 Familien, in Alexandrowsk etwa 72 Leute. Aus diesem verarmten Norden müßte man sie wegschaffen. Nach Israel können sie nicht auswandern, da ihre Papiere nicht in Ordnung sind. Sie haben seinerzeit die Nationalität gewechselt. Es gibt also hier viele junge und alte Leute, die arbeiten wollen. Deshalb wollen wir hier einen Kibbuz gründen. Die Leute würden im Bereich Fischfang und -verarbeitung tätig sein.

Wir beginnen die Namen der Juden zu sammeln – mit Hilfe von Telefonbüchern. Man öffnet beispielsweise das Telefonbuch von Juschno-Sachalinsk bei einem Namen wie Katzmann – klar, daß er kein Aserbeidschaner sein kann. Dann rufen wir an und verabreden uns mit ihm. Von hier aus könnte man Fisch nach Israel exportieren (sic!), dort als koscheres Lebensmittel verarbeiten und zwei, drei Geschäfte eröffnen. So ein Projekt würde Arbeitsplätze schaffen, einige könnten dadurch sogar in Israel eine Beschäftigung finden.«

Wieviel Realität in diesem jüdisch-sachalinensischen Exporttraum steckt, kann ich schlecht beurteilen, aber mit Sicherheit nicht weni-

9 Jewish Agency, fördert weltweit die Einwanderung der Juden nach Israel, hat eine Vertretung in Chabarowsk.

10 Die ersten zwei Abende der achttägigen Feier von der Befreiung des Volkes Israel aus der ägyptischen Gefangenschaft.

ger als in dem Projekt der Energiebrücke zwischen Rußland und Japan.

Sonntag Nachmittag, Hauptplatz von Dolinsk, ehemals Otiaj, schwüle Hitze. Die Stadt ist leer, wahrscheinlich sind alle noch an der Küste, von wo wir soeben gekommen sind. Allein in der Nähe des Tschechow-Denkmals gibt es mehr Bewegung – Kinder und alte Frauen gehen spazieren. Andrea macht ein Foto von der Büste. Die Kinder möchten mit auf das Bild, und auch die Alten sind neugierig. So lernen wir Wera Scherinskaja kennen.

Frau Scherinskaja ist in Weißrußland geboren. Als junges Mädchen wurde sie während der deutschen Besetzung nach Auschwitz deportiert – sie zeigt auch die tätowierte Nummer auf dem Handgelenk. Nach ihrer Rückkehr wollte sie mit ihrem Mann weit weggehen und an einem Ort neu beginnen, wo nichts an den Krieg erinnerte. 1948 zogen sie nach Sachalin. Sie lebten hier, er arbeitete bei der Eisenbahn, sie im Büro einer Papierfabrik. Es ging ihnen gut, und sie sparten Geld für eine schöne, sorglose Rentnerzeit. Mit den Jahren wurden sie der Insel mit dem kapriziösen Klima immer mehr überdrüssig und wollten zurück in ihre Heimat Belarus.

1984 war es endlich soweit. Die alten Leute zogen auf das Festland in die Kleinstadt Tschernobyl, wo sie zwei Jahre später der GAU ihres Lebens ereilte. Der Mann starb an der überhöhten Strahlendosis, Wera Scherinskaja erblindete fast völlig. Sechs Jahre später kehrte sie aus ihrer mittlerweile unabhängigen, verarmten und nicht gerade judenfreundlichen Heimat auf die Insel Sachalin zurück. Im vorigen Jahr erhielt sie 1000 DM Wiedergutmachung auf einen Schlag – das sind immerhin fast zwei Jahre Rente.

Abschiedstage

Ich sehe noch viel in diesen letzten Tagen auf der Insel. Ich besuche die Hafenstadt Korsakow und blicke vom Stadtzentrum aus auf das Meer. Wracks von ausgedienten Schiffen füllen das Hafenbecken. Ich sehe ein leerstehendes ehemaliges Bankgebäude, an dem nur noch das Schloß des Tores ernst zu nehmen ist. Der Versuch, im Restaurant der angeblich deutsch-sachalinenischen Firma Germsach etwas zu essen, scheitert einerseits am Mangel verfügbarer Nahrung, andererseits an der Unfreundlichkeit des Personals. Am Abend hingegen wäre es ohne weiteres möglich gewesen, in das sehr bevölkerte und lebendige Spielkasino hineinzuspazieren. Statt dessen fahren wir zum Meer bei Najbutschi. Wir fahren über Chomutowka, Bolschaja Jelanj, Galkino-Wraschskoje, Pervaja Padj, Popowskije Jurty – Dörfer, die Tschechow auf seiner Südreise kennenlernte. Bei allen journalistischen Wunschträumen läßt sich auch hier der griechische Spruch anwenden: Man kann nicht zweimal dieselbe Insel besuchen.

Am letzten Nachmittag gehe ich zum »Plosadj Pobedy«, Platz des Sieges, zu einer Demonstration, die »unter der Schirmherrschaft des Gouverneurs« stattfindet. Die Kundgebung richtet sich gegen den Moskauer Plan, die Kurilen zu einem nuklearen Friedhof zu machen.

In der Tat hat Moskau einiges vor, was weder der Gouverneur noch der Bürgermeister ruhig mit ansehen können. Mal transportieren Militärs radioaktives Material auf die Insel, und die jungen Soldaten ahnen nicht, daß der Laderaum ihres Lastkraftwagens ein kleines Tschernobyl beinhaltet, mal findet man im Keller eines Hotels gefährlichen Atommüll.

Die Mehrheit der Protestierenden auf dem Platz des Sieges sind Kinder. Sie bekommen Ölkreiden und veranstalten einen Zeichenwettbewerb zu dem vorgegebenen Thema »Sonne und Wälder« – die Stimmung ist entspannt, eine Popband liefert die Musik. Alle fühlen sich wohl, aber ich bin nicht sicher, ob sie wirklich wissen, worum es geht.

Eine Reihe von Aktionen wird geplant – für die Pflanzen, für die Wälder und für das Meer. Greenpeace und die »Ökologische Mahnwache Sachalin« möchten den Protest ausweiten – vor allem gegen die Umweltzerstörung im Schelf und die Ausplünderung des Fischreichtums. Es ist fraglich, ob die Politiker eine so weitgehende Offensive auch mitmachen. Denn von der kurzfristigen Lösung der Energiefragen und vom aktuellen Fischzug hängt ihre unmittelbare Zukunft ab.

Moskau entscheidet ohnehin alles, Moskau kümmert sich kaum um Sachalin – in der Metropole sprechen zu dieser Zeit alle von der Festnahme des Medienmagnaten Gussinskij[11], dann über das grauenhafte Attentat auf dem Puschkin-Platz[12], und während das Ent-

---

11 Am 13. Juni wurde der 47jährige Geschäftsmann Wladimir Gussinskij wegen »Veruntreuung öffentlicher Geldmittel« im Umfang von 10 Millionen Dollar in Moskau verhaftet. Obwohl er zweifelsohne an zahlreichen krummen Geschäften beteiligt und auch in Spanien nur durch Kaution dem Knast entgangen war, brachte man die Nacht- und Nebelaktion der russischen Steuerpolizei eher mit seinem kommerziellen Sender, dem russischen NTV, in Zusammenhang, in dem Wladimir Putin ständig kritisiert wurde. Der Präsident, der sich am Tag von Gussinskijs Verhaftung im Ausland aufhielt, wusch seine Hände in Unschuld und verwies auf die Unabhängigkeit der Staatsanwaltschaft. Alle Angaben entstammen der Website »compromat.ru«, die kompromittierende Materialien zu allen Personen der Öffentlichkeit sammelt – eine Art Gothaer Almanach der russischen Korruption.

12 Am 8. August 2000 explodierte eine Bombe am hellichten Tag in der Unterführung am Puschkin-Platz im Zentrum Moskaus. Das Attentat forderte acht Tote und 45 Verletzte. Als mögliche Täter kamen Mafiosi – vielleicht wegen der zahlreichen Geschäfte in der Fußgängerzone – und die Tschetschenen in Frage. Letztere, die ansonsten stolze Bekennerbriefe bei solch blutigen Geschichten veröffentlichen, leugneten diesmal jeden Zusammenhang. Bei meiner Rückkehr nach Moskau sah ich in der ausgebrannten Unterführung weinende Menschen, Kerzen, Blumen und Ikonen zum Gedenken an die Opfer. Die Ermittlungen haben bis März 2001 zu keinem Ergebnis geführt.

setzen darüber noch anhält, ereignet sich die Katastrophe des U-Bootes »Kursk«. Das Erdbeben von Uglegorsk wird darüber kaum wahrgenommen. Die Insel ist sich selbst überlassen. Vielleicht liegt aber gerade darin ihre Chance.

Sonntag Nachmittag. Gartenfest in Perwaja Padj – ein tiefes Tal, in dem vor hundert Jahren das Gemüse für das Gefängnis angebaut wurde. Wir feiern den ersten Hochzeitstag eines jungen Paares, und es gibt Speisen und Getränke in Hülle und Fülle. Die Sonne scheint, aber die dichten Laubkronen wären selbst bei Regen ein ausreichender Schutz.

Ein junger Mann greift zur Gitarre und singt einen Schlager der sechziger Jahre »Was soll ich dir von Sachalin erzählen?«, das einzige Lied, das je ein Moskauer Komponist[13] der Insel widmete:

Was soll ich dir von Sachalin erzählen?
Auf unsrer Insel herrscht normales Wetter,
Mein Hemd ist salzig von den weiten Wellen,
Ich stehe immer mit der Sonne auf.

Den Refrain singen alle zusammen:

Die Post fliegt mit Umsteigen von dem Festland
Bis zu des Landes weit entferntem Hafen,
Von dem ich in die Straße Laperouse
Vom steilen Ufer Kieselsteine werfe.

---

13 Ob der populäre Liedermacher Jan Frenkel (1920–1989, unter anderem »Kalina Krassnaja«) je Sachalin mit eigenen Augen gesehen hat, ist schwer herauszufinden. Höchstwahrscheinlich hat er den Schlager als Auftragsarbeit verfaßt. Jedenfalls wurde sein Werk in die Nostalgiesammlung »Das Lied bleibt mit uns« (Moskau 1994) aufgenommen.

DRITTER TEIL[1]

Sechs Monate

Warten auf Putin

Einen Tag nach meiner Abreise von der Insel Sachalin, am 11. August 2000, ehrte der Gouverneur Igor Farchutdinow eine Reihe verdienter Staatsbürger. 26 Personen erhielten Orden und Medaillen. Unter ihnen, so hieß es in der offiziellen Mitteilung, befand sich auch der Bürgermeister der Stadt Juschno-Sachalinsk, Fjodor Sidorenko, der den »Verdienstorden der Freundschaft für seinen großen persönlichen Beitrag zur sozialen und ökonomischen Entwicklung der Stadt und für seine langjährige gewissenhafte Arbeit erhalten hat«.

Anläßlich dieser Feierlichkeiten erschien ein Foto in der Zeitung, auf welchem der lächelnde Gouverneur seinem Rivalen den Orden auf den Aufschlag des Sakkos steckt. Eigentlich war diese Zeremonie ein Affront, nicht nur deshalb, weil Sidorenko gleichzeitig und gleichrangig mit Hinz und Kunz öffentlich gewürdigt wurde,

---

1 Fast alle Informationen in diesem Kapitel stammen von unterschiedlichen Websites der Stadt, des Gouvernements sowie der Nachrichtenagentur »Ostrova« (Insel), da andere Arten des Kontakts mit Sachalin wegen schlechter Kommunikationsnetze schwierig und mit einbrechendem Winter meist unmöglich sind.

sondern auch, weil es sich in seinem Fall um eine Auszeichnung des Präsidenten Wladimir Putin zum 50. Geburtstag handelte, den Sidorenko bereits am 20. Mai gefeiert hatte. Dennoch versuchte der verspätet Bejubelte, gute Miene zum bösen Spiel zu machen.

Farchutdinow und Sidorenko schienen zu ahnen, daß sie nun einige Wochen lang des öfteren, und dies direkt vor Beginn des Wahlkampfs, gemeinsam würden auftreten müssen. Bereits am 25. August erschien der Beschluß des Gouverneurs »Über die Feiern zum 55. Jahrestag der Befreiung der Stadt Juschno-Sachalinsk, Südsachalins und der Kurileninseln von den japanischen Militaristen sowie der Beendigung des Zweiten Weltkriegs«. Am 1. September sollte Sidorenko mit einer feierlichen Stadtversammlung beginnen, für den 3. September um 13 Uhr war eine würdige Kundgebung am Ruhmesmahnmal zum Gedenken der Gefallenen und eine Parade der Garnison vorgesehen.

Dem Drehbuch der Feierlichkeiten zufolge sollten verschiedene städtische Behörden dafür sorgen, daß bis zum 25. August die Allee der Helden sowie das Ruhmesmahnmal, das Denkmal zu Ehren der in Afghanistan gefallenen Sachalinenser, instandgesetzt und alle zentralen Straßen, Prospekte und Parks sorgfältig aufgeräumt würden. Vom 1. bis zum 3. September sollte die Stadt mit Fahnen und anderen staatlichen Symbolen geschmückt werden, und vor dem Ruhmesmahnmal sollte Tag und Nacht ein Ewiges Feuer brennen. Zwecks »patriotischer Erziehung der Jugend« war die Teilnahme sämtlicher Schüler an der Versammlung am 3. September vorgesehen.

Die städtischen Verkehrsbetriebe garantierten den Transport der Veteranen zum feierlichen Empfang durch den Bürgermeister und den Gouverneur, und anschließend, »am 2. September, nach dem Empfang des Präsidenten der Russischen Föderation, Wladimir Putin, zu Ehren der Beendigung des Zweiten Weltkriegs«, sollten diese wieder in ihre Unterkünfte befördert werden. Wladimir Putin sollte sich also am Samstag, dem 2. September 2000 in Juschno-Sachalinsk aufhalten und dort einem Empfang beiwohnen.

Gemäß der Größenordnung der zu erwartenden Ereignisse sollten zum Schutz der öffentlichen Ordnung der Autobusverkehr und auch die Freizügigkeit von privaten Personenkraftwagen im Zentrum eingeschränkt werden. Im Hafen von Cholmsk leiteten sämtliche Sicherheitskräfte eine Operation unter der Codebezeichnung »Antiterror« ein und entschieden »angesichts der Ereignisse in Tschetschenien, der Terrorakte in Moskau, der Ankunft von Wladimir Putin auf Sachalin sowie des anzunehmenden Besuchs des Präsidenten der Russischen Föderation in der Stadt Cholmsk, die Wachsamkeit auf dem Territorium des Hafens Cholmsk zu erhöhen...«

Die Stadt Cholmsk, die kurz zuvor von einem Zyklon beinahe völlig verwüstet worden war, sagte die zum 19. August geplanten Feierlichkeiten zum 130. Jahrestag ihrer Gründung ab, denn, wie der Bürgermeister Nikolaj Dolgich erklärte, war weder der Seeboulevard entrümpelt noch das zu diesem Anlaß bestellte Denkmal fertiggestellt worden. Man disponierte alles, auch die bereits eingeladenen Ehrengäste und Künstler, auf den 3. September um.

Es war allgemein bekannt, daß Putin von Sachalin aus direkt nach Tokio fliegen würde, um dort mit der japanischen Regierung Verhandlungen zu führen. Auch diesmal wimmelte es von Gerüchten über einen möglichen Kompromiß bezüglich der Kurilen. Eine gewisse Unruhe lag in der Luft.

Am 1. September wandten sich politische Parteien und Organisationen wie die KP, der Bund Rechter Kräfte, die liberale Partei »Jabloko«, die Organisation der Kosaken, die Verbände der Veteranen der Kriege in Afghanistan und Tschetschenien, der Studentenverband, die Jugendorganisation »Schwäne« und andere Gruppen an den Gouverneur mit der Mitteilung, sie würden gern am 2. September eine Versammlung zu Ehren Putins abhalten, zu der sie den Präsidenten bereits eingeladen hätten. Das Thema der für etwa

1000 Personen geplanten Kundgebung sollte lauten: »Unterstützung der Tätigkeit des Präsidenten der Russischen Föderation zum Schutz der territorialen Einheit Rußlands und zur Verstärkung seiner Machtstrukturen.« Angesichts der späteren Ereignisse läßt sich die Vermutung, daß die Initiatoren dieser Versammlung nur die Katze aus dem Sack locken wollten, kaum widerlegen. Am 1. September kursierten bereits Gerüchte, daß zumindest der erste Tag von Putins Besuch voraussichtlich gestrichen werden sollte.

Natürlich können wir diese ursowjetischen oder gar altrussischen Formen der Vorbereitungen zu einer solchen Stippvisite belächeln. Aber aufgrund der autoritären Haltung, die in Rußland nach wie vor herrscht, wird einem derartigen Besuch immer noch schicksalhafte Bedeutung zugemessen. Die Botschaft von Putins höchstpersönlichem Erscheinen wäre gewesen: Moskau denkt an uns, der Zar hat uns nicht vergessen. Vielleicht hätten aufgrund von außerprotokollarischen Gesprächen auch konkrete Ängste verringert werden können – so zum Beispiel die Angst davor, der Winter könne in diesem Jahr vielleicht bereits im Oktober einbrechen. Die Kurilen (»Rußlands territoriale Einheit«) spielten bei diesen Vorstellungen eher eine symbolische Rolle: Solange Rußland noch öffentlich auf der Unantastbarkeit seiner »ureigenen Gebiete« besteht, ist nicht völlig auszuschließen, daß die Zentralregierung auch für die immense Bedeutung der Zentralheizung auf diesen »ureigenen Gebieten« noch ein gewisses Verständnis zeigt.

Im Moskauer Restaurant »Jolki-palki« – eine neue Kette, eine Nachahmung des McDonald-Netzes – befragte ich den russischen Journalisten W. über Präsident Putin. Unter anderem drehte sich unser Gespräch darum, daß die KGB-Vergangenheit des Präsidenten in der Öffentlichkeit häufig gewisse Zweifel an seiner demokratischen Gesinnung aufkommen läßt. Daraufhin sagte er mir, und zwar kein bißchen ironisch: »Das Problem ist nicht, daß er beim KGB war, sondern daß er dort nie ein wirklich höheres Amt bekleidet hat.« Putin sei zwar mit einem nüchternen Bauernverstand gesegnet, aber aufgrund des Arrangements mit Boris Jelzin gehalten, einen Teil von dessen Ratgebern[2], und zwar nicht unbedingt die besten, vorübergehend weiterhin in Anspruch zu nehmen. Es gebe auch keine Garantie dafür, daß Putins neue Favoriten ausnahmslos fachkundiger als die von Jelzin Geerbten seien. Hören müsse er jedoch – ganz demokratisch – auf beide Sorten.

Sicherlich befand sich Putin unter Zeitdruck, als er seinen Aufenthalt auf Sachalin kurz vor Antritt der Reise plötzlich drastisch verkürzen ließ. Bei einem ruhigen Tennismatch auf der Krim, wo er seine Datsche hat, wurde er von der Katastrophe des Atom-U-Bootes »Kursk« (Baujahr 1995) aufgeschreckt. Man informierte ihn, daß dieser Stolz der russischen Kriegsmarine mit insgesamt 118 Mann Besatzung zum Opfer einer Explosion oder eines Torpedoeinschlags geworden sei und daß womöglich alle tot seien. Außerdem könne man die Gefahr nicht ausschließen, daß sich das Wrack früher oder später in ein schwimmendes Tschernobyl verwandeln würde. Da er nicht wissen konnte, welche Art von militärischem Geheimnis sich hinter der Tragödie versteckte, zögerte er zwei Tage lang, die norwegischen Taucher mit den Sucharbeiten im Meer zu beauftragen. Dann versäumte er das psychologisch noch Wichtigere: den Besuch bei den Familienangehörigen der Seeleute in Murmansk.

2 Ich bitte alle Sachalinenser um Entschuldigung, aber ich muß hier einfach auf einen politischen Witz hinweisen: 1991, nach dem Systemwechsel in Osteuropa. Bush (senior natürlich), Mitterrand und Havel sprechen miteinander über ihre staatsmännischen Sorgen. »Stellt euch mal vor«, klagt Präsident Bush, »ich habe elf Ratgeber. Einer von ihnen ist ein KGB-Agent, und ich weiß nicht, welcher!« »Ich habe auch elf Ratgeber«, sagt Präsident Mitterrand, »einer von ihnen hat Aids, und ich weiß nicht, welcher.« »Auch ich habe elf Ratgeber«, sagt Präsident Havel, »einer von ihnen ist intelligent, und ich weiß nicht, welcher.«

Selbstverständlich stellten russische Medien die Frage, warum nicht russische Taucher mit ihren sicheren Ortskenntnissen diese Aufgabe übernehmen konnten. Admiral a. D. Eduard Baltin erinnert sich in einem Interview (Argumenty i Fakty, 34/2000) an den tragischen Vorfall mit dem südkoreanischen Flugzeug, das im Herbst 1983 über der Küste Sachalins von den Sowjets abgeschossen worden war: »Unsere Taucher beförderten aus einer Tiefe von 240 Metern nicht nur die Überreste der Menschen hervor, sondern auch die Sessel und die Plastikpäckchen, in denen die Stewardessen ihre Notizbücher aufbewahrt hatten. (...) Unsere (Taucher, G.D.) wurden jedoch entlassen. Im Ergebnis der Reformen werden nicht die Stäbe, sondern die Kampfeinheiten beschnitten. (...) Wir verfügen über einen Generalstab wie im Krieg, als die Armee 15 Millionen Soldaten hatte. Aber zum Kämpfen und Retten haben wir niemanden.« Dabei schätzte der General den Wert des versunkenen Atom-U-Boots auf ungefähr vier Milliarden Dollar.

Praktisch wurde die ganze zweite Augusthälfte von der Verarbeitung der Katastrophe in Anspruch genommen. Von Tokio aus sollte der Präsident direkt zur UNO-Vollversammlung nach New York fliegen, und eine Kürzung der seit Monaten vereinbarten Japanreise wäre eindeutig eine unfreundliche Geste gewesen, zumal die Rückgabe der beiden Inseln Schikotan und Habojama von vornherein von der Tagesordnung ausgeschlossen war. Dies bedeutete, daß man nur an Sachalin wertvolle Zeit einsparen konnte.

So kam es zu einer Art Weltrekord: Die kürzeste Reise eines Staatschefs zum entferntesten Ort seines Landes. Laut offizieller Quelle geschah am Montag, dem 3. September 2000 folgendes:

»Wladimir Putin traf am 3. September um 9.30 Uhr mit einem Flugzeug IL-98 ein. Eine Stunde zuvor landete ein Flugzeug TU-154, das Journalisten der zentralen Massenmedien sowie den Stab des Präsidenten an Bord hatte. Der Gouverneur Igor Farchutdinow stellte beim Empfang im Flughafen dem Präsidenten Putin die örtlichen Journalisten vor. Ihnen wurde sogar erlaubt, einige Fotos zu machen. Danach setzten sich Putin und seine Begleiter in Automobile und nahmen Kurs auf Juschno-Sachalinsk. Die Kolonne bestand aus 18 Autos. Aus Sicherheitsgründen wurde auf einigen Straßen des Landkreiszentrums der Autoverkehr verboten. Auf dem Platz des Ruhmes machte die Kolonne Halt. Der Präsident stieg aus und beugte sich ohne überflüssige Eile vor dem Mahnmal derer, die seinerzeit Sachalin befreit hatten. Er legte vor dem Ewigen Feuer rote Nelken nieder, ordnete die Trauerbänder am Kranz und stand eine Minute lang schweigend vor dem Denkmal. Zur Mittagszeit[3] eröffneten die besten Kämpfer, Grenzsoldaten, Seeleute und Flieger die Feierlichkeiten zum Sieg über das militaristische Japan.

Eines der Hauptziele bei der Visite des russischen Präsidenten auf Sachalin war seine Teilnahme an der internationalen Konferenz ›SRP-2000‹ (= Abkommen über die Verteilung der Produktion, G.D.) Bevor er sich der Arbeit der Konferenz anschloß, machte er sich mit der Ausstellung der Erdölförderer von Sachalin (...) bekannt. Als Guide wurde Putin von dem Präsidenten der Rossneft (= Russischer Erdölkonzern) begleitet, Sergej Bogdantschikow. Putin begrüßte die Erdölarbeiter zum Anlaß ihres Berufsfeiertags, den sie am 3. September begehen. Danach begann die Arbeit der Konferenz. Er hörte aufmerksam die Beiträge des Ministers für ökonomische Entwicklung und Handel Rußlands, G. Gref, und des Ministers der Energieindustrie, A. Gawrin. Er machte viele Notizen auf seinen Blättern, während der Gouverneur des Landkreises, I. Farchutdinow, seinen Beitrag hielt. Die Konferenz beendete ihre Arbeit mit einer Rede von W. Putin.

Dann führte er eine Pressekonferenz durch. Die Grundfrage war

3 Offensichtlich fiel die Eröffnung der Feierlichkeiten mit dem Mittagessen, das der Gouverneur für seinen hohen Gast gab, zusammen, so daß er an diesen nicht teilnehmen konnte.

selbstverständlich die der territorialen Probleme – der Kurileninseln. Die Journalisten interessierten sich auch dafür, ob eine Aufhebung der nördlichen Subventionen geplant sei. Putin antwortete, daß Rußland seinen Boden an niemanden hergeben wolle, und es könne folglich nur von einer ökonomischen Zusammenarbeit die Rede sein.« Niemand stellte die Frage, ob von den gültigen Zuschüssen (und Vergünstigungen) in der Praxis überhaupt noch etwas existiert.

»Darauf besuchte Putin das Fischkombinat ›Tunaitscha‹ sowie den Fischzuchtbetrieb in der Siedlung Malki. Hier konnte der Präsident Rußlands die seltenen Sorten der sachalinensischen Fische (...) bewundern, selbstverständlich kam es zur Degustierung. Um 18.30 Uhr desselben Tages flog W. Putin zusammen mit dem Gouverneur des Landkreises, I. Farchutdinow, nach Tokio.«

Aus einer privaten E-Mail:
»All dies konnten nur Journalisten sehen und auch die nur aus der Ferne. Die Bewohner der naheliegenden Häuser durften nicht nur ihre Häuser nicht verlassen (vor jedem Haus stand eine Polizeiwache), sondern es wurde sogar verboten, aus dem Fenster herauszuschauen. (...) Später kam es zu einer kurzen Pressekonferenz, bei der er fünf Fragen beantwortete. Zum Sachinzentr (Trade Center, G. D.) wurden die Leute nicht einmal in Flintenschußnähe gelassen, ohnehin waren sämtliche wichtigen Straßen der Stadt gesperrt. Der letzte Punkt seines Aufenthalts auf Sachalin war die blühende Firma ›Tunaitscha‹, die sich mit Fang und Verarbeitung von Fischen beschäftigt (In Sachalin gehen Gerüchte um, daß dies eine dem Gouverneur nahestehende Firma sei, denn dorthin werden immer alle hohen Tiere geführt). (...) Die Sachalinenser nahmen diesen Besuch nicht eindeutig auf. Ich war Zeuge dessen, wie verblüfft die Bewohner von Juschno-Sachalinsk waren, daß er zum Beispiel nicht auf den Platz des Ruhmes kam, als sich dort die Leute zur Feier des 55. Jahrestags des Sieges über das militaristische Japan versammelt hatten.«

Am nächsten Abend sah alle Welt einen ausgeruhten, entspannten Putin, wie er in der Hauptstadt des »militaristischen Japan« seinem geliebten Kampfsport huldigte und sich von den Gegnern sogar besiegen ließ.

Die Wahlen oder Demokratie ohne Volk

Die Bezirkszeitung »Kurilskij Rybak« (Insel Kunaschir) sprach im Herbst 2000 mit der 76jährigen Wera Iwanowa, die schon seit langer Zeit in einem Gebäude der seit einigen Jahren geschlossenen Bekleidungsfabrik lebt. Manchmal geht sie in den Wald und sammelt Holz für den Winter, oder sie sucht einen Laden der Hauptstadt Sewerokurilsk auf, um sich von ihrer Rente, deren Geringfügigkeit wir nur ahnen können, ein paar Lebensmittel zu beschaffen. Von den Ereignissen im Lande weiß sie nur vom Hörensagen, und so könnte sie auch den Präsidenten Putin nicht vom Gesicht her erkennen. Was sie zu den bevorstehenden Wahlen zu sagen hatte, konnte ich jedoch im Internet leider nicht ermitteln, denn der wichtige Satz war vermutlich wegen eines Stromausfalls abgestürzt und wurde nie mehr wiederhergestellt.

Zwar nicht der Zivilisation, aber doch der Demokratie hat Sachalins Bevölkerung in ihrer Mehrheit deutlich den Rücken gekehrt. Der Wahlkampf des Herbstes 2000, bei dem die Person des Gouverneurs und die Zusammensetzung der Inselduma auf dem Spiel stand, verlief praktisch ohne Anteilnahme der stimmberechtigten Bürger. Freilich erfreuten sich die beiden wichtigsten Kandidaten einer gewissen Unterstützung seitens einiger Interessenverbände, was insgesamt den Anschein erweckte, die Wahl sei ein öffentliches Ereignis. So standen hinter dem Oppositionsführer Sidorenko fast alle politischen Parteien, unter ihnen der Verband rechter Kräfte und die KP der Russischen Föderation, die Kosakenverbände, die Frauenorganisation, die Partei der Rentner sowie zahlreiche Betriebskollektive. Der Gouverneur Farchutdinow wußte die zivile Flotte, die Arbeiter der Papierfabrik von Cholmsk und einige andere Kollektive hinter sich. Die sonstigen Bewerber, insgesamt drei, hatten ebenfalls genügend Unterschriften gesammelt, um ihre Kandidatur anmelden zu können. Außer dem Gouverneursposten standen noch 27 Sitze in der Duma, dem Landkreisparlament, zur Wahl.

Jeder Kandidat mußte eine Bürgschaft von 160 000 Rubel bei der Wahlkommission hinterlegen, die er im Falle des Erfolgs zurückerhielt. Trotzdem hatte diese Bedingung zur Folge, daß die meisten Kandidaten aus dem Kreis der neuen Unternehmer stammten, für die eine derartige Investition selbst im Verlustfall keine besondere Schwierigkeit darstellte. Ebenso unausgewogen stand es um die Kosten der Wahlkampagne: Bereits im August und September fanden in Betrieben, Schulen, Krankenhäusern usw. 150 Wahlversammlungen statt, die mit Reisekosten und PR-Ausgaben verbunden waren. Auch wurde Geld gebraucht, um Tausende von Flugblättern und Plakaten herstellen zu können. Über einen richtigen Wahlapparat verfügten jedoch nur der Gouverneur und der Bürgermeister, obwohl die Wahlstäbe selbstverständlich nicht in ihrem Amt eröffnet wurden. Die Zentrale Wahlkommission beaufsichtigte den gesamten Vorgang und griff in mehreren Fällen zum Schutz der gesetzlichen Wahlordnung ein.

Rein formal ähnelten die Wahlen auf Sachalin denjenigen, die seit 1990 in Rußland und in vielen ehemaligen Ostblockländern zu beobachten waren. Auch die Anomalien trugen einen Charakter wie in manchen osteuropäischen Staaten. So strich die Wahlkommission einen Kandidaten von der Liste, weil er seine biographischen Angaben nicht zu belegen vermochte. Als er um den Nachweis seines angeblichen Diploms von der Hochschule für Transportwesen bzw. des Technikums für Handel gebeten wurde, wich er mit der Behauptung aus, seine Unterlagen seien während eines Einkaufs aus seinem Auto gestohlen worden. Schließlich konnte er nur nachweisen, »Magister der okkulten Wissenschaften« zu sein.

Auch die gewöhnliche Schlammschlacht blieb nicht aus. Häufig konfiszierte die Wahlkommission nicht registrierte Flugblätter und Plakate, sogenannte schwarze PR, welche die persönliche Ehre und Würde des Gegners in Frage stellte. In der Redaktion des Boulevardblatts »Sowerschenno werno«, das eindeutig für den Gouverneur warb, kam es zu Handgreiflichkeiten, als zwei Oppositionsvertreter gegen einen Artikel der Zeitung protestierten. Das Wahlbündnis »Unsere Inseln« beschwerte sich über die bedrükkende Präsenz Farchutdinows in den Medien. Gleichzeitig wurde Sidorenko der Vorwurf gemacht, er gehe mit den Finanzen nicht ordnungsgemäß um. Alles in allem hielt die Wahlkommission die Kampagne für rechtmäßig und die Regelverletzungen für unerheblich.

Zur Eigenart des Wahlkampfes gehörte, daß beide Seiten keine sichtbaren programmatischen Unterschiede aufzuweisen hatten. Die Differenzen bezogen sich auf die Bewertung der Tätigkeit des Gegners, die aufgrund der völlig unterschiedlichen Machtbefugnisse von Bürgermeister und Gouverneur kaum miteinander vergleichbar waren. Aktuelle Probleme der Insel, deren Lösung fast in keiner Weise von ihnen abhing, machten sie sich gegenseitig zum Vorwurf. Trotzdem hatte Sidorenkos Auftritt eine grundsätzlich positive Bedeutung, denn auf der Insel gab es seit 1988 praktisch keine politische Opposition. Selbst der Vorwurf, die Wahlkoalition »Unsere Inseln« arbeite mit den Kommunisten zusammen, die »für den Untergang des Landes verantwortlich« seien, klang unglaubwürdig. Man konnte nicht zehn Jahre Zerstörung und den wirtschaftlichen Zusammenbruch des gesamten Nordens Sjuganows KP in die Schuhe schieben, die im Machtbereich als Partei gar nicht vertreten war, während alle maßgeblichen »demokratischen« Würdenträger häufig bis 1991 dem sowjetischen Apparat angehört hatten.

Farchutdinows Sieg stand von Anfang an außer Zweifel. Neben der Medienunterstützung und der allgemeinen Annahme, »Moskau« stehe hinter ihm, spielte auch seine größere Aktivität eine Rolle. Er bereiste entfernte Bezirke der Insel, traf sich mit allen potentiellen Wählergruppen und machte überall direkte und sehr konkrete Versprechungen. Im südlichen Cholmsk, einem Bollwerk der Opposition, versicherte er den Wählern, er werde die Versorgung der Stadt mit Brennstoff persönlich kontrollieren, in Tymowsk kündigte er die Erhöhung der Renten an von durchschnittlich 970 auf 1200 Rubel bei einem Existenzminimum von 1500 Rubeln. In Kirowsk stellte er die Förderung der Gemüseproduktion in Aussicht, in Alexandrowsk besuchte er die neue orthodoxe Kirche, das Tschechow-Museum und eine Diskothek, um dort mit Jugendlichen zu sprechen – kurzum, der Gouverneur bediente sich beinahe amerikanischer Wahlkampfstrategien.

Dieser Aktivität konnte der Bürgermeister weder ein markantes Programm noch einen modernen und fachkundigen Stab gegenüberstellen. Zudem begann seine ad hoc geschaffene Koalition kurz vor den Wahlen abzubröckeln, und vor allem arbeitete das wachsende Desinteresse der potentiellen Wählerschaft gegen ihn. Er hatte auch sichtlich keine Rückendeckung vom Festland – der Sachalin-Koreaner und Abgeordnete der Staatsduma Jurij Ten, Mitglied der Oppositionsbewegung, erwies sich als unsicherer Lobbyist. Zu guter Letzt brachte die USA-Reise Sidorenkos im September, mit der er einer Einladung des amerikanischen Senats folgte, keine ernstzunehmenden geschäftlichen Erfolge mit sich. Vergebens hatte er um Investoren für das Bergwerk in Sinegorsk geworben.

Die Wahlkampagne hatte kaum Berührungspunkte mit den üblichen Ereignissen des Herbstes 2000 auf Sachalin. Die Sensation des Spätsommers war die Ausstellung der Petersburger Abteilung von Madame Tussauds Wachsfigurenkabinett. Tausende pilgerten in Cholmsk zu den Abbildungen von »Lenin, Hitler, Beethoven, Lermontow, Schwarzenegger, Di Caprio, Fantomas und Freddy Krüger«, wie ein Zeitungsartikel in dieser Reihenfolge meldete. Gleichzeitig beschäftigte die Gemüter von Juschno-Sachalinsk das Schicksal einer der Panoptikumsgestalten, und zwar in einer weit haltbareren Ausführung. Die Rede war vom Lenindenkmal auf dem Hauptplatz, das seinerzeit Jewgenij Wutschetitsch (»Laßt uns Schwerter zu Pflugscharen schmieden«) konzipiert hatte. Nun hieß es, der Revolutionsführer sei »aus allen Fugen geraten«, er leide »an Rumpfkrankheit«. Schließlich stellte sich heraus, daß nur sein Postament durch Feuchtigkeit beschädigt war, und der Fehler ließ sich bis zur Revolutionsfeier am 7. November korrigieren – allerdings kostete die Restauration 5000 Dollar.

Durch die Medien geisterte das uralte Projekt einer Brücke oder eines Tunnels zwischen Sachalin und Sibirien. Die obersten Moskauer Finanz- und Energiebehörden sowie die Vertreter des Außenministeriums lancierten das Thema, ohne auch nur die geringste Vorstellung von dessen Finanzierung zu haben. Im Oktober hofierte man den südkoreanischen Ministerpräsidenten, der damals einen Staatsbesuch in Moskau absolvierte, seine Regierung möge in dieses Projekt einsteigen, das einen Umfang von einer halben bis einer Milliarde US-Dollar haben sollte. Als Gegenleistung versprach man ihm die russische Beteiligung am Bau einer Transkoreanischen Eisenbahn, ein Projekt, das mit der kommunistischen Regierung Nordkoreas selbstverständlich nicht beraten worden war. Wie weit diese irrwitzigen Pläne von der Realität entfernt waren, wird schon allein durch die Tatsache deutlich, daß die Planer den Abschluß des Brückenbaus für das Jahr 2040 projektierten. Zudem ist es ein offenes Geheimnis, daß Rußland noch aus sowjetischen Zeiten 1,7 Milliarden Dollar Schulden bei Südkorea hat.

Weniger auffällig, aber trotzdem nicht unbedeutend waren die kulturellen Ereignisse auf der Insel, zum Beispiel die Feierlichkeiten zum 110. Jahrestag von Tschechows Sachalin-Reise. Die Museen in Juschno-Sachalinsk und Alexandrowsk nahmen dies zum Anlaß für die Eröffnung neuer Ausstellungen. Konzerte, literarische Abende und die »Tschechowschen Vorlesungen« fanden statt. Eine Musikschule bekam ein Klavier, das aus den Einnahmen des Konzerts von Mstislaw Rostropowitsch in Tokio gesponsort wurde. Ein neuer Band des Bulletins für Lokalgeschichte konnte erscheinen – es war also eine gewisse Kontinuität des nicht besonders geförderten Kulturlebens der Insel gewährleistet.

Vor allem jedoch war die Bevölkerung mit lebenswichtigen hygienischen Problemen beschäftigt. Neben der Ausweitung von Tuberkulose, Grippe, Darminfektionen (aufgrund verschmutzten Trinkwassers) und Erkrankungen der Atemwege machte sich die Seuche Hepatitis B breit. Den Impfstoff beschaffte die Administration (eine Einheit 126 Rubel) und stellte sie den sozial Bedrängten kostenlos zur Verfügung. Allerdings verhielten sich die Eltern der Schüler – womöglich wegen anderer Sorgen – ziemlich passiv, und die Behörden beschlossen daraufhin eine obligatorische Aktion. Diese zielte vor allem auf Schülerinnen und Schüler von der siebten Klasse an, denn diese, so die offizielle Begründung, nähmen bereits »unerwünschte Kontakte« miteinander auf, welche die Infektion beförderten.

Die speziellen Sorgen der Jugendlichen wurden mit Schuljahrsbeginn aktuell. In Juschno-Sachalinsk erhielten 1270 Schüler warmes Mittagessen, kostenlose Schulbücher, Lehrmittel und viele einen Coupon, mit dem sie im Warenhaus »Sachalin« Kleider und Schuhe erwerben konnten. Offensichtlich war dieses soziale Netz jedoch undicht. So fuhren Anfang Oktober einige Kinder aus »schwierigen Familien« von der Insel Schikotan mit einem Motorboot auf die kaum bewohnte Insel Schuschma, um dort Beeren zu sammeln – eine Mischung aus Abenteuerlust und äußerster Not. Unglücklicherweise konnten sie wegen einer Motorpanne nicht am selben Tag nach Kunaschir zurückkehren, und einige der Eltern machten sich über den Verlust ihrer Kinder nicht einmal Sorgen.

Ein Aufruf zugunsten der Rentner von Ende September teilte mit, daß über 4000 ältere Bürger von Juschno-Sachalinsk monatlich einmal kostenlos zum Friseur und ins Bad gehen dürften. Unter diesen seien 100 Tonnen Buckellachs bereits verteilt worden, allerdings bräuchten sie angesichts des spürbar kühler werdenden Wetters warme Kleidung. Zur gleichen Zeit wurde bekannt, daß die Folgen des Erdbebens vom 5. August in der Stadt Poronajsk noch nicht ganz behoben seien. Zur Reparatur der Häuser wurde dringend ein Baukran gesucht. Am 10. Oktober sagte Japan der Insel Kunaschir eine außergewöhnliche Lebensmittelhilfe zu unter der Bedingung, daß diese nicht auf den Markt gebracht, sondern an die unmittelbar Bedürftigen ausgeteilt würde.

Bereits im Frühherbst verschärften sich die sozialen Schwierigkeiten durch den Wechsel der Jahreszeiten. Obwohl nach einem Triumphbericht des Gouvernements vom 13. September 14 von 17 Städten insgesamt 41 Millionen Rubel zum Kohlenkauf erhalten hatten, schien dadurch die Frage der Absicherung der Heizsaison bei weitem nicht gelöst. In Alexandrowsk kam es wegen Havarien des alten Kanalsystems zu Unterbrechungen der Wasserversorgung, in Poronajsk befanden sich die Kessel in einem kläglichen Zustand, und am 20. September ereignete sich der erste größere Stromausfall – diesmal aus einem technischen Grund. Die Mühle, welche die Braunkohle zermahlen sollte, geriet in Juschno-Sachalinsk wegen der Feuchtigkeit des Rohstoffs außer Betrieb. In der Stadt Tomari verursachte ein Brand im Elektrizitätswerk einen Kurzschluß, der einen Stromausfall von einer halben Stunde Dauer auslöste – zum ersten Mal in dieser Saison bei Minusgraden.

Andere Pannen hingen mit ungeklärten Zuständigkeiten zusammen. In einigen Städten wie Makarow oder Dolinsk hatten die alten, noch von den Japanern geerbten Papierfabriken üblicherweise die Häuser ihrer Arbeiter geheizt. Da die Produktion zumeist stillgelegt worden war, wollten die Restbetriebe diese Sorge der Stadtverwaltung überantworten. Die Stadt Cholmsk bereitete sich trotz der Beteuerungen des Gouverneurs, die Probleme mit der Heizung lösen zu können, auf eine dramatische Transaktion vor: Man wollte kommunales Eigentum verscherbeln, um dem Stromproduzenten Sachalinenergo 29 Millionen Rubel zahlen zu können, die als Schulden aufgelaufen waren. Die Kälte kam in diesem Herbst sehr früh, aber der Beginn der Heizsaison wurde mehrmals verschoben. Im nördlichen Ocha sollte sie am 5. Oktober beginnen, aber ein Schneesturm setzte das System außer Betrieb. In Uglegorsk verhinderten Regen und plötzliche Kälte das Einbringen von Kartoffeln und Gemüse – die Stadtverwaltung mobilisierte die Bevölkerung mit dem Versprechen, daß sie 50 Prozent der persönlich eingelieferten Produkte für sich behalten könnte. Am 18. Oktober wurde der einzige Kindergarten von Makarow wegen zu niedriger Temperaturen in seinen Räumlichkeiten dichtgemacht.

Unter diesen Bedingungen büßten die Wahlen, wie unschwer nachzuvollziehen ist, durchaus ihren Sensationswert ein. Ohnehin wurden sie selbst von den aktiveren Bürgern als ein abgekartetes Spiel betrachtet. Bei einer Meinungserhebung Ende September stellte man drei Fragen:

»Für wen werden Sie stimmen?« 41 Prozent der rund 600 Befragten nannten den Gouverneur, 29 Prozent den Bürgermeister. Die zweite Frage nach den Chancen der Kandidaten führte zur Aussage, der Gouverneur werde 58 Prozent, der Bürgermeister 30 Prozent der Stimmen erhalten. Auf die dritte Frage, wer von den beiden mehr Vertrauen verdiene, erhielt Farchutdinow 40 und Sidorenko fast 35 Prozent.

Die tatsächlichen Wahlergebnisse vom 23. Oktober entsprachen ungefähr der zweiten Antwort. Igor Farchutdinow erhielt 56,3 Prozent der Stimmen, während sich sein Gegner Fjodor Sidorenko mit kläglichen 21,53 Prozent zufrieden geben mußte. Die anderen Kandidaten erhielten gemeinsam ungefähr 20 Prozent der Stimmen. In erstaunlicher Weise schnitt Sidorenko selbst in der eigenen Domäne, in Juschno-Sachalinsk, mit 23 Prozent gegenüber den 50 Prozent des Gouverneurs ab.

Noch merkwürdiger war der Ausgang der Dumawahlen. Keiner der politischen Parteien, weder den Rechten noch den Linken, war es gelungen, eigene Kandidaten ins Landesparlament zu schicken. Wenn wir die Zusammensetzung der neuen Duma betrachten, war dies auch nicht ihr direktes Anliegen. Unter den 27 Abgeordneten sind 13 Direktoren von Firmen wie »Business Center Lada«, der Ölgesellschaft »Rossneft«, zwei Vertreter der Fluggesellschaft »Sachalinskije Aviatrassy«, ein Vorsitzender der Fischereifirma »Tinar«, der Generaldirektor der Firma »Schelf 1« und andere. Außerdem sind Mitglieder der Verwaltung vertreten. Diese können, gewissermaßen privat, Kommunisten, Liberale oder Nationalisten sein – vor allem sind sie Lobbyisten, professionelle Geldhaie und Machthaber, die nicht so sehr durch die Stimmen der 36 Prozent Wahlbeteiligten, sondern durch die übrigen 64 Prozent der Passiven legitimiert sind.

Diese wiederum etablieren sich – und zwar in ganz Rußland – als eine Partei der schweigenden, bestenfalls virtuell sich artikulierenden Mehrheit. Ob »Farsch« (Farchutdinows Spottname, ungefähr Hackfleisch) oder »Sidor« die Palme davonträgt, ist ihnen egal. »Alles ist geheuchelt«, meint der »Knabe Winter« im Internet, und auch »PR« fragt: »Woher kommt das Geld? Eingespart von der Braunkohle, die sie nie für das Elektrizitätswerk einkaufen können. Deswegen stimme ich nicht für Igor Farchutdinow, selbst wenn er als Gouverneur gut ist. Übrigens sind die anderen auch fragwürdig. Ich bleibe zu Hause.« »Gim« hat historische Reminiszenzen: »Peter I. sagte noch, und er war kein Dummkopf, allen diesen Wojewoden und Kreischefs muß man den Kopf manchmal abhacken, damit sie nicht zu viel klauen. Auch Farsch saß lange im Sessel, es ist höchste Zeit, ihn abzulösen (eine andere Frage, durch wen), er hat genug zusammengestohlen.« »Swetlana« ist einverstanden: »Du hast recht, Gim. Farsch hat ganze Flüsse von Versprechungen bei den vorigen Wahlen ausgegossen, und als er Gouverneur wurde, floß alles bei ihm zusammen, er hat alles gefressen bis zum letzten Tropfen. Und was für eine Agitation er jetzt treibt, er ist nur noch in der Glotze.«

Die braven Bürger allerdings, die ohnehin fast nichts mehr zu verlieren haben, beginnen gleich mit ihren Beschwerden. So die Armen von den Südkurilen, die übrigens 50 Prozent ihrer Stimmen dem Gouverneur gegeben haben und den Bürgermeister mit 16 Prozent abschmieren ließen. Gleichzeitig schämen sie sich fast wegen der Passivität ihrer Mitwähler – 36 Prozent haben die Wahlurnen in Juschnokurilsk gemieden. »Die niedrige Wahlbeteiligung«, so klingt die Entschuldigung, »hängt nicht mit der Gleichgültigkeit der Wähler des Bezirks gegenüber dem eigenen Schicksal zusammen, sondern die Südkuriler wollen dadurch eher ihre Unzufriedenheit mit den sozialen Problemen zum Ausdruck bringen, unter anderem mit der langwierigen Verschiebung des Anfangs der Heizsaison.«

Währenddessen fühlt sich die alte neue Macht dazu veranlaßt, die vagen Hoffnungen, denen sie ihren Erfolg zu verdanken hat, gleich wieder einzudämmen. Dies tut sie in der bewährten sowjetischen Form des Dementis. Wir zitieren aus der Presseerklärung des Gouvernements vom 25. Oktober:

»Die Welle von kurzzeitigen Abschaltungen der elektrischen Energie hängt nicht mit dem Abschluß der Wahlen zusammen. Vielmehr hängt diese mit der Vorbereitung des Energiesystems der Insel auf den Winter und den alljährlichen Maßnahmen zusammen, die nichts mit der politischen Lage des Landkreises zu tun haben. Gegenwärtig werden Vorbereitungen sowohl an der Gasturbinenstation von Nogliki als auch am Heizkraftwerk 1 in Juschno-Sachalinsk durchgeführt.«

Das heißt: Wir haben gesiegt, jetzt kann der Winter kommen.

Selbstverständlich versuchten sich die Menschen gegen die einbrechende Kälte mit allen Mitteln zu wehren. Wenn sie nicht so findig waren, einen Ofen und die dazugehörige Kohle oder Holz aufzutreiben, dann schalteten sie für alle Fälle den Elektroherd in der Küche oder den Wärmestrahler im Zimmer ein, möglichst in der Nähe des Bettes. Sie lagen im Bett, zogen die Decke über sich, und mancher wärmte sich mit Hilfe des Wodkas von innen auf. Da es weder Fernsehen noch Licht in solchen Nächten gab, hielten einige auch brennende Zigaretten in der Hand, rauchten eine nach der anderen, bis sie schließlich eingeschlafen waren. So entstanden die meisten Brandfälle.

Bereits am 1. Oktober wurde ein 27jähriger Mann in seiner Wohnung in Juschno-Sachalinsk halbtot aufgefunden. Er hatte betrunken im Bett geraucht, und zunächst konnte er noch Videofilme ansehen. Leider stand sein Videogerät allzu nahe am Elektroherd. Ein Kurzschluß hatte das Feuer ausgelöst. Die Rettungsmannschaft brach die Wohnung auf, aber der Mann wollte nicht mehr ins Krankenhaus. Er starb gegen Morgen allein an einem Lungenödem. Ein anderer Mann in Makarow hielt die Kälte in der Wohnung nicht mehr aus und zog mit einer Flasche Schnaps und einem Heizstrahler in die Garage. Dort starb er durch seinen eigenen Heizstrahler, der infolge eines Kurzschlusses einen Brand in der Garage auslöste. An einem einzigen Tag, dem 12. Oktober, meldete man drei ähnliche Fälle aus Alexandrowsk, Tymowsk und Aniwa. Alle drei Opfer waren allein lebende Männer , zwei von ihnen im Rentenalter.

Gewissermaßen glücklich endete der Fall eines Wächters des Flughafens Sonalnoje (Diese triste Einrichtung sah ich unterwegs zwischen Tymowsk und Kirowsk. Wahrscheinlich handelt es sich um einen ehemaligen Militär- oder Sportflugplatz. Von seinem ziemlich vernachlässigt wirkenden, teilweise mit Unkraut bewachsenen Rollfeld aus werden Fluggäste nach Ocha und Chabarowsk befördert. Die Flüge von und nach Sonalnoje werden im regionalen Flugplan nicht verzeichnet). Am 17. Oktober versuchte der arme Mann, seine Wachbude mit Flugzeugöl zu heizen. Infolge dieser leichtsinnigen Idee explodierte der Ofen. Der Wächter kam mit Brandwunden dritten Grades davon – 12 Prozent seiner Hautfläche waren verbrannt. Glück hingegen hatte eine 30jährige Frau in der Stadt Newelsk, bei der am 24. Oktober der Heizstrahler durchbrannte. Ihr gelang es, zusammen mit zwei Kindern aus der Wohnung zu fliehen, die bereits vollständig ausgebrannt war.

Die Stromausfälle richteten jedoch auch ohne menschliches Verschulden viel Schlimmes an. Aus Cholmsk berichtete man am 25. Oktober, daß die Heizleitungen bei den ersten Minusgraden durchfrieren und völlig versagen, sobald der Strom eingeschaltet wird. In der Siedlung Kljutschi, nahe der Metropole des Landkreises, verursachte das häufige Aus- und Einschalten des Stroms sogenannte »Hydroschläge«, in deren Folge die uralten, verrosteten Leitungen barsten. Allein für diese Reparatur wären fünf Millionen Rubel nötig.

Bereits Ende Oktober war das Ausmaß der Katastrophe nicht mehr zu leugnen. In Dolinsk blieben 40 Prozent der Wohnhäuser ungeheizt, unter anderem wegen des drohenden Streiks in der Papierfabrik, deren Arbeiter seit August keinen Lohn mehr erhalten hatten. Der soeben neu gewählte Gouverneur gründete einen Ausschuß für den Ausnahmezustand und drohte damit, die Schuldengelder für Sachalinenergo mit Hilfe der »Gewaltstrukturen« einzutreiben. Zu allem Übel mußte wegen des stürmischen Seewetters der Verkehr der Fähre zwischen Cholmsk und Wanino zeitweise eingestellt werden.

Nachdem im November die chronischen Stromausfälle die gesamte Produktion und den Alltag der Insel lahmgelegt hatten, setzte sich das Komitee für den Ausnahmezustand am 5. Dezember wieder zusammen. Es wurde festgestellt, daß insgesamt 37 000 Tonnen Kohle zu Heizzwecken fehlten, und die versprochenen 300 Tonnen Heizöl waren im Hafen Wanino steckengeblieben. Der Vertreter der

Firma Sachalinenergo schalt die Konsumenten, sie belasteten durch private elektrische Geräte die Stromversorgung und stürzten diese sogar ins Chaos. Der Vertreter der Staatsanwaltschaft stellte eine Untersuchung des Stromverbrauchs durch die Stadt in Aussicht, während der Vizebürgermeister Rasin den Vorschlag machte, sich an die Moskauer AG »Einheitliches Energiesystem Rußlands« zu wenden – an dieselbe Institution, die noch im Sommer die grandiose »Energiebrücke« zwischen Sachalin und Japan geplant hatte. Außerdem sollte der Sonderbeauftragte des Präsidenten in Wladiwostok über die katastrophale Lage unterrichtet werden.

Auf dem Festland blockierten zu dieser Zeit bereits verzweifelte Demonstranten, mehrheitlich Frauen und Kinder, die Straße von Wladiwostok nach Chabarowsk und dem Hafen Nachodka. »Wir erfrieren! Faschisten! Leningrader Blockade!« schrien sie und forderten die Abdankung des Gouverneurs Nasdratenko.[4] Die Bewohner einer anderen Siedlung schrieben an das Kirchenoberhaupt Alexij II. einen Brief, er möge sie vor dem Kältetod retten. Als auch in der Regionalzentrale Wladiwostok die Temperatur in den Wohnungen bereits unter 15 Grad sank, gewährte Moskau 460 Millionen Rubel Sonderhilfe – angeblich nur wenig mehr als die unbezahlten Schulden der Zentralregierung an die Region.

Offenbar ist die normale Heizung eine Kampffrage in Rußland, und Sachalins Bevölkerung erwies sich in diesen Tagen, ebenso wie während der Wahlkampagne, als zunehmend apathisch. Zudem verschärfte die Kälte den alten innenpolitischen Konflikt zwischen dem Gouverneur und dem Bürgermeister. Man schielte bereits auf die im März 2001 bevorstehenden Neuwahlen[5] des Bürgermeisters. Far-

---

4 Zitiert aus einem Bericht der ungarischen Zeitschrift »Heti Világgazdaság« (=Woche der Weltwirtschaft), 9, Dezember 2000.

5 Die letzteren gewann Fjodor Sidorenko mit mehr als 54,4 Prozent der Stimmen bei einer Beteiligung von 33 Prozent der Wähler. Sein einziger ernsthafter Herausforderer war Jurij Nikulin, der Bevollmächtigte Vertreter des Präsidenten Putin auf Sachalin (28,9 Prozent der Stimmen).

chutdinow stellte sich nicht vor Sidorenko, obwohl dieser bei Sachalinenergo noch Schulden zu tilgen hatte, die in der Zeit entstanden waren, als Farchutdinow das Amt des Bürgermeisters in Juschno-Sachalinsk bekleidete. Es brauchte noch eine Runde des Unglücks, bis sich die Interessierten an den Verhandlungstisch setzten.

25. Dezember, Montag. Ein Schneesturm hat das Leben in Juschno-Sachalinsk lahmgelegt. An diesem Tag arbeiten 21 Traktoren und zwei Schneeräummaschinen, um die Hauptstraßen vom Schnee zu befreien.

26. Dezember, Dienstag. Der Gouverneur verkündet einen neuen Ausnahmezustand. Tag und Nacht arbeiten die Schneepflüge, deren Brennstoff das Gouvernement mit einer Sonderzuwendung von 500 000 Rubel herbeischaffen ließ. Unter anderem bleibt die Hühnerfarm ohne Licht und Wärme. Man konzentriert sich auf die Hauptverkehrsader und sogenannte »sozial bedeutende Objekte« wie Krankenhäuser, Schulen und Lebensmittelläden. Besonders wichtig ist es, die Zugänge zu den Wohnhäusern freizuhalten. Ein großes Problem bedeuten die im Schneesturm steckengebliebenen Autos, viele mit Reisenden, sowie die von der Außenwelt hermetisch abgeschnittenen Dörfer.

27. Dezember, Mittwoch. Nach dem Ende des Sturms beginnt man, die Omnibushaltestellen, weitere Krankenhäuser, Kindergärten und Schulen freizulegen sowie die Zugänge zu den Wohnhäusern und Innenhöfen zu sichern. An diesem Tag wird der Flughafen vom Schnee geräumt. Von den 33 Lebensmittelläden sind um 17 Uhr ganze vier imstande, Brotlieferungen entgegenzunehmen. Nach offiziellen Meldungen gibt es in diesen Tagen 27 Kriminalfälle, zumeist »gegen Eigentum«. Man beginnt mit dem Abtransport der Schneemassen.

Es mag grotesk erscheinen, aber selbst während dieser höllischen Zeit liefen die Planungen für die Silvesternacht und das orthodoxe

Neujahrsfest weiter. Vor allem dachte man an die Beleuchtung des Stadtzentrums, des Lenin-Platzes, auf dem zwei riesengroße Fichten aufgestellt worden waren, unter denen die Bewohner der Stadt mit Krimskoje oder Sowjetskoje Schampanskoje das neue Jahrtausend begrüßen sollten. Es wurde auch dafür gesorgt, daß die Kinder nicht ohne Kulturprogramm und die Ärmsten nicht ohne Geschenke blieben. Ohnehin strahlten die Nachrichten der Agentur »Ostrova« einen kaum nachvollziehbaren Optimismus und mitunter einen bodenlosen Anachronismus aus. So ein Bericht vom 3. Januar 2001:

»Nicht nur die Geburt Christi feiern die Bewohner von Juschno-Sachalinsk am 7. Januar dieses Jahres. Es werden Trinksprüche zu Ehren der Landkreiszentrale gehalten: An diesem Tag des Jahres 1967 erhielt Juschno-Sachalinsk durch einen Ukas des Präsidiums des Obersten Sowjets, der vom Vorsitzenden des Präsidiums, N. Podgornij, und dem Sekretär des Präsidiums, M. Georgadse, unterzeichnet worden war, den Orden des Roten Banners der Arbeit. In der Begründung des Ukas hieß es: ›Für die Erfolge der Werktätigen der Stadt im wirtschaftlichen und kulturellen Aufbau sowie bei der Erfüllung des Fünfjahrplans zur Entwicklung der industriellen Produktion.‹ Nebenbei gesagt war zu dieser Zeit der Vorsitzende der Exekutivkomitees der Stadt Iwan Stepanowitsch Burykin, der später nach Moskau abreiste. Sohn und Tochter von I. S. Burykin leben und arbeiten bis heute in Juschno-Sachalinsk.«

Was soll man einem solchen Sprachdenkmal des Selbsttrostes hinzufügen? Man braucht die Menschenliebe und die wohlwollende Ironie eines Anton Tschechow, um hier Distanz halten und gleichzeitig Verständnis bewahren zu können.

Am 25. Januar erteilte der Vizegouverneur Anatolij Holdin dem Bürgermeister Sidorenko den Befehl, innerhalb eines Tages den Streit mit Sachalinenergo beizulegen. Gleichzeitig erklärte der Vertreter des Stromproduzenten, er garantiere keine Dienstleistungen mehr, wenn die Stadt außer den laufend anfallenden Stromgebühren nicht auch die verbliebenen 114,5 Millionen Rubel Altschulden aus den Jahren 1993–1996 tilge. Die Aufforderung war bei all ihrer Absurdität rechtlich nicht anfechtbar.

Sidorenko sah zwei Auswege aus der Pattsituation: 1. Der Firma Sachalinenergo städtisches Vermögen zur Verfügung zu stellen oder dieses zu verkaufen. 2. Unter Bürgschaft des Gouvernements einen Bankkredit auf Kosten des zukünftigen Budgets aufzunehmen. Für die erste Lösung wären 53 Objekte in Frage gekommen, deren Wert jedoch gemeinsam nur 33 Millionen Rubel ausmachte. Darunter befand sich das zentrale Warenhaus »Sachalin«. Gegen einen derartigen Verkauf hätte jedoch die Stadtversammlung möglicherweise Protest eingelegt. Die Aufnahme eines Kredits, selbst wenn der Erzfeind Farchutdinow die Garantie übernommen hätte, wäre mit hohen Zinsen verbunden gewesen. Aus alledem mußte der Bürgermeister den Schluß ziehen, daß beide Auswege ungefähr so gangbar waren wie die Straßen seiner Stadt zu Zeiten von Schneestürmen. Übrigens verkündete der meteorologische Dienst am 1. Februar wieder einen Alarm. Ein Zyklon mit Windgeschwindigkeit von 19–24 m/sec sowie ein Schneefall von 17–19 mm/sec war zu erwarten. Die Sichtweite bei solchen Ereignissen beschränkt sich gewöhnlich auf 200–500 Meter. Diesmal befanden sich die städtischen Behörden in voller Alarmbereitschaft.

Einige Tage später versammelte sich die Öffentlichkeit von Juschno-Sachalinsk zu einem Runden Tisch. Die Firma Sachalinenergo stellte zu diesem Zweck ihren großen Saal zur Verfügung – immerhin eine menschliche und vielleicht sogar eine vernünftige Geste. Vertreter von politischen Parteien, Energiefachleute und Bürger der Stadt erörterten die Möglichkeiten, den verheerenden Stromeinschränkungen ein Ende zu bereiten.

Mark Kuperman von der Partei »Bund rechter Kräfte« (SPS) bemängelte das Fehlen eines Energiekonzeptes sowie die schlechte

Informationspolitik der Behörden. Hier verträten alle ihre ressortbedingten Interessen und nicht diejenigen der Menschen. Das Projekt des Gouvernements mit der Inbesitznahme der Gasturbinen von Nogliki sei gescheitert, und die Wiedereröffnung der alten Bergwerke würde nicht einmal geplant. Trotzdem könne man weder für alles den Gouverneur verantwortlich machen noch den Bürgermeister zum Sündenbock abstempeln. Wirklich schuld an der Misere seien die Moskauer AG »Einheitliches Energiesystem Rußlands« und die politische Führung des Landes.

Alexandr Gusljajew von der Bewegung »Geistiges Erbe« betrachtete das Problem als politisches. »Man will das Volk von der Insel wegekeln. Bereits hunderttausend sind gegangen, weil sie den ewigen Mangel an Wärme und Licht satt hatten.« Sergej Ekschimbejew von der Liberal-Demokratischen Partei Rußlands (Schirinowskijs Partei) war der Meinung, hier würde eine künstliche Krise durch regelmäßige Erhöhungen der Tarife geschaffen. Der Vizebürgermeister Wereschtschagin wies darauf hin, daß die laufenden Gebühren von der Stadt gewissenhaft gezahlt würden, daß aber die Erbmasse der alten Schulden ihre Möglichkeiten überstiegen. Merkwürdigerweise verhielte sich die Firma Sachalinenergo gegenüber anderen Gemeinden nicht so ultimativ.

Der Vertreter des Energieausschusses Michail Petruchin lehnte die Theorie der künstlichen Krise strikt ab. »Wie traurig es auch ist«, sagte er, »gegen die Steigerung der Tarife läßt sich nichts ausrichten. Die Energieträger werden mit jedem Tag teurer, und der Zuwachs ihres Wertes wirkt sich überall aus.« Daraufhin merkte Sergej Sedow von der Partei der Rentner scharf an: »Mich als Konsumenten interessiert euer Problem nicht. Sie sind die AG, lösen Sie es selbst! Wegen der vielen Ein- und Ausschaltungen ist mein Haushalt zugrunde gegangen, und ich habe eine Menge Unannehmlichkeiten.«

So kam die Debatte wieder an einem toten Punkt an. Vieles sprach dafür, daß bis zu den Bürgermeisterwahlen im März 2001 nichts entschieden sein würde. Und tatsächlich – ein Bericht der Nachrichtenagentur »Ostrowa« vom 15. Februar 2001 beschreibt den Tiefpunkt der Notlage wie folgt:

»›Unzureichende Heizung‹ an der Grenze der vollkommenen ›Nichtheizung‹ (›Njedotop na grani sowerschenneischewo njetopa‹)

In Juschno-Sachalinsk ist es kalt in den Wohnhäusern. Es gibt sogar Wohnungen, in denen die Quecksilbersäule des Thermometers nicht mehr als acht, neun, zehn oder zwölf Grad zeigt. Es frieren die Bewohner der Häuser an der Jemaljanow 11, Purkajew 74, 76, 82, 84, Jessenin 46, 48, Lenin 172, 174, 186, Sachalinskaja 59, 61, Prospekt Mira (Friedensboulevard) 282, 286, 375, 37, und selbst die Bewohner der Straße mit der warmen Bezeichnung ›Chlebnaja‹ (Brot). Wie Wiktor Wodjanow, der Leiter des Monitorings des Wärmenetzes zugibt, herrscht in der Stadt eine bedeutende ›Njedotop‹. Um nicht in Beweisnot zu geraten, zeigt uns Wiktor Nikolajewitsch die Tabelle der Temperaturüberwachung des Wärmeversorgungssystems der Stadt (...) Die Analyse der Instrumente zeigt, daß bei einer durchschnittlichen Außentemperatur von minus 16,4 Grad Celsius die Durchschnittstemperatur des Wärmeträgers, das heißt des heißen Wassers, in der Rohrleitung insgesamt 72,5 Grad ausmacht. (...). Die ganze Woche außer dem 7. Februar – an diesem Tag erreichte der Normunterschied eine bisher nie dagewesene Höhe von 76 Grad! – herrschte also ›Njedotop‹. Egal, was dazu die Energetiker sagen, behauptet Wodjanow – man kann bei derartigen Temperaturen ›eine normale Heizung in den Wohnungen nicht garantieren‹. Und wir, die Bewohner, verstehen auch ohne Tabellen, daß unser Schicksal von diesen Rohrleitungen abhängt.«

Ein Monat später, 14. März 2001:

»Aufruf von Fjodor Sidorenko an die Bewohner von Juschno-Sachalinsk

Verehrte Büger von Juschno-Sachalinsk!

Ein neuer Schneesturm nähert sich unserer Stadt. Laut Prognose der Meteorologen wird dieser Zyklon nicht so stark wie derjenige, welcher am 5. März Juschno-Sachalinsk heimgesucht hat. Nichtsdestoweniger sind wir gewappnet – alle städtischen Dienste sind bereit, dem neuen Schlag der Elemente zu begegnen und binnen kürzester Zeit seine Folgen zu überwinden. Die Stadtverwaltung von Juschno-Sachalinsk tut alles dafür, daß die ungünstigen Wetterverhältnisse das normale Leben der Stadt in keiner Weise beeinträchtigen. Jede diesbezügliche Panik ist unzulässig, und ich fordere alle Bürger auf, den Gerüchten keinen Glauben zu schenken. Vertrauen verdient ausschließlich die offizielle Information des Bürgermeisteramtes. Am 18. März finden in Juschno-Sachalinsk Wahlen statt. Die Wahllokale sind zum Empfang der Bürger bereit, die Zugänge und Zufahrten werden vom Schnee geräumt. Ich bin überzeugt, daß die Wahlen ohne Regelverletzungen und fristgemäß stattfinden werden. Wir alle sind daran interessiert. Die Schneestürme im März sind ein normales Phänomen für unsere Stadt, das sich auf die Wahlergebnisse in keiner Weise auswirken soll. Das Bürgermeisteramt tut alles Notwendige, damit alle, die ihre Stimme abgeben wollen, ihren Willen ungeachtet jeglicher Wetterbedingungen zum Ausdruck bringen können.«

Trotzdem wird es niemanden wundern, wenn die meisten Bürger am 18. März 2001, anläßlich der Bürgermeisterwahlen, in ihre Decken gehüllt zu Hause bleiben und keine Lust haben, in den eiskalten Wahllokalen zu den Urnen zu gehen, mit den Stimmzetteln in ihren kältestarren Händen. Die einzige lebensfähige Reform, den Einbruch der Wärme, erwarten sie nicht von der kalten Macht der zentralen und lokalen Regierungen, sondern allein vom Wechsel der Jahreszeiten, der sich auf Sachalin gewöhnlich bis Ende April, Anfang Mai hinzieht. Aber selbst dann, wenn es endlich wärmer wird, sind sie vermutlich nur ein wenig erleichtert und haben ein ähnliches Gefühl, wie es Anton Tschechow seinerzeit bei den Inselbewohnern wahrnahm:

»Als ich in Sijanzy war, befahl der Siedlungsinspektor fünfundzwanzig Kolonisten, sich vor dem Haus des Aufsehers zu versammeln, und gab ihnen bekannt, daß sie auf Beschluß des Inselkommandanten in den Bauernstand überführt seien. (...) Die freudige Botschaft wurde von allen fünfundzwanzig Siedlern schweigend aufgenommen; nicht ein einziger bekreuzigte oder bedankte sich, alle standen mit ernsten Gesichtern da und schwiegen, als wäre ihnen allen plötzlich wehmütig ums Herz geworden bei dem Gedanken, daß auf der Welt alles, selbst das Leid, ein Ende hat.«

Berlin, August 2000 – März 2001

Danksagung

Der Autor dankt allen, die bei der Vorbereitung der Reise geholfen haben. In Juschno-Sachalinsk: Wladimir Arnautow, Wladimir Ikonnikow, Jelena Ikonnikowa. In den Vereinigten Staaten und Sri Lanka: Walter Jayawardhana; Elisabeth Macan vom Goethe Institut Budapest/Bratislava und Konstantin Wojtechowitsch aus Moskau sowie allen Gesprächspartnerinnen und Gesprächspartnern, die nützliche Auskünfte über Geschichte und Gegenwart der Insel Sachalin zur Verfügung gestellt haben.

Geschichte der Insel Sachalin

9.–8. Jh. v. Chr.
Erste Nachweise der sogenannten »Ochotsker Kultur« – Vorfahren der Ainus bevölkern die Insel.

698–926
Staat Bochai[1] aus mehreren Stämmen – Einwanderer aus China sowie Vorfahren der Oroken, Nanajen, u. a. 5 Städte, ungefähr 70 Dörfer.

1115–1234
Staat Tsing Tsurtseng (chinesisch: Goldenes Reich). Sachalin gehört wahrscheinlich zum eher potentiellen Besitz der Fischer und Jäger des Festlands.

1286
Mongolische Invasion auf Sachalin.

um 1290
Sachalin und die Kurilen finden sich auf der Karte von Marco Polo.

---

1 Wenn man den chinesischen Chronisten der Tan-Zeit Glauben schenken kann, verfügte dieses Imperium über Ministerien, die geradezu Orwellsche Bezeichnungen hatten: Ministerium der Ergebenheit, der Treue, der Menschenliebe, der Gerechtigkeit, der Klugheit, der Etikette. Behörden allerdings trugen weniger poetische Namen: Rechnungshof, Militärisches und Seewesen.

1643
Als erster Europäer erschien auf Sachalin der niederländische Seereisende Maarten Gerritsen Frits.[2]

Um 1640
Kosaken entdecken Sachalin.

1697
Eine russische Expedition entdeckt die Kurilen.

1713
Paramushir, eine Kurileninsel, fällt in den Einflußbereich des Russischen Reichs.

1785
Die japanische Regierung entsendet eine Expedition zu den Inseln Hokkaido und Sachalin sowie zu den Kurilen.

1787
J.-F. Laperouse, frz. Seefahrer, erreicht die Küste Sachalins.

1799
Zar Pawel I. läßt eine Russisch-Amerikanische Handelsgesellschaft gründen, deren Tätigkeit sich vor allem auf Kamtschatka, Ostsibirien und Sachalin erstreckt.

1806–1807
I. F. Krusensterns Expedition auf Sachalin und den Kurilen.

---

2 Auch ohne Dolmetscher kam man schnell ins Geschäft: Die Niederländer erhielten von den Ainus für eiserne Angelhaken und Reis »so viel Lachs, daß wir ihn kaum zum Schiff tragen konnten«, so berichtet der Navigationsoffizier des Schiffs »Castricum« der Ostindischen Gesellschaft, Kornelis Janson Kun.

1808
Der japanische Kartograph Mamia Rinso besucht Sachalin.

1850
G. I. Nevelskoj erklärt das Amurgebiet und Sachalin zu russischem Einflußgebiet. Gründung der Stadt Nikolajewsk am Amur.

1855
Der Vertrag von Simoda zwischen Rußland und Japan über die gemeinsame Nutzung von Sachalin.

1858
Die ersten Katorschniki auf Sachalin.

1869
Sachalin wird von der russischen Regierung offiziell zum »Ort der Zwangsarbeit und Verbannung« erklärt.

1875
Im Traktat von St. Petersburg verzichtet Japan auf Sachalin und erhält zum Ausgleich 18 namentlich aufgelistete Kurileninseln.

1887
Herbst: Bronislaw Piłsudski wird nach dem (gescheiterten) Attentat auf den Zaren Alexandr III. nach einem Todesurteil zu lebenslänglicher Zwangsarbeit auf Sachalin begnadigt. Einige Jahre später beginnt er mit der Erforschung von Leben und Sprache der Ureinwohner.

1890
Juli – Oktober: Anton Tschechow besucht die Insel Sachalin.

1904–1905
Krieg zwischen Rußland und Japan, der mit der Niederlage Rußlands endet und die Revolution von 1905 mit auslöst.

1905
Im Frieden von Portsmouth verzichtet Rußland auf den südlichen Teil Sachalins, der nun als »Gouvernement Karafuto« Japan zuerkannt wird. Die Grenze wird am 50. Breitengrad festgelegt.

1906
Das System der Katorga wird auf Sachalin offiziell abgeschafft.

1908
Nordsachalin wird offiziell für die Kolonisation geöffnet.
Beginn der Erschließung des Erdölreichtums.

1917
März: Nach der Februarrevolution wird Grigorjew, der letzte zaristische Gouverneur Sachalins, abgesetzt. Gründung eines »Komitees für Öffentliche Sicherheit«, in dem alle politischen Kräfte zusammenarbeiten. Darauf folgt eine Invasion der weißgardistischen Koltschak-Regierung.

1920
Januar: Ein bolschewistisch dominiertes »Revolutionskomitee« unter der Führung des Funkmechanikers Tsapko ruft die Sowjetmacht in Alexandrowsk aus.

April 1920 – Mai 1925
Japan hält Nordsachalin besetzt.

1925
15. Mai: Auf amerikanischen Druck hin verlassen die japanischen

Truppen Nordsachalin, die Sowjetmacht wird wiederhergestellt. Japan behält einige Erdölkonzessionen.
Die Grenze wird wieder am 50. Breitengrad festgelegt.

1925
Juli – August: Der japanische Thronfolger Prinz Hirohito besucht Südsachalin.

1930–1939
Der Große Terror auf Nordsachalin (»Drekowschina«). Aufgrund einer Geheiminstruktion von Stalin und Molotow beginnt die massenhafte Zwangsaussiedlung der Koreaner aus Ostsibirien und Sachalin in die mittelasiatischen Sowjetrepubliken. Auf Südsachalin (Karafuto) gleichzeitig staatlich geförderte Kolonisierung und Industrialisierung, u.a. Zwangsansiedlung und Sklavenarbeit von Koreanern.

1941
April: Nichtangriffspakt zwischen Japan und der Sowjetunion. Japan kündigt seine Erdölkonzessionen auf Nordsachalin.

1943
Dezember: Die Kairoer Konferenz der Alliierten spricht Sachalin und die Kurilen der Sowjetunion zu.

1945
Februar: Eine Geheimklausel des Jalta-Abkommens bestätigt das Besitzrecht der Sowjetunion auf Sachalin und die Kurilen und verpflichtet Moskau, Japan zu einem späteren Zeitpunkt den Krieg zu erklären.
9. August: Die Amerikaner werfen Atombomben auf Nagasaki. Gleichzeitig erklärt die Sowjetunion Japan den Krieg.
25. August: Die sowjetische Armee besetzt auf Südsachalin die Hauptstadt Toyohara (jetzt Juschno-Sachalinsk).

2. September: Kapitulation Japans. Südsachalin und die Kurilen fallen an die UdSSR.
24. September: Oberst Dmitrij Krjukow wird beauftragt, die zivile Verwaltung des ehemaligen Gouvernements Karafuto nach sowjetischen Standards zu organisieren.

1946
Februar: Gründung des Landkreises Südsachalin mit Juschno-Sachalinsk als Hauptstadt.

1947
Januar: Gründung des Verwaltungsgebiets (oblastj) Sachalin.

1946–48
Repatriierung der japanischen Bevölkerung von Karafuto (insgesamt 300 000 japanische Staatsbürger).
Die meisten der von Japan nach Sachalin deportierten Koreaner dürfen die Insel nicht verlassen.

1951
September: Japan und die USA unterzeichnen den Friedensvertrag von San Francisco. Dieser bestätigt die Beschlüsse über Sachalin und die Kurilen.

1954
Oktober: Parteichef Chruschtschow besucht Sachalin.

1956
19. Oktober: Die Sowjetunion unterzeichnet mit Japan in Moskau eine Deklaration. Japan fordert acht Kurileninseln zurück, die sowjetische Seite wäre bereit, zwei von diesen zurückzugeben.
Ein Friedensvertrag kommt nicht zustande.

1960
Erster Fernsehsender auf Sachalin.

1964
Eröffnung des neuen Tschechow-Theaters in Juschno-Sachalinsk.

1965
Fertigstellung des Flughafens von Juschno-Sachalinsk.

1968
Moskauer Fernsehprogramm auf Sachalin.

1970
Einweihung des Lenin-Denkmals in Juschno-Sachalinsk.

1973
Die Fähre Wanino–Cholmsk (erste stabile Verkehrsverbindung zwischen Festland und Insel) nimmt den Betrieb auf.

1977
Das bisher höchste Gebäude der Insel, ein elfstöckiges Wohnhaus, wird eingeweiht. Vierzig Koreaner, die nach Südkorea bzw. Japan ausreisen wollen, werden zwangsweise nach Nordkorea ausgewiesen.

1980
Eröffnung der Eisenbahnlinie Süd-Nord (Juschno-Sachalinsk–Nogliki).

1987
Eröffnung der regulären Flugverbindung zwischen Moskau und Juschno-Sachalinsk.
Hokkaidos Gouverneur Yokomito Takahiro besucht die Insel;

begleitet wird er von einem »Freundschaftsflugzeug« und einem »Friedensschiff« – unter den Reisenden ehemalige Bürger des japanischen »Gouvernements Karafuto«.

1988

21. Mai: Öffentliche Massenkundgebung vor dem Tschechow-Theater in Juschno-Sachalinsk. Abdankung der Partei- und Staatsführung der Insel wenig später. Die ersten »informellen« Organisationen entstehen.

1989

März: Gründung der »Volksfront«, einer unabhängigen politischen Organisation.
Gründung einer Gesellschaft zur Zusammenführung koreanischer Familien.
Eröffnung des ersten Gebetshauses der Baptisten.

1990

18. April: Wahl der Volksdeputierten. Walentin Fjodorow wird mit 90 % der Stimmen zum Vorsitzenden des Exekutivkomitees des Inselsowjets gewählt.
August: Besuch von Boris Jelzin, Präsident der Russischen Föderation, auf Sachalin.[3]
Erstmaliges Erscheinen der liberalen Wochenzeitung »Swobodnyj Sachalin«.
November: Internationale Literaturtagung zum 100. Jahrestag von Tschechows Reise.

---

3 Zu dieser Zeit stand Jelzin in Opposition zu Gorbatschow und wollte dessen ohnehin zweideutige Position in der Frage der Kurileninsel überholen. Er schlug einen Plan vor, nach dem 1. die Existenz des territorialen Problems anerkannt wird, 2. in drei bis fünf Jahren die Insel als Gebiet des freien Unternehmens für Japan akzeptiert wird, 3. sie in fünf bis zehn Jahren entmilitarisiert wird und 4. vor der Rückgabe der Insel (innerhalb 10–15

Die evangelische Kirche eröffnet die ersten Sonntagsschulen für Kinder auf Sachalin.

1991

April: Michail Gorbatschow, Präsident der UdSSR, auf Staatsbesuch in Tokio: Benennung der Existenz eines »territorialen Problems« zwischen der Sowjetunion und Japan (die vier von Japan zurückgeforderten Kurileninseln). Visafreie Einreise für japanische Staatsbürger auf den Südkurilen, Verringerung der sowjetischen Streitkräfte auf den Inseln. Die erhoffte japanische Wirtschaftshilfe bleibt jedoch aus.
August: Ein Teil des Machtapparats der SU versucht durch einen Staatsstreich das sowjetische System zu retten. Das »Staatskomitee des Ausnahmezustandes« (GKTchP) wird nach einigen Tagen von Boris Jelzins Anhängern gestürzt und die KPdSU verboten.
Dezember: Die Sowjetunion wird aufgelöst und in eine »Gemeinschaft Unabhängiger Staaten« verwandelt – Ende der Ära Gorbatschow. Gouverneur Fjodorow strebt mit Hilfe amerikanischer Experten die Gründung einer ökonomischen Sonderzone auf Sachalin an. Das Projekt scheitert am Widerstand aus Moskau.

1993

Die ökonomische Depression erreicht Sachalin, Verfall der (vor allem staatlichen) Produktion; massenhafte Verarmung und Abwanderung der arbeitsfähigen Bevölkerung. Die japanische Regierung und das Internationale Rote Kreuz leisten humanitäre Hilfe (1993: Lebensmittel im Wert von 2,7 Millionen Dollar), was jedoch die Situation kaum ändert.

Jahren) ein Friedensvertrag unterzeichnet wird. Offizielle japanische Kreise und ein Teil der Öffentlichkeit reagierten skeptisch: Sie sahen in dem Projekt nur einen Versuch, eine schnelle japanische Finanzhilfe zu ergattern. Dafür spricht auch die Tatsache, daß Jelzin nach Dezember 1991 nicht mehr auf diesen Plan zurückkam.

1994 und 1995
Präsident Jelzin versucht ohne durchschlagenden Erfolg, durch zwei groß angelegte »Razzien« die Piratenfischerei an der sibirischen Ostküste und um Sachalin einzudämmen.

1995
Mai: Ein Erdbeben vernichtet die Stadt Neftegorsk. Von den 5000 Einwohnern kommen 3000 um.

1997
Start des Erdölprojekts »Sachalin-Energy« mit mehrheitlicher Beteiligung der amerikanischen Firmen »Marathon«, der japanischen »Mitsui«, »Mitsubisho« sowie der Shell Company. Gleichzeitig kontrolliert die staatliche Firma »Sachalinenergo« die Stromversorgung der Insel. Die Erhöhung der Strompreise verursacht in jedem Winter eine Heizungskrise.

2000
September: Präsident Putin »halbiert« seine für Sachalin geplante Besuchszeit und fliegt noch am Tag der Ankunft nach Tokio weiter.
Oktober: Die Gouverneurs- und Dumawahlen gewinnt der bisherige Gouverneur Farchutdinow gegen die von Sidorenko (Bürgermeister von Juschno-Sachalinsk) geführte Opposition.

2001
Dezember – Januar: Die Heizungskrise wird durch Zyklone noch verschärft. Die durchschnittliche Temperatur in den Wohnungen liegt bei 8–10 Grad.
März: Bei den Bürgermeisterwahlen von Juschno-Sachalinsk wird Sidorenko im Amt bestätigt (Wahlbeteiligung um 30 %).

Bücher, Briefe, Zeitungen, Prospekte, Archivmaterialien und Kontaktpersonen zum Projekt Sachalin

Bücher in deutscher und anderen Sprachen

Belbenoit, René: Száraz gulittone (Dry guilottine), Bárd Ferenc, Budapest, o.J.

De Maegd-Soep, Carolina: Chekhov and Women. Slavica. Publ. Inc. Columbus, 1987

Goonetileke, H. A. I.: Moonlight and Monguses. A. Chekhov in Ceylon. Colombo

Hughes, Robert: Australien. Die Besiedlung des fünften Kontinents. Knaur, 1992

Korolenko, Wladimir: Der Falke von Sachalin. In: Makars Traum. Berlin, 1980

Lajtha, Edgar: Welterleben. Menschen, Inseln, Ozeane. Rowohlt Berlin, 1937

Lopatschow, Aleksandr: Oswoboschdenije Sewernovo Sachalina. JS, 1989

Ochsenfeld, Franz-Josef: Anton P. Tschechow. Die Insel Sachalin. Köln, 1994

Tschechow, A.: Die Insel Sachalin. Rütten & Loening, Berlin, 1982

Urban, Peter (Hrsg.): Anton Tschechow: Briefe 1889–1892, Diogenes, 1979

Wyssokow, M. (Hrsg.): Sakhalin Region. JS, 1998 (englisch)

Bücher in russischer Sprache

Аболтин, В.Я.: Остров сокровищ - Остров Сахалин, Хабаровск - Владивосток, 1928 г.

Aboltin, W.: Die Schatzinsel – Insel Sachalin. Chabarowsk-Wladiwostok, 1928

Белоусов, Н.Е. и др. (ред.) Сахалин. Литературно-художественный сборник, Южно–Сахалинск, 1987 г.
Beloussow, N. (Hrsg.) Sachalin. Literarisch-künstlerischer Almanach. Juschno-Sachalinsk, 1987

Бок Си Коу (ред.) Экономика Сахалина. Южно-Сахалинск, 1998 г.
Bok Si Kou (Hrsg.): Die Ökonomie von Sachalin. Juschno-Sachalinsk, 1998

Бок Си Коу: Корейцы на Сахалине. Южно-Сахалинск, 1993 г.
Bok Si Kou: Koreaner auf Sachalin. Juschno-Sachalinsk, 1993

Буссе, Б: Остров Сахалин. Экспедиция 1853-54 гг. Санкт-Петербург, 1872 г.
Busse, B.: Insel Sachalin. Expedition 1853–54. St. Petersburg, 1872

Васин, Е.: Просто жизнь. Альбом фотографий. Дальпресс. Владивосток,1995 г.
Wassin, J.: Einfach das Leben. Fotoalbum. Dalpress, Wladiwostok, 1995

Вишневский, Н.: Отасу. Документальный рассказ.Южно-Сахалинск, 1994 г.
Wischnewski, N.: Otasu. Dokumentarische Erzählung. Juschno-Sachalinsk, 1994

Высоков, М. (изд.): История Сахалинской области. Южно-Сахалинск,1995 г.
Wyssokow, M. (Hrsg.): Die Geschichte des Landkreises Sachalin. Juschno-Sachalinsk, 1995

Высоков, М. (изд.): Краеведческий бюллетень. 1993/1, 1993/3, Южно-Сахалинск, 1993 г.
Wyssokow, M. (Hrsg.): Bulletin für Heimatkunde. 1993/1, 3, Juschno-Sachalinsk, 1993

Дергач, А.П. (ред.): Сахалинская область в цифрах. Южно-Сахалинск, 1999 г.
Dergatsch, A. (Hrsg.): Der Landkreis Sachalin in Zahlen. Juschno-Sachalinsk, 1999

Дрей, М. : Михаил Николаевич Тригони. Москва, 1931 г.
Drey, M.: Michail Nikolajewitsch Trigoni (Biographie). Moskau, 1931

Дударец, Г. И. (ред.): Исторические чтения. Nr. 1. Южно-Сахалинск, 1995 г.
Dudaretz, G. (Hrsg.): Historische Vorlesungen, Nr. 1. Juschno-Sachalinsk, 1995

Дударец, Г.И. (ред.): Исторические чтения. Nr. 2. Южно-Сахалинск, 1996 г.
Dudaretz. G. (Hrsg.): Historische Vorlesungen, Nr. 2. Juschno-Sachalinsk, 1996

Гитович, Н. (ред.): Чехов в воспоминаниях современников. Москва, 1986 г.
Gitowitsch, N. (Hrsg.): Tschechow in den Erinnerungen der Zeitgenossen. Moskau, 1986

Госком Российской Федерации (изд.): Статистический бюллетень, Южно-Сахалинск, 2000 г.
Staatliche Kommission der Russischen Föderation (Hrsg.): Statistisches Bulletin. Juschno-Sachalinsk, 2000

Госкомиздат России (изд.): 50 лет Сахалинской области, Южно-Сахалинск, 1996 г.
Staatliche Kommission der Russischen Föderation (Hrsg.): 50 Jahre Landkreis Sachalin. Juschno-Sachalinsk, 1996

Гончаров, И.А.: Фрегат „Паллада". Очерки путешествия в двух томах, Ленинград, 1986 г.
Gontscharow, Iwan: Die Fregatte Pallada. Reisebilder in zwei Bänden. Leningrad, 1986

Хе, Роман: По сорочьему мосту. Стихи. Южно-Сахалинск, 2000 г.
He, Roman: Auf der Elsterbrücke. Gedichte. Juschno-Sachalinsk, 2000

Елизаров, В.Н.: Сахалинская область на перекрестке российско-японских отношений. Южно-Сахалинск, 1999 г.
Jelisarow, W (Hrsg.): Der Landkreis Sachalin auf dem Kreuzweg der russisch-japanischen Beziehungen. Juschno-Sachalinsk, 1999

Еллинский, И.: Сахалин - черная жемчужина Дальнего Востока, Москва - Ленинград, 1928 г.
Jellinskij, I.: Sachalin – die schwarze Perle des Fernen Ostens. Moskau/ Leningrad, 1928

Ермаков, А.: Из быта сахалинской каторги. Москва, 1929 г.
Jermakow, A.: Aus dem Alltag der Verbannung auf Sachalin. Moskau, 1929

Козлов, К.А. (ред.): Народное хозяйство Сахалинской области. Статистика. Южно-Сахалинск, 1960 г.
Koslow, K. (Hrsg.): Die Volkswirtschaft des Landkreises Sachalin. Juschno-Sachalinsk, 1960

Костанов, А.И.: Самая восточная дорога России, Москва. 1997 г.
Kostanow, A.: Rußlands fernste Eisenbahnlinie. Moskau, 1997

Костанов, А.И. (ред.): Губернаторы Сахалина. Южно-Сахалинск, 2000 г.
Kostanow, A. (Hrsg.): Die Gouverneure von Sachalin. Juschno-Sachalinsk, 2000.

Костанов, А.И.: Русская православная церковь. Южно-Сахалинск, 1992 г.
Kostanow, A.: Die russische orthodoxe Kirche auf Sachalin. Juschno-Sachalinsk, 1992

Крейнович, Ю.А.: Нивхгу. Москва. 1973 г.
Krejnowitsch, J.: Niwchgu – das Niwchentum. Wissenschaftliche Monographie. Moskau, 1973, erweiterte Neuausgabe, demnächst Juschno-Sachalinsk, 2001

Кузин, А.Т.: Дальневосточные корейцы: жизнь и трагедия судьбы. Южно-Сахалинск, 2000 г.
Kusin, A.: Die Koreaner des sowjetischen Fernen Ostens: Leben, Tragödie, Schicksal. Juschno-Sachalinsk, 2000

Кузин, А.Т.: Южно-Сахалинск: с вершины века. Южно-Сахалинск, 1996 г.
Kusin, A.: Juschno-Sachalinsk aus der Höhe des Jahrhunderts. Juschno-Sachalinsk, 1996

Кузнецов, О.П. (изд.): Чеховские чтения. Южно-Сахалинск, 1998-2000 гг.
Kusnetsow, O. (Hrsg.): Tschechowsche Vorlesungen. Juschno-Sachalinsk, 1998–2000

Кузнецов, О.П.: Они судьбу не выбирали. Роман. Южно-Сахалинск, 1996 г.
Kusnetsow, O.: Sie haben ihr Schicksal nicht gewählt. Roman. Juschno-Sachalinsk, 1996

Лопачев, А.: Освобождение Северного Сахалина. Южно-Сахалинск, 1989 г.
Lopatschew, A.: Die Befreiung von Nordsachalin. Juschno-Sachalinsk, 1989

Малюгин, Л.А./Гитович, И.Е.: Чехов. Повесть-хроника. Москва. 1983 г.
Maljugin, L./Gitowitsch, I.: Tschechow. Eine Chronik. Moskau, 1983

Машукова, Е.: На горящих крыльях. Стихи. Южно-Сахалинск, 2000 г.
Maschukowa, J.: Auf brennenden Flügeln. Gedichte. Juschno-Sachalinsk, 2000

Миролюбов, И.П.: Восемь лет на Сахалине. Санкт-Петербург, 1901 г.
Miroljubow, I.: Acht Jahre auf Sachalin. St. Petersburg, 1901

Пашков, А.М. и др. (изд.) Книга памяти жертв политических репрессий в Сахалинской области. Южно-Сахалинск, 1996 г.
Paschkow, A. u. a. (Hrsg.): Buch der Erinnerung an die Opfer politischer Verfolgung im Landkreis Sachalin. Juschno-Sachalinsk, 1996

Пилсудский, Б.О.: Дорогой Лев Яковлевич! Письма Л.Я. Штернбергу,1893.1917 гг. Южно-Сахалинск, 1996 г.
Piłsudski, Bronislaw: Lieber Lew Jakowlewitsch! Briefe an L. J. Sternberg, 1893–1917. Juschno-Sachalinsk, 1996

Разгон, И.М. (изд.): Победа советской власти на Северном Сахалине. Южно-Сахалинск, 1959 г.
Rasgon, I. (Hrsg.): Sieg der Sowjetmacht auf Nordsachalin. Juschno-Sachalinsk, 1959

Сактаганов, С. (изд.): Сахалинская область - 2000. Инвестиционный потенциал. Южно-Сахалинск, 2000 г.
Saktaganow, S. (Hrsg.): Landkreis Sachalin – ein Potential für Investitionen. Juschno-Sachalinsk, 2000

Седов, У.А. и др. (изд.): Телефонный справочник. Южно-Сахалинск, 1987 г.
Ssedow, U. u.a. (Hrsg.): Telefonbuch von Juschno-Sachalinsk, 1987

Семенчук, В. (изд.): Сибирь и Сахалин в биографии Чехова. Сборник статей. Южно-Сахалинск, 1993 г.
Sementschuk, W. (Hrsg.): Sibirien und Sachalin in Tschechows Lebenslauf. Artikelsammlung. Juschno-Sachalinsk, 1993

Сенченко, Н.А.: Революционеры России на Сахалинской каторге. Южно-Сахалинск, 1963 г.
Sentschenko, N.: Revolutionäre von Rußland in Verbannung auf Sachalin. Juschno-Sachalinsk, 1963

Тарасов, Н. (изд.): Молодые поэты России. Сборники стихов. Южно-Сахалинск, 2000 г.
Tarassow, N. (Hrsg.): Junge Dichter Rußlands. Eine Anthologie. Juschno-Sachalinsk, 2000

Тарасов, Н. (изд.): Сахалин. Литературно-художественный сборник. Южно-Сахалинск, 1998 г.
Tarassow, N. (Hrsg.): Sachalin. Literarisch-künstlerisches Almanach. Juschno-Sachalinsk, 1998

Теплинский, М.В.: А.П.Чехов на Сахалине. Южно-Сахалинск, 1990 г.
Teplinskij, M.: A. P. Tschechow auf Sachalin. Juschno-Sachalinsk, 1990.

Тоболяк, А.С.: Невозможно остановиться. Роман. Южно-Сахалинск, 1994 г.
Toboljak, A.: Es ist unmöglich aufzuhören. Roman. Juschno-Sachalinsk, 1994

Тоболяк, А.С.: Денежная история. Рассказы. Южно-Сахалинск, 1996 г.
Toboljak, A.: Eine Geldgeschichte. Erzählungen. Juschno-Sachalinsk, 1996

Федорчук, С.: Поляки на Южном Сахалине. Южно-Сахалинск, 1994 г.
Fedortschuk, S.: Polen auf Südsachalin. Juschno-Sachalinsk, 1994

Федоров, И.П.: Иностранцы и мы. Москва. Русское поле. 1992 г.
Fjodorow, I.: Die Ausländer und wir. Moskau, 1992

Чехов, А.П.: Остров Сахалин. Южно-Сахалинск, 1980 г.
Tschechow, A.: Insel Sachalin, Juschno-Sachalinsk, 1980

Чехов, А.П.: Остров Сахалин (репринт). Южно-Сахалинск, 1995 г.
Tschechow, A.: Insel Sachalin. Reprint der Erstausgabe 1895. Juschno-Sachalinsk, 1995

Шевченко, В.С. (изд.): Русская океанская эпопея. Хабаровск. 1979 г.
Schewtschenko, W. (Hrsg.): Die russische ozeanische Epopöe (Heldengeschichte). Chabarowsk, 1979

Местная пресса: Lokale Presse

1. Визит (Visite) (Chomsk)
2. Восход (Osten) (Korsakow)
3. Долинская правда (Dolinsker Prawda/Wahrheit)
4. Губернские ведомости (Mitteilungen des Gouvernements)
5. Капитал-Экспресс (Kapital-Expreß)
6. Коммерческий Вестник (Kommerzielles Mitteilungsblatt)
7. Красное Знамя (Rote Fahne) (Alexandrowsk)
8. Молодая Гвардия (Junge Garde)
9. Остров сокровищ (Die Schatzinsel)
10. Позиция (Position)
11. Рыбак Сахалина (Der Fischer von Sachalin)
12. Сахалинский моряк (Der Seemann von Sachalin)
13. Свободный Сахалин (Freies Sachalin)
14. Се Корё Синмун (Новая корейская газета) (Neue koreanische Zeitung)
15. Советский Сахалин (Sowjetischer Sachalin)
16. Тымовский Вестник (Mitteilungsblatt von Tymowsk)
17. Южно-Сахалинск (Juschno-Sachalinsk)

Материалы Телеграфно-Информационного Агентства „Острова" (ТИА)
Materialien der telegraphischen Informationsagentur »Unsere Inseln«

Pressearchiv Georgij Miromanow, 1979–1991

Prospekte, Flugblätter

Aleksandrowsk Ssachalinskij, 1869–1999, JS

Tschistyje ostrova, Nowoje pokolenie (Saubere Insel, neue Generation), Flugblatt, JS, 2000

Greenpeace v Rossii (Greenpeace in Rußland), Bulletin Nr. 22, Moskau, 2000

Hokkaido, japanische Ausgabe, russisch, Sapporo-JS, o. J.

Japan's Assistance Programs for Russia, Foreign Affairs, Kasumigaseki, May 1997

Japonskij Zentr, Foreign Affairs, Japan, o.J.
Literaturno-chudoischestwennyj Musej Knigi A. P. Tschechowa »Ostrow Sachalin«, JS (Prospekt des Tschechow-Museums von Juschno-Sachalinsk)
Na ssamych dalnjich oastrovah (Auf den entferntesten Inseln), Wnjeschtorgisdat, o.J.
Port Otaru, japanische Ausgabe, russisch, o.J.
Rybopromyschlennyj komplex Sachalina i Kuril (Fischindustrie auf Sachalin und den Kurilen), russisch-englisch, JS, 1998
Soya, Predstavitelstvo gub. Hokkaido v okruge Sova, russisch, 1997 Vertretung des japanischen Landkreises Soya auf Sachalin
Ssachalinskoj pissatjelskoj organisatsii 30 let, o.J. (Die dreißig Jahre des Schriftstellerverbandes auf Sachalin)
Ssowjety dlja natschinajusschich (Ratschläge für Anfänger), Assotsiatsija po razv. torg. Hokkaido, 1997 (Assoziation zur Entwicklung des Handels, Hokkaido
Wakkchanai, japanische Ausgabe, russisch

Wosmjomsja sa ruki, sosedji (Geben wir uns die Hand, Nachbarn) russisch-japanisch

Materialien aus dem Internet vom August 2000 bis März 2001

Press release from administration of Youzno-Sakhalinsk City
Meldungen der Fernöstlichen Nachrichtenagentur »Ostrowa«
Meldungen des »Alternativen Fernsehens« Juschno-Sachalinsk
Meldungen der Administration des Gouvernements
Website über die Kriegshandlungen zwischen der UdSSR und Japan, 1945

Personenregister

Bei dieser Liste beschränke ich mich auf historische Persönlichkeiten oder Personen der Öffentlichkeit, die einen direkten Bezug zur Geschichte und Gegenwart der Insel Sachalin oder zu Tschechows Leben und Werk haben. Interviewpartner und Personen, die ich während der Reise kennengelernt habe, kommen – in einigen Fällen unter Pseudonym – im Haupttext vor.

Aboltin, Wladimir, als Vertreter des Volkskommissariats für Äußere Angelegenheiten übernahm er Nordsachalin im Mai 1925 von der japanischen Armee *95, 105*

Alexandr II., geb. 1818, Zar ab 1855, von der Terrorpartei »Naradnaja Wolja« am 1. März 1881 ermordet *42*

Alexandr III. (1845–1894), Zar ab 1881, entkam am 1. März 1887 einem Attentatsversuch der »Naradnaja Wolja« *42, 69*

Aschajew, Wassilij (1915–1960), sowjetischer Schriftsteller (»Fern von Moskau«) *99*

Batjuschkow, Fjodor (1857–1920), Kritiker *57*

Boschnjak, Nikolaj, Leutnant, Leiter einer Expedition auf Sachalin (1852) *16*

Breschnew, Leonid (1896–1982), sowjetischer Parteichef seit 1964, ab 1977 Staatspräsident *103f., 138, 143, 147, 167, 187*

Brynner, Yul, Hollywood-Star, nach einer Version auf Sachalin geboren *11f.*

Bunge, Fjodor/Friedrich von, 1916/17 stellvertretender Gouverneur von Nordsachalin *77, 80*

Burenin, Wiktor (1841–1926), Bühnenautor, Kritiker, literarischer Gegner von Tschechow *28, 40*

Butakow, Arsenij (1845–1897), Kosakenoberleutnant, Kommandant des Bezirks Tymowsk zwischen 1884 und 1894, mitverantwortlich für die »Affäre Onor« *71, 73*

Chanow, Wassilij (1836–?), ursprünglich Katorschnik, später Gefängnisaufseher in Rykowsk, beteiligt an der »Affäre Onor« *71, 73*

Chruschtschow, Nikita (1890–1971), 1953–1964 sowjetischer Parteichef, 1954 Besuch auf Sachalin *103, 133, 136, 167, 188*

Dabrowski, Piotr (1860–1891), polnischer Katorschnik, Freitod wegen Schikanen seitens der Gefängniswärter. L. Sternberg veröffentlichte unter Pseudonym eine Broschüre zu seinem Gedenken (London, 1893) *52*

Doroschewitsch, Wlas (1867–1922), Journalist, »König des russischen Feuilletons«, Autor von zwei Büchern über Sachalin *76*

Drekow, Wladimir (1897–1940), Staatssicherheitschef auf Nordsachalin z. Zt. des Großen Terrors, später als »japanischer Spion« erschossen *107, 109, 124*

Dreyfus, Alfred (1859–1935), französischer Generalstabsoffizier jüdischer Abstammung, 1894 unter der Anklage »Spionage« verurteilt und auf die Teufelsinsel (Französisch-Guayana) verbannt, später rehabilitiert. Die »Affäre Dreyfus« führte zur Abkühlung der Freundschaft zwischen Tschechow und Suworin *19, 64*

Dulles, John Foster (1888–1959), amerikanischer Diplomat, ab 1953 Außenminister, war an dem Friedensvertrag mit Japan (San Francisco 1952) maßgebend beteiligt *188*

Durnowo, P.M., General in den 80er Jahren des 19. Jahrhunderts, Innenminister *48*

Efros, Jewdokija (?–1943), »Dunja«. Tschechow warb um sie, die Ehe scheiterte an dem Unwillen der jüdischen Eltern, die Tochter taufen zu lassen. E. lebte seit 1917 mit ihrem Mann in Frankreich, wo sie aus einem Altersheim in ein deutsches KZ verschleppt wurde und dort ums Leben kam. Ihr Briefwechsel mit Tschechow wurde nicht aufgefunden *24*

Engler, Karl-Eugen, Bürgermeister von Badenweiler, weihte 1992 die dortige Tschechow-Büste ein *60*

Farchutdinow, Igor, geb. 1950, Ökonom, 1991–1995 Bürgermeister von Juschno-Sachalinsk, 1995 Gouverneur, im Oktober 2000 wiedergewählt *11, 140, 164, 175f., 193, 230f., 235, 237, 240, 245f., 251, 253*

Fjodorow, Walentin, Ökonom, 1990 erster gewählter Gouverneur von

Sachalin, Autor eines (gescheiterten) Projekts, Sachalin zu einer ökonomischen Sonderzone zu entwickeln *153f., 165, 189*

Gajdar, Jegor, geb. 1956, Ökonom, »Vater der (gescheiterten) Wirtschaftsreform«, 1992 russischer Regierungschef *213*
Galkin-Wraschskoj, Michail (1834–1916), Chef der Hauptverwaltung für Gefängnisse in St. Petersburg, unternahm zwei Inspektionsreisen nach Sachalin, 1881 und 1894 *29*
Gelszer, Jan (1861–nach 1933), polnischer Katorschnik auf Sachalin *48*
Gintze, Andrej (1827–?), Generalmajor, Inselkommandant 1884–1888 *68*
Gontscharow, Iwan (1812–1891), Schriftsteller (»Oblomow«), besuchte 1852 Sachalin auf der Fregatte »Pallada« mit der Militärexpedition des Vizeadmirals Putjatin *210*
Gorbatschow, Michail, geb. 1931, ab März 1985 sowjetischer Parteichef, Präsident der UdSSR *103, 133f., 153, 188*
Grigorjew, Dmitrij, letzter zaristischer Gouverneur auf Nordsachalin *22, 90, 93, 111*
Grodekow, Nikolaj (1843–1913), Generalgouverneur des Amurgebietes, 1894 als Revisor auf Sachalin, um die »Affäre Onor« zu klären *72*

Harriman, Averell (1891–1986), Unternehmer, 1943–1946 Botschafter der Vereinigten Staaten in Moskau, pflegte von Stalin bis Andropow mit allen sowjetischen Führern gute persönliche Beziehungen *120*
Herzen, Alexander (1812–1870), Schriftsteller, Redakteur der in London erscheinenden Exilzeitschrift »Kolokol« (Die Glocke) *18*

Iwanow, A., Kaufmann, Initiator der Erschließung des Erdölreichtums von Sachalin *89f.*

Jellinskij, Boris, Katorschnik (1872–1942), Autor von Büchern über Sachalin, verhungerte während der deutschen Blockade von Leningrad *48f., 74f., 77, 81*
Jelpatjewskij, Sergej (1854–1933), Kritiker *57*
Jelzin, Boris, geb. 1931, 1990–2000 russischer Staatspräsident, befahl 1994 und 1995 zwei Großaktionen gegen die Piratenfischerei im russischen Fernen Osten und bei Sachalin *150f., 153, 213, 234*
Jeschow, Nikolaj (1897–1940), steuerte als Volkskommisar für Inneres ab 1934 den Großen Terror, später als »Spion« erschossen *108f.*

Kennan, Georg, (1845–1924), amerikanischer Journalist, Autor des Buches »Sibirien und die Verbannung« (1890, russisch erst 1905 veröffentlicht) *69*
Kerenskij, Alexandr (1881–1970) Ministerpräsident der von der Februarrevolution eingesetzten provisorischen Regierung *91*
Kleye, Friedrich, deutscher Ingenieur, erhielt 1905 Konzessionen zur Erdölverarbeitung auf Nordsachalin *90*
Knipper-Nardow, Wladimir, Tschechows Schwager *57*
Koltschak, Nikolaj (1874–1920), Admiral, »Russlands Oberster Gouverneur«, kämpfte in Sibirien, 1920 von den Rotarmisten gefangengenommen und erschossen *91f.*
Koni, Anatolij (1844–1927), Rechtsanwalt, half Tschechow 1891 beim Sammeln von Büchern für die Kinder auf Sachalin *40*
Kononowitsch, Wladimir, (1838–nach 1917), Generalmajor, Inselkommandant von Sachalin zur Zeit der Reise Tschechows *32f., 68–71, 73*
Korf, Andrej Baron von (1831–1893), Generalgouverneur des Amurgebietes zur Zeit der Reise Tschechows *32f., 89 202*
Korolenko, Wladimir (1853–1921), Schriftsteller, Katorschnik, in seiner Erzählung »Der Falke von Sachalin« schildert er als erster das Leben in der Strafkolonie *13, 27, 62, 69*
Krassnow, Andrej (1862–1915), Botaniker und Geograph, besuchte 1892 Sachalin und veröffentlichte danach den Aufsatz »Insel der Verbannung« *72*
Krejnowitsch, Jeruchim (1906–1985), Linguist und Ethnologe, erforschte das Leben der Niwchen (Giljaken) seit den zwanziger Jahren. Sein Hauptwerk »Niwchgu« (=Niwchenland) ist 1973 erschienen *84, 87, 111f., 146*
Kristóffy, József (1890–1969), 1939–1941 ungarischer Gesandter in Moskau *119*
Krjukow, Dmitrij (1899–1985), nach dem Zweiten Weltkrieg Chef der zivilen Verwaltung, zuerst auf Südsachalin, später Vorsitzender des Exekutivkomitees des Inselsowjets *123–128, 131f.*
Krusenstern, Iwan (1770–1846), Admiral, landete 1805 auf Sachalin *16*
Kujun, Wassilij *109f.*
Kundasowa, Olga (1865–1943), Mathematikerin, mit Tschechow eng befreundet. Sie begleitete ihn zu Anfang seiner Sachalin-Reise bis Perm *30, 40*

Kuropatko, Iwan (1936–1990), der letzte Vorsitzende des Exekutivkomitees des Inselsowjets, 1990 nach heftigen Angriffen seitens der Opposition nach Moskau verzogen *152*
Kusimoto, Verwaltungschef in Rykowsk 1910–1925 *93*

La Pérouse, Jean-François des Galaup, Comte de (1741–1788), französischer Seefahrer, erreichte 1787 die Tatarische Meerenge und Sachalin, hielt die Insel jedoch irrtümlicherweise für eine Halbinsel *13*
Leonow, Pawel (1918–1992), Parteichef von Sachalin 1961–1978, sein Regime wird heute als die »goldene Zeit von Sachalin« betrachtet *134–136, 138–140, 144, 166*
Leontjew-Scheglow, Iwan (1855–1911), Bühnenautor, mit Tschechow zunächst befreundet, später literarische Gegnerschaft *27–29*
Lewitan, Isaak (1861–1900), Maler, mit Tschechow befreundet, ursprünglich als Illustrator des Buches »Insel Sachalin« vorgesehen, schreckte jedoch vor der Reise zurück. Später half er beim Sammeln der Bücher für die Kinder von Sachalin *28, 40*
Ljapunow, Michael, Generalmajor, letzter Militärgouverneur von Sachalin, nach der Niederlage 1905 eine Zeitlang in japanischer Kriegsgefangenschaft *68, 76, 78, 80*

Maljugin, Leonid, Tschechows Biograph *21*
Matsuoka, Josuke (1880–1946), japanischer Außenminister, schloß im April 1941 überraschend einen Nichtangriffspakt mit der Sowjetunion *118f.*
Merkasin, Wladimir (1835–?), Generalgouverneur von Sachalin 1894–1898 *54, 68, 72f., 75f.*
Mikojan, Anastas (1895–1978), Stellvertretender Ministerpräsident der UdSSR, im Herbst 1945 Besuch auf Sachalin und den Kurileninseln *128*
Miroljubow, Iwan (1860–1936), Pseudonym, eigentlich Juwatschow. Marineoffizier, wegen Organisation der »Narodnaja Wolja« in der Flotte 1881 zum Tode verurteilt, ab 1886 Katorschnik auf Sachalin, Leiter der meteorologischen Station Rykowsk, einer der wenigen »Politischen«, die in Tschechows Buch anonym vorkommen: »Ein bemerkenswert fleißiger und guter Mensch«. Später Botaniker und Geograph, Autor von Büchern (u.a. »Acht Jahre auf Sachalin, St. Petersburg, 1902). Nach sowjetischen Quellen »entfernte er sich von der revolutionären Tätigkeit« *73*

Miromanow, Georgij (1935–1992), Tschechow-Forscher, Gründer des Tschechow-Museums in Juschno-Sachalinsk und Initiator der Wiederherstellung des Denkmals in Badenweiler (1992) *26, 59, 182*

Misinowa, Lidia (1870–1937), »Lika«, Lehrerin, Schauspielerin, Freundin von Tschechow, half ihm 1891 beim Sammeln der Bücher für Kinder auf Sachalin *24*

Molotow, Wjatscheslaw (1890–1986), bis 1957 auf verschiedenen führenden Partei- und Staatsposten, neben Stalin Unterzeichner des Ukas über die Zwangsaussiedlung der Koreaner vom sowjetischen Fernen Osten und von Sachalin *108, 119*

Newelskoj, Gennadij (1813–1876), Admiral, landete 1849 mit einer Expedition auf Sachalin *13, 15f.*

Nikolaj I. (1796–1855), russischer Zar ab 1825, nahm mit Japan diplomatische Kontakte auf, um die Besitzrechte von Sachalin und den Kurileninseln zu klären *15*

Nikolaj II. (1868–1918), von den Bolschewiken ermordet, der letzte russische Zar. Die Amnestie anläßlich seiner Thronbesteigung 1894 betraf auch einige politische Katorschniki auf Sachalin *37, 52*

Ostaschewskij, N., Navigationsoffizier, schlug als erster 1915 einen Damm oder eine Brücke zwischen Sachalin und dem Festland vor. Die Initiative scheiterte an dem Widerstand der offiziellen Stellen *116*

Perlaschkewitsch, Nikolaj (1862–1932), Katorschnik, befreundet mit B. Piłsudski und L. Sternberg *72*

Peschkow, Kosak, berühmt geworden durch seine Pferdefahrt von Ostsibirien nach St. Petersburg – zeitlich etwa parallel zu Tschechows Sachalin-Reise *31f.*

Piłsudski, Bronislaw (1866–1918), polnischer Revolutionär, Katorschnik, später Linguist und Ethnologe *43f., 46f., 49, 51–54, 56, 72f., 112, 166*

Piłsudski, Jósef (1867–1935), Bronislaws Bruder, indirekt beteiligt an dem Attentat der »Narodnaja Wolja« vom 1. März 1887 (»Gruppe Proletariat«), nach Sibirien verbannt. 1918 Gründer des unabhängigen polnischen Staates *43, 45–47*

Piłsudski, Józef Vincent, Vater der Brüder *44*

Piłsudski, Maria, Mutter der Brüder *44*

Potapenko, Ignatij, Schriftsteller und Freund Tschechows *35f.*
Purkajew, Maxim (1894–1953), Armeegeneral, führte die Befreiungsoperationen auf Sachalin gegen die japanische Armee im August und September 1945 *126*
Putin, Wladimir, geb. 1952, 1975–1990 Mitarbeiter des KGB u.a. in Deutschland, ab Januar 2000 Präsident der Russischen Föderation. Im September 2000 verwandelte er sein geplantes Besuchsprogramm auf Sachalin in einen Zwischenstopp *12, 177, 197, 228, 230–238*
Putjatin, Jewfimij, Vizeadmiral, Leiter der Militärexpedition nach Sachalin 1852 *16, 210*

Riedel, Venjamin (1941–1999), Maler und Graphiker. Seine Zeichnungen über Juschno-Sachalinsk aus den sechziger Jahren haben auch dokumentarische Bedeutung *166*
Roosevelt, Franklin D. (1885–1945), ab 1933 Präsident der USA *120*
Russlanow, Jossif (1889–nach 1935), Kommissar der Provisorischen Regierung auf Nordsachalin 1917/1918. Dann als Kaufmann tätig, 1929 verhaftet, im stalinistischen Gulag verschollen *91*

Sanggi, Wladimir, geb. 1935, Nationaldichter der Niwchen, publiziert seit den späten fünfziger Jahren, lebt in der Siedlung Nogliki *214*
Schebeko, Polizeigeneral, Chef der Gendarmerie in den 80er Jahren des 19. Jahrhunderts *48*
Schirinowskij, Wladimir, geb. 1946, seit 1990 in Rußland Vorsitzender der rechtsradikalen »Liberal-Demokratischen Partei« *211*
Schischljanikow, Rafail, 1925 erster Vorsitzender des Exekutivkomitees des Sowjets von Nordsachalin *95, 100, 104f.*
Schulenburg, Friedrich Werner Graf von (1875–1944), hingerichtet wegen Beteiligung an der Verschwörung vom 20. Juli, 1934–1941 deutscher Gesandter in Moskau *119*
Seroszweski (Tomaszewicz), Adam, (1863–nach 1928), polnischer Katorschnik, begleitete nach Beendigung seiner Strafzeit B. Piłsudski 1905 auf eine Expedition nach Hokkaido *54*
Sidorenko, Fjodor, geb. 1950, Ingenieur, 1994 zum Vizegouverneur von Sachalin ernannt, 1997 zum Bürgermeister von Juschno-Sachalinsk gewählt, im März 2001 wiedergewählt *33, 140, 164, 171, 230f., 238, 240f., 246, 251, 253, 256*
Sjuganow, Gennadij, geb. 1944, seit 1992 Vorsitzender der Kommunistischen Partei der Russischen Föderation *203, 240*

Sotow, Grigoij, sibirischer Kaufmann, Besitzer der ersten Konzessionen für Erdölverarbeitung auf Sachalin *89*

Stalin, Jossif (1879–1953), ab 1922 sowjetischer Parteichef, Unterzeichner des Ukas über die Zwangsaussiedlung der Koreaner vom sowjetischen Fernen Osten und von Sachalin, Initiator des (gescheiterten) Projekts einer Brücke zwischen Sachalin und dem Festland *103, 108, 119–121, 128f., 137, 184, 187f., 223*

Stanislawskij, Konstantin (1863–1938), Regisseur mehrerer Theaterstücke Tschechows im Moskauer Künstlertheater *57f.*

Sternberg, Lew (1861–1927), Katorschnik, »administrativer Verbannter« auf Sachalin, Linguist und Ethnologe *50f., 53, 55, 70, 72, 84, 112*

Suworin, Alexej (1834–1912), Tschechows Verleger, gab ihm einen Vorschuß für die Reise nach Sachalin und besorgte ihm einen Journalistenausweis *17–19, 22f., 25f., 28f., 38–41, 60*

Swiderski, Franc (1877–1939), Katorschnik, flüchtete 1905 von Sachalin, lebte in den USA. 1920 Leiter der amerikanischen KP in Michigan, 1921 Rückkehr nach Sowjetrußland, 1938 verhaftet und hingerichtet *49*

To Man San (1911–?), Südkoreaner auf Sachalin, »Person ohne Staatsbürgerschaft«. Wegen der Verweigerung der Ausreise nach Südkorea wurde er 1977 zunächst in die Psychiatrische Klinik in Juschno-Sachalinsk eingewiesen, dann – zusammen mit 40 weiteren Koreanern – mit bewaffnetem Konvoi nach Nordkorea verfrachtet. Seitdem fehlt jede Information. Mein diesbezüglicher Kontakt zu Amnesty International in London (August 2000) führte bis heute (April 2001) zu keinem Ergebnis *142, 143*

Tosio, Otsu (1892–?), der letzte Militärgouverneur von Südsachalin (jap. Gouvernement Karafuto), nach 1945 eine Zeitlang nomineller Amtsträger neben dem sowjetischen Chef der zivilen Verwaltung, Dmiitrij Krjukow. Im Dezember 1945 verhaftet, in den siebziger Jahren Geschäftsmann in Japan, Vorsitzender der Landsmannschaft der ehemaliger Bürger von Karafuto *80, 125*

Tretjakow, Pjotr, letzter KP-Chef von Sachalin, hat 1988 aufgrund von Demonstrationen abgedankt *152*

Trigoni, Michail (1850–1917), Revolutionär, nach 17 Jahren Gefängnis wegen Beteiligung an dem Attentat auf Zar Alexandr II. (1. März 1881) nach Sachalin verbannt *48*

Trjapyzin, J., Anarchistenführer, führte Kämpfe in Sibirien und auf Nordsachalin. Durch den Angriff auf die Stadt Nikolajewsk am Amur lieferte er den Vorwand für die Okkupation des nördlichen Inselteils durch die japanische Armee zwischen 1920–1925 *92*

Tsapko, Wladimir (1894–1920), Funkmechaniker, Mitglied der Sozialrevolutionären Partei, von Januar bis April 1920 Vorsitzender des Revolutionskomitees Nordsachalin. Die japanischen Okkupanten verschleppten ihn und ermordeten ihn auf einem Kreuzer *90, 92f.*

Tschebotarjow, Wladimir, auf Sachalin lebender Bildhauer, schuf 1990 die Büste Tschechows für die Stadt Badenweiler *59*

Tschechow, Anton (1860–1904), hielt sich vom 11. Juli bis 13. Oktober 1890 (nach orthodoxer Zeitrechnung) auf der Insel Sachalin auf *9 12–14, 17–21, 23–30, 32–40, 42, 53, 56–60, 62, 64f., 67, 69f., 72, 75, 87, 89, 103, 116, 140f., 146, 148f., 155f., 169, 175, 178, 182–184, 187, 201f., 204f., 210f., 213, 253, 258*

Tschechow, Maria (1863–1957, »Mascha«) Schwester Tschechows, half beim Sammeln von Büchern für Kinder auf Sachalin *24, 40*

Tschechow, Nikolaj, Bruder Tschechows *24*

Tschechow-Knipper, Olga (1868-1959), Schauspielerin, Ehefrau Tschechows *56, 58*

Tschernyschewskij, Nikolaj (1828–1889), Schriftsteller, wegen seiner kritischen Schriften nach Sibirien verbannt *18*

Tschitscherin, Georgij (1872–1936), bis 1930 Volkskommissar für Äußeres der Sowjetunion *94*

Uljanow, Alexandr (1867–1887), als Student der St. Petersburger Universität organisierte er ein (gescheitertes) Attentat am 1. März 1887 gegen den Zaren Alexandr III. In einem Geheimprozeß zum Tode verurteilt und hingerichtet *43*

Uljanow, Wladimir (1870–1924), Alexandrs Bruder, später als »Lenin« Gründer des sowjetischen Systems *43, 103*

Uljanowa, Anna, Alexandrs Schwester, infolge des Prozesses zum 1. März-Attentat administrativ verbannt *43*

Wolkenstein, Ljudmila (1857–1906), Katorschnitsa, 14 Jahre Gefängnisstrafe (wegen Beteiligung am Attentat gegen den Gouverneur von Charkow, Kropotkin) auf Sachalin. 1902 nach Wladiwostok ausgereist, 1906 dort während einer Demonstration erschossen *48f.*